#1억뷰 #숏폼제작 #가능? #가능!

AI와 함께 콘텐츠 크리에이터 되기

생성형 AI + 캔바 + 캡컷으로 트렌디한 영상 만들기

생성형 AI + 캔바 + 캡컷으로 트렌디한 영상 만들기

초판 발행일 | 2025년 11월 20일
지은이 | 창의콘텐츠연구소
발행인 | 최용섭
책임편집 | 이준우
기획진행 | 김미경

㈜해람북스   주소 | 서울시 용산구 한남대로 11길 12, 6층
문의전화 | 02-6337-5419
팩스 | 02-6337-5429
홈페이지 | https://class.edupartner.co.kr

발행처 | (주)미래엔에듀파트너
출판등록번호 | 제2020-000101호

ISBN 979-11-6571-244-0 (13000)

이 책은 저작권법에 따라 보호받는 저작물이므로 무단전재와 무단복제를 금지하며,
이 책 내용의 전부 또는 일부를 이용하려면 반드시 저작권자와 (주)미래엔에듀파트너의 서면동의를 받아야 합니다.

※ 잘못된 책은 바꾸어 드립니다.
※ 책 가격은 뒷면에 있습니다.

나만의 콘텐츠 개발

창의 과제
평소 재미있게 감상했던 숏폼 콘텐츠를 떠올려 보고 내가 만들고 싶은 숏폼 콘텐츠의 제목과 주요 스토리를 작성해 보세요.

콘텐츠 1
- 제목 :
- 주요 스토리 :

콘텐츠 2
- 제목 :
- 주요 스토리 :

콘텐츠 3
- 제목 :
- 주요 스토리 :

콘텐츠 4
- 제목 :
- 주요 스토리 :

콘텐츠 5
- 제목 :
- 주요 스토리 :

콘텐츠 6
- 제목 :
- 주요 스토리 :

콘텐츠 7
- 제목 :
- 주요 스토리 :

콘텐츠 8
- 제목 :
- 주요 스토리 :

콘텐츠 9
- 제목 :
- 주요 스토리 :

콘텐츠 10
- 제목 :
- 주요 스토리 :

목차 Contents

Stage 01 스토리 숏폼 만들기

- Clip ⓪ 생성형 AI와 인공지능 윤리 ········· 008
- Clip ① 숏폼 이해하기 ························ 012
- Clip ② 제미나이랑 놀자! ···················· 017
- Clip ③ 나만의 아바타 꾸미기 ··············· 025
- Clip ④ 생일 카드 생성하기 ·················· 035
- Clip ⑤ 4컷 웹툰 이미지 생성하기 ········· 042
- Clip ⑥ 급식실 스토리 숏폼 완성하기 ······ 050

Stage 02 시선 집중! 광고 숏폼 만들기

- Clip ⑦ 맛집 광고 장면 만들기 ·············· 062
- Clip ⑧ 맛집 광고 완성하기 ·················· 073
- Clip ⑨ 화장품 광고 장면 만들기 ··········· 086
- Clip ⑩ 화장품 광고 완성하기 ··············· 093
- Clip ⑪ 자동차 광고 장면 만들기 ··········· 102
- Clip ⑫ 자동차 광고 완성하기 ··············· 109

Stage 03 핫핫! 밈 숏폼 만들기

- Clip 13 꼬순내 레슨! 장면 만들기 ······ 118
- Clip 14 꼬순내 레슨! 밈 완성하기 ······ 126
- Clip 15 급식 서열 장면 만들기 ······ 136
- Clip 16 급식 서열 밈 완성하기 ······ 144
- Clip 17 한강 고양이 장면 만들기 ······ 153
- Clip 18 한강 고양이 밈 완성하기 ······ 161

Stage 04 도전! 챌린지 숏폼 만들기

- Clip 19 뛰어! 챌린지 장면 만들기 ······ 172
- Clip 20 뛰어! 챌린지 완성하기 ······ 180
- Clip 21 No Roots! 챌린지 장면 만들기 ······ 192
- Clip 22 No Roots! 챌린지 완성하기 ······ 199
- Clip 23 Transition 챌린지 장면 만들기 ······ 208
- Clip 24 Transition 챌린지 완성하기 ······ 216

Stage 01

스토리 숏폼 만들기

- **Clip 0** 생성형 AI와 인공지능 윤리
- **Clip 1** 숏폼 이해하기
- **Clip 2** 제미나이랑 놀자!
- **Clip 3** 나만의 아바타 꾸미기
- **Clip 4** 생일 카드 생성하기
- **Clip 5** 4컷 웹툰 이미지 생성하기
- **Clip 6** 급식실 스토리 숏폼 완성하기

Clip 01 생성형 AI와 인공지능 윤리

▶ 생성형 AI가 무엇인지 알아봅니다.
▶ 인공지능 윤리에 대해 알아봅니다.
▶ 인공지능과 관련된 새로운 직업에 대해 알아봅니다.

오늘의 클립

▶ 실습 파일 : 없음   ▶ 완성 파일 : 없음

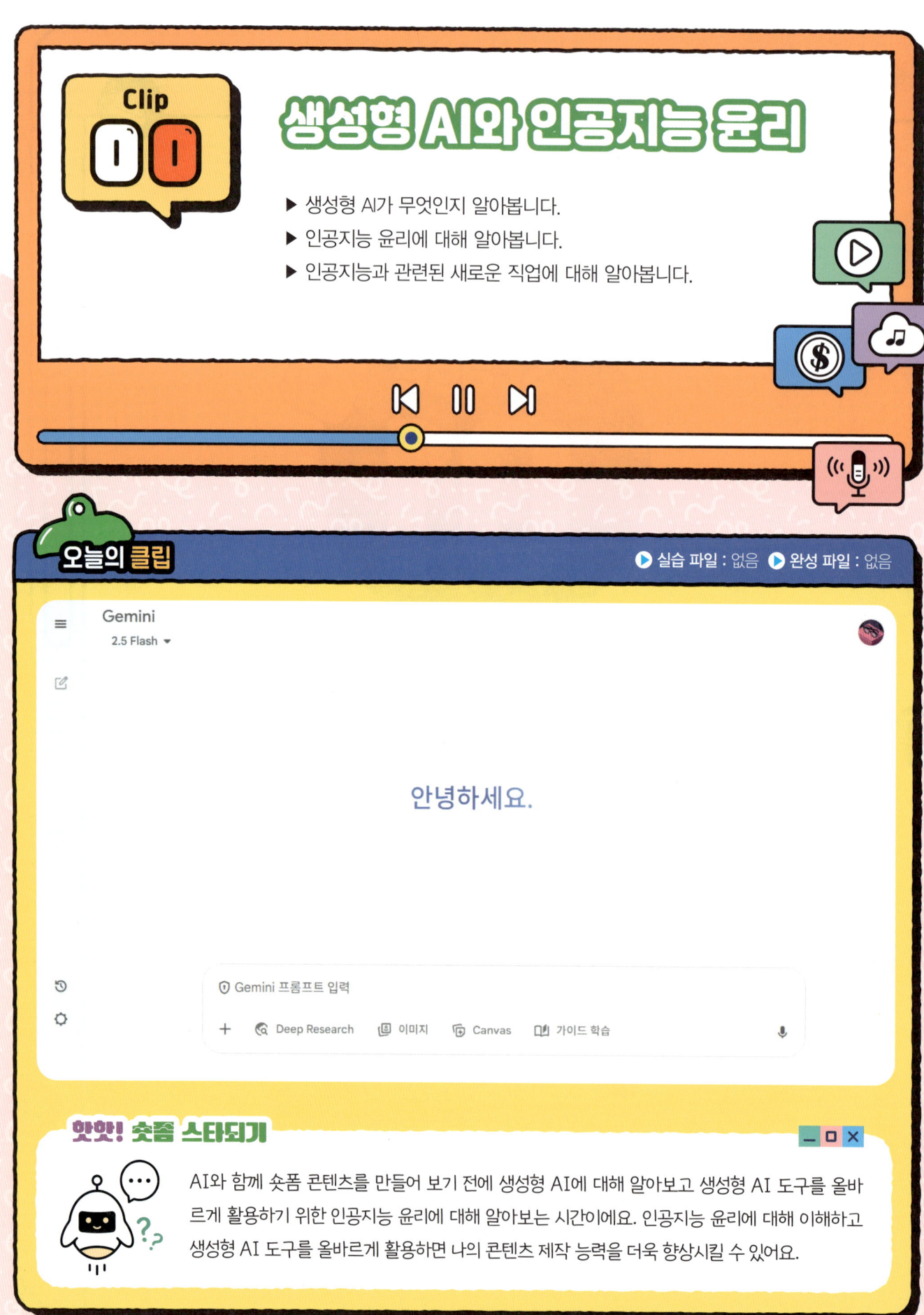

핫핫! 숏폼 스타되기

AI와 함께 숏폼 콘텐츠를 만들어 보기 전에 생성형 AI에 대해 알아보고 생성형 AI 도구를 올바르게 활용하기 위한 인공지능 윤리에 대해 알아보는 시간이에요. 인공지능 윤리에 대해 이해하고 생성형 AI 도구를 올바르게 활용하면 나의 콘텐츠 제작 능력을 더욱 향상시킬 수 있어요.

Take 01 생성형 AI란?

❶ 생성형 AI

기존 데이터를 학습하여 새로운 콘텐츠를 만들어내는 인공지능 기술을 의미합니다. 예를 들어, 텍스트(프롬프트)를 입력하면 소설을 창작해주거나 이미지 또는 동영상을 짧은 시간 안에 생성할 수 있습니다. 이러한 생성형 AI는 학습한 패턴을 이용하여 창의적인 결과물을 생성할 수 있어 다양한 분야에서 활용되고 있습니다.

인공지능(AI : Artificial Intelligence)이란 인간의 생각이나 학습 능력, 생각하는 능력, 말하는 능력 등을 컴퓨터가 학습하여 인간의 지능적인 행동을 모방하도록 한 기술을 의미해요.

❷ 생성형 AI가 활용되고 있는 산업 분야

활용 분야	내용
글	작사, 기사, 소설, 시나리오 작성
이미지	DALL-E를 통한 예술 작품 생성, 웹툰 제작, 필요한 이미지 생성
음악	작곡
동영상	애니메이션, 광고, 영화 등의 짧은 동영상 생성
게임	캐릭터, 스토리라인, 레벨 디자인 생성
패션	새로운 의상 디자인 및 패턴 생성
마케팅	광고 카피, 블로그 포스트, 소셜 미디어 콘텐츠 생성

❸ 생성형 AI의 장단점

장점	• 대량의 콘텐츠를 짧은 시간에 제작하여 시간과 노력을 절약할 수 있습니다. • 다양한 형태(글, 그림, 동영상)의 콘텐츠를 쉽게 제작할 수 있습니다. • 사용자의 요구에 맞는 콘텐츠 생성이 가능합니다. • 노동력과 인건비를 절감할 수 있습니다.
단점	• 생성형 AI가 생성하는 콘텐츠의 품질이 항상 일정하지는 않습니다. • 기존에 학습한 데이터를 활용하기 때문에 독창성, 창의성이 떨어지고 저작권이나 허위 정보 등을 생성하여 윤리적으로 논란이 될 수 있습니다. • 학습한 데이터에 따라 편향된 결과를 생성할 수 있습니다. • 인간의 감정을 표현하는 데는 한계가 있습니다.

Take 02 인공지능 윤리 이해하기

❶ 인공지능 윤리

인공지능 기술을 개발 또는 사용할 때 지켜야 할 도덕적 원칙과 기준으로, 우리가 앞으로 생성형 AI 도구를 다루며 반드시 지켜야 할 인공지능 3대 기본 원칙과 10대 핵심 요건에 대해 알아봅니다.

인공지능 3대 기본 원칙	
인간 존엄성 원칙	• 인간은 신체와 이성이 있는 생명체로 인공지능을 포함하여 인간을 위해 개발된 기계제품과는 교환 불가능한 가치가 있다. • 인공지능은 인간의 생명은 물론 정신적 및 신체적 건강에 해가 되지 않는 범위에서 개발 및 활용되어야 한다. • 인공지능 개발 및 활용은 안전성과 견고성을 갖추어 인간에게 해가 되지 않도록 해야 한다.
사회의 공공선 원칙	• 공동체로서 사회는 가능한 한 많은 사람의 안녕과 행복이라는 가치를 추구한다. • 인공지능은 지능정보사회에서 소외되기 쉬운 사회적 약자와 취약 계층의 접근성을 보장하도록 개발 및 활용되어야 한다. • 공익 증진을 위한 인공지능 개발 및 활용은 사회적·국가적, 나아가 글로벌 관점에서 인류의 보편적 복지를 향상시킬 수 있어야 한다.
기술의 합목적성 원칙	• 인공지능 기술은 인류의 삶에 필요한 도구라는 목적과 의도에 부합되게 개발 및 활용되어야 하며 그 과정도 윤리적이어야 한다. • 인류의 삶과 번영을 위한 인공지능 개발 및 활용을 장려하여 진흥해야 한다.

인공지능 10대 핵심 요건	
인권 보장	• 인공지능의 개발과 활용은 모든 인간에게 동등하게 부여된 권리를 존중하고, 다양한 민주적 가치와 국제 인권법 등에 명시된 권리를 보장하여야 한다. • 인공지능의 개발과 활용은 인간의 권리와 자유를 침해해서는 안 된다.
프라이버시 보호	• 인공지능을 개발하고 활용하는 전 과정에서 개인의 프라이버시를 보호해야 한다. • 전 생애주기에 걸쳐 개인 정보의 오용을 최소화하도록 노력해야 한다.
다양성 존중	• 인공지능 개발 및 활용 전 단계에서 사용자의 다양성과 대표성을 반영해야 하며, 성별·연령·장애·지역·인종·종교·국가 등 개인 특성에 따른 편향과 차별을 최소화하고, 상용화된 인공지능은 모든 사람에게 공정하게 적용되어야 한다. • 사회적 약자 및 취약 계층의 인공지능 기술 및 서비스에 대한 접근성을 보장하고, 인공지능이 주는 혜택은 특정 집단이 아닌 모든 사람에게 골고루 분배되도록 노력해야 한다.
공공성	• 인공지능은 개인적 행복 추구뿐만 아니라 사회적 공공성 증진과 인류의 공동 이익을 위해 활용해야 한다. • 인공지능은 긍정적 사회 변화를 이끄는 방향으로 활용되어야 한다. • 인공지능의 순기능을 극대화하고 역기능을 최소화하기 위한 교육을 다방면으로 시행하여야 한다.

침해 금지	• 인공지능을 인간에게 직간접적인 해를 입히는 목적으로 활용해서는 안 된다. • 인공지능이 야기할 수 있는 위험과 부정적 결과에 대응 방안을 마련하도록 노력해야 한다.
연대성	• 다양한 집단 간의 관계 연대성을 유지하고, 미래세대를 충분히 배려하여 인공지능을 활용해야 한다. • 인공지능 전 주기에 걸쳐 다양한 주체들의 공정한 참여 기회를 보장하여야 한다. • 윤리적 인공지능의 개발 및 활용에 국제사회가 협력하도록 노력해야 한다.
데이터 관리	• 개인정보 등 각각의 데이터를 그 목적에 부합하도록 활용하고, 목적 외 용도로 활용하지 않아야 한다. • 데이터 수집과 활용의 전 과정에서 데이터 편향성이 최소화되도록 데이터 품질과 위험을 관리해야 한다.
책임성	• 인공지능 개발 및 활용과정에서 책임주체를 설정함으로써 발생할 수 있는 피해를 최소화하도록 노력해야 한다. • 인공지능 설계 및 개발자, 서비스 제공자, 사용자 간의 책임소재를 명확히 해야 한다.
안전성	• 인공지능 개발 및 활용 전 과정에 걸쳐 잠재적 위험을 방지하고 안전을 보장할 수 있도록 노력해야 한다. • 인공지능 활용 과정에서 명백한 오류 또는 침해가 발생할 때 사용자가 그 작동을 제어할 수 있는 기능을 갖추도록 노력해야 한다.
투명성	• 사회적 신뢰 형성을 위해 타 원칙과의 상충관계를 고려하여 인공지능 활용 상황에 적합한 수준의 투명성과 설명 가능성을 높이려는 노력을 기울여야 한다. • 인공지능 기반 제품이나 서비스를 제공할 때 인공지능의 활용 내용과 활용 과정에서 발생할 수 있는 위험 등의 유의사항을 사전에 고지해야 한다.

❷ 인공지능 윤리 침해 사례

AI는 잘 사용하면 우리의 삶을 편리하게 해주지만 잘못 사용할 경우 많은 사람들에게 큰 피해를 끼칠 수 있습니다. 이러한 인공지능 윤리 침해 사례를 확인해 봅니다.

딥페이크를 이용한 불법 콘텐츠 제작	2018년, 유명인의 얼굴을 합성하여 불법 콘텐츠를 제작하는 딥페이크 범죄가 발생했습니다. 이 사건은 특히 여성들에게 큰 피해를 주었으며, 그들의 명예와 개인적 삶에 심각한 영향을 미쳤습니다. 이러한 범죄로 인해 딥페이크 기술에 대한 규제 필요성이 대두되었습니다.
AI를 이용한 피싱 공격	2020년, 사이버 범죄자들이 AI를 활용하여 더욱 정교한 피싱 이메일을 작성한 사례가 있었습니다. 이 이메일은 수신자의 행동 패턴을 분석하여 신뢰할 수 있는 기관에서 발송된 것처럼 보이게 만들어, 많은 사람들이 개인 정보를 입력하도록 유도했습니다. 이 사건은 AI가 사이버 범죄에 악용될 수 있는 가능성을 보여주었습니다.
자동화된 해킹 사건	2021년, 특정 해킹 그룹이 AI를 사용하여 기업의 보안 시스템을 자동으로 공격한 사건이 보고되었습니다. 이 그룹은 AI를 통해 취약점을 찾아내고, 빠르게 침투하여 중요한 데이터를 탈취했습니다. 이 사건은 기업들이 AI 기술에 대한 대비가 필요함을 시사했습니다.
자율 무기의 사용 우려	2022년, 군사적 갈등에서 AI가 탑재된 드론이 자율적으로 공격 결정을 내릴 수 있다는 우려가 제기되었습니다. 특정 군사 작전에서 자율 드론이 인간의 개입 없이 공격을 수행했다는 보고가 있었고, 이는 AI 무기가 범죄적 행위에 사용될 수 있는 가능성을 암시했습니다.

 ## 숏폼 이해하기

▶ 숏폼의 개념과 장단점을 알아봅니다.
▶ 숏폼의 종류를 알아봅니다.
▶ 재미있는 숏폼 콘텐츠를 확인합니다.

오늘의 클립

▶ 실습 파일 : 없음   ▶ 완성 파일 : 없음

핫핫! 숏폼 스타되기

숏폼이 무엇인지 알아보고 숏폼의 종류, 재미있는 숏폼을 확인해 보는 시간이에요. 여러분이 즐겨 사용하는 유튜브, 인스타그램, 틱톡 등의 플랫폼에서 숏폼 콘텐츠를 어떻게 부르고 있는지 알아보고 요즘 유행하는 숏폼 콘텐츠에는 어떤 것들이 있는지 확인해 봐요.

 Take 01 숏폼이란?

❶ 숏폼(Shot-form)은 15초~1분 내외의 짧은 동영상 콘텐츠를 의미합니다. 영화나 드라마처럼 긴 스토리를 오랫동안 감상하는 영상이 아니라, 짧고 빠르게 내용을 파악하고 정보와 재미를 얻을 수 있는 영상입니다.

❷ 숏폼은 스마트폰의 보급과 함께 출근길이나 등굣길과 같은 이동 시간, 또는 짧은 휴식 시간에 빠르게 즐길 수 있는 콘텐츠에 대한 수요가 커지면서 등장했습니다. 처음에는 동영상 엔터테인먼트 플랫폼인 틱톡에서 짧은 영상에 음악과 간단한 편집 기능을 더해 전 세계적으로 폭발적인 인기를 얻었고, 이후 유튜브, 인스타그램, 네이버, 페이스북 등 다양한 플랫폼에서도 숏폼 서비스를 제공하기 시작했습니다.

❸ 숏폼의 장단점을 알아봅니다.

숏폼의 장점	• 숏폼은 긴 영상에 비해 짧은 시간에 쉽게 편집하여 업로드할 수 있습니다. • 짧은 시간에 영상을 시청할 수 있어 가볍게 즐길 수 있습니다. • 짧은 시간에 시선을 집중시켜 짧고 강한 메시지 전달에 유용합니다. • 최신 유행을 빠르게 적용할 수 있습니다.
숏폼의 단점	• 짧은 시간에 정보를 모두 담을 수 없어 겉으로 보이는 간단한 정보만 전달되기 쉽습니다. • 긴 영상을 압축하여 제작하기 때문에 정보가 왜곡되어 전달될 수 있습니다. • 하나의 숏폼 영상이 끝나면 다른 숏폼 영상이 실행되기 때문에 중독성이 강합니다. • 짧은 시간의 영상이라 '한 편만 더 볼까?' 하면서 자신도 모르게 오랜 시간 동안 숏폼 영상을 시청하게 됩니다. • 누구나 쉽게 제작할 수 있기 때문에 사람들의 기억에서 쉽게 잊혀질 수 있습니다.

Take 02 숏폼의 종류 알아보기

❶ 플랫폼마다 숏폼을 부르는 이름은 다르지만 공통적으로 짧은 영상을 만들어 업로드한다는 점은 같습니다. 플랫폼마다 어떤 이름을 사용하고 제작할 수 있는 영상 길이가 얼마나 되는지 확인해 봅니다.

유튜브	이름	영상 길이	특징
YouTube KR	쇼츠(Shorts)	3분	구글에서 제공하는 전 세계 최대 영상 플랫폼으로 검색, 추천 알고리즘이 강력합니다.

인스타그램	이름	영상 길이	특징
(로고)	릴스(Reels)	3분	일상 사진, 영상을 공유할 수 있는 플랫폼으로 인기가 높습니다.

틱톡	이름	영상 길이	특징
TikTok	틱톡 영상	10분	숏폼의 원조로 음악, 필터, 밈 제작에 강력합니다.

네이버	이름	영상 길이	특징
Clip	클립	60초	한국 이용자 중심으로 네이버 기반의 플랫폼입니다.

페이스북	이름	영상 길이	특징
(로고)	릴스(Reels)	90초	인스타그램과 연동하여 사용이 가능하고, 다양한 정보를 전달할 때 유용한 플랫폼입니다.

 **Take 03 재미있는 숏폼 콘텐츠 구경하기**

❶ 유튜브 쇼츠 콘텐츠 중에서 재미있는 사이트를 구경해 봅니다.

▶ **채널명** : 정서불안 김햄찌
▶ **주소** : https://www.youtube.com/@정서불안김햄찌

귀여운 햄스터의 사회생활을 그린 유튜브 채널로, AI로 생성한 이미지와 영상이지만 직장인들의 공감을 사면서 3개월만에 빠르게 성장하여 지금은 구독자 50만 명이 넘는 유튜브 채널이 되었습니다.

♥ **재미 요소** : 귀여운 햄스터와 목소리, 직장인이 공감할 만한 대사

▶ **채널명** : 흔한남매
▶ **주소** : https://www.youtube.com/@hhnm

흔한남매는 개그맨 한으뜸과 장다운이 운영하는 유튜브 채널로, 실제 남매는 아니지만 오빠 으뜸이와 동생 에이미라는 설정으로 현실을 기반한 콩트 코미디 콘텐츠를 업로드 하는 채널입니다.

♥ **재미 요소** : 일상생활에서 티격태격하는 모습, 공감되는 유쾌한 영상

▶ **채널명** : 오늘의 통화
▶ **주소** : https://www.youtube.com/@오늘의통화

오늘의 통화는 아이들과 어른들의 일상 속 재미있는 대화들을 귀여운 애니메이션으로 풀어내어 재현한 채널입니다.

♥ **재미 요소** : 귀여운 애니메이션, 아이들의 대화

▶ **채널명** : 빨간내복야코
▶ **주소** : https://www.youtube.com/@redpajamayaco

노래 중심 콘텐츠 채널로 엉뚱하고 재미있는 콘텐츠가 많습니다.

♥ **재미 요소** : 재미있는 노래와 영상

미션! 숏폼 챌린지

01. 재미있게 본 숏폼 콘텐츠가 있다면 정리한 후 친구들과 공유해 봅니다.

채널 이름	
채널 주소	
숏폼 내용	

채널 이름	
채널 주소	
숏폼 내용	

02. 친구들이 공유해준 숏폼 콘텐츠 중 관심 있는 채널을 정리해 봅니다.

채널 이름	
채널 주소	
숏폼 내용	

채널 이름	
채널 주소	
숏폼 내용	

 ## 제미나이랑 놀자!

▶ 제미나이에 대해 알아봅니다.
▶ 제미나이의 화면 구성을 확인합니다.
▶ 이미지의 스타일을 자유롭게 변경합니다.
▶ 이미지를 자유롭게 편집합니다.

활용 프로그램 : 제미나이(Gemini)

오늘의 클립

▶ **실습 파일 :** 02강 실습 파일 폴더   ▶ **완성 파일 :** 02강 완성 파일 폴더

핫핫! 숏폼 스타되기

대화형 AI 플랫폼인 제미나이를 만나보는 시간이에요. 제미나이가 무엇인지, 제미나이의 특징 및 사용법을 알아봐요. 그리고 제미나이에 이미지를 업로드하고 프롬프트를 입력해 이미지의 스타일을 자유롭게 변경해 봐요.

Take 01 제미나이(Gemini) 알아보기

❶ 제미나이는 챗GPT와 같이 대화로 질문하고 정보를 얻을 수 있는 AI 챗봇입니다. 하지만 제미나이는 대화뿐만 아니라 이미지 생성 및 편집, 비디오 생성, 오디오 기능 등 다양한 형태의 정보를 함께 이해하고 처리할 수 있다는 점에서 차별점을 가집니다.

❷ 제미나이의 특징에 대해 알아봅니다.

> ♥ **눈, 귀, 입이 다 있어요!**
> 제미나이는 우리처럼 글, 그림, 사진을 볼 수 있고 소리도 들을 수 있습니다. 사진을 보여주며 "이 사진에 있는 강아지는 무슨 종이야?"라고 물어보면 바로 알려주고, 유튜브의 영상 주소를 알려주면 그 영상이 어떤 내용의 영상인지 알려줍니다.
>
> ♥ **똑똑한 비서 역할도 해요!**
> 제미나이는 구글 지도를 보여주면서 "지금 내가 있는 곳에서 가장 가까운 놀이터는 어디야?"라고 물어보면 가장 가까운 놀이터를 바로 찾아줄 수 있습니다. 또한 "오늘 날씨는 어때?"라고 물어보면 최신 정보를 수집해 오늘의 날씨를 알려줍니다.
>
> ♥ **마법의 책과 같아요!**
> 우리가 책을 읽고 여러 가지 정보와 지식을 알게되는 것처럼 제미나이는 인터넷의 많은 지식들을 모두 읽고 이해합니다. 그래서 우리가 알고 싶은 것이 있으면 제미나이에게 물어보고 다양한 정보를 얻을 수 있습니다.
>
> ♥ **마법처럼 그림을 그려줘요!**
> 제미나이는 우리가 말로 설명하는 대로 새로운 이미지를 생성할 수 있습니다. 예를 들어, "하늘을 나는 고양이 그림을 그려줘."라고 입력하면 입력한 내용과 같은 이미지를 생성해 보여줍니다. 또한 기존의 이미지를 업로드하여 "이 사진에서 강아지 뒤에 있는 공을 지워줘."라고 입력하면 공을 깔끔하게 지워주기도 합니다.

❸ 제미나이는 PC와 스마트폰 앱으로 사용할 수 있는 플랫폼으로, 구글 계정으로 로그인한 후 사용하는 것이 좋습니다.

구분	로그인하지 않고 사용	로그인하고 사용
적합한 용도	간단한 질문, 일회성 검색	개인 비서, 심층적인 작업, 지속적인 대화
채팅 기록	대화 내용 저장되지 않음	구글 계정에 대화 내용 저장
파일 업로드	이미지, 문서 첨부 불가	이미지, 문서 등 첨부 가능
개인 맞춤화	사용자 맞춤형 답변 불가	사용자 맞춤형 답변 가능
사용 환경	웹에서만 사용 가능	웹 및 모바일 앱 모두 사용 가능

❹ 크롬(🌐) 브라우저를 실행하고 제미나이 사이트('https://gemini.google.com')에 접속한 후 제미나이의 화면 구성을 확인합니다.

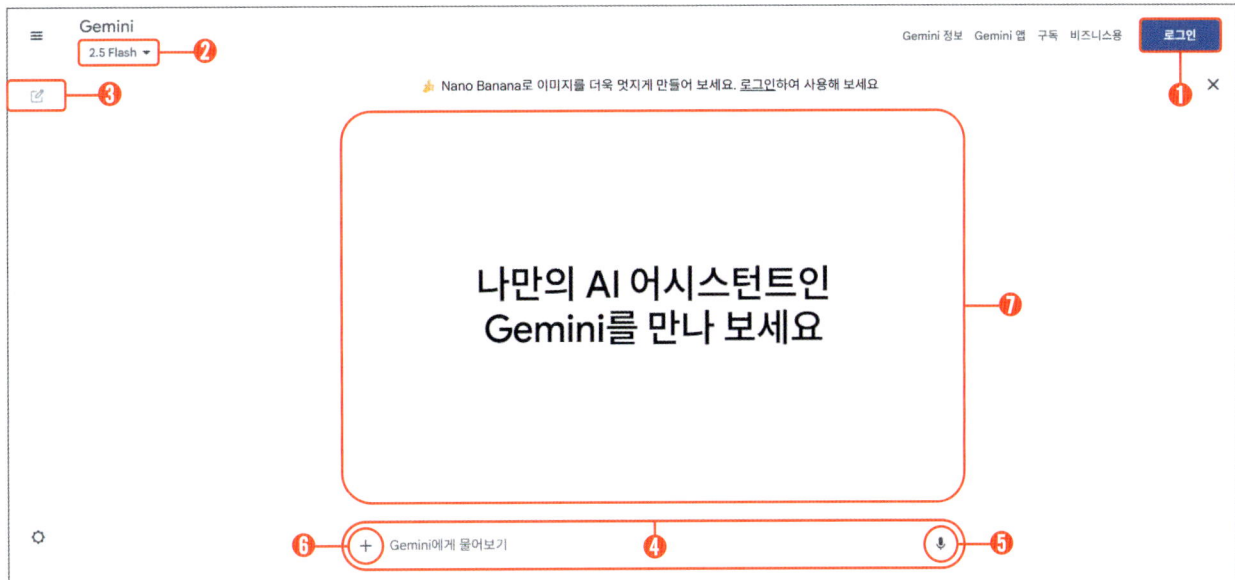

❶ 로그인 : 구글 계정으로 로그인하여 제미나이를 이용할 수 있습니다.

❷ 버전 : 현재 사용 중인 제미나이의 버전 정보를 확인할 수 있습니다.

❸ 새 채팅 : 새로운 대화를 시작하거나 최근에 나누었던 대화를 이어서 진행할 수 있습니다.

❹ 프롬프트 입력 : 프롬프트를 입력하여 질문하거나 명령을 내릴 수 있습니다.

❺ 음성 입력 : 직접 음성으로 질문하거나 명령을 내릴 수 있습니다.

❻ 파일 추가 : 파일을 업로드할 수 있습니다.

❼ 답변 영역 : 제미나이의 답변이 표시되는 공간입니다. 텍스트, 이미지, 코드 등 다양한 형식의 답변이 나타납니다.

❺ [로그인]을 클릭하여 구글 계정으로 로그인합니다.

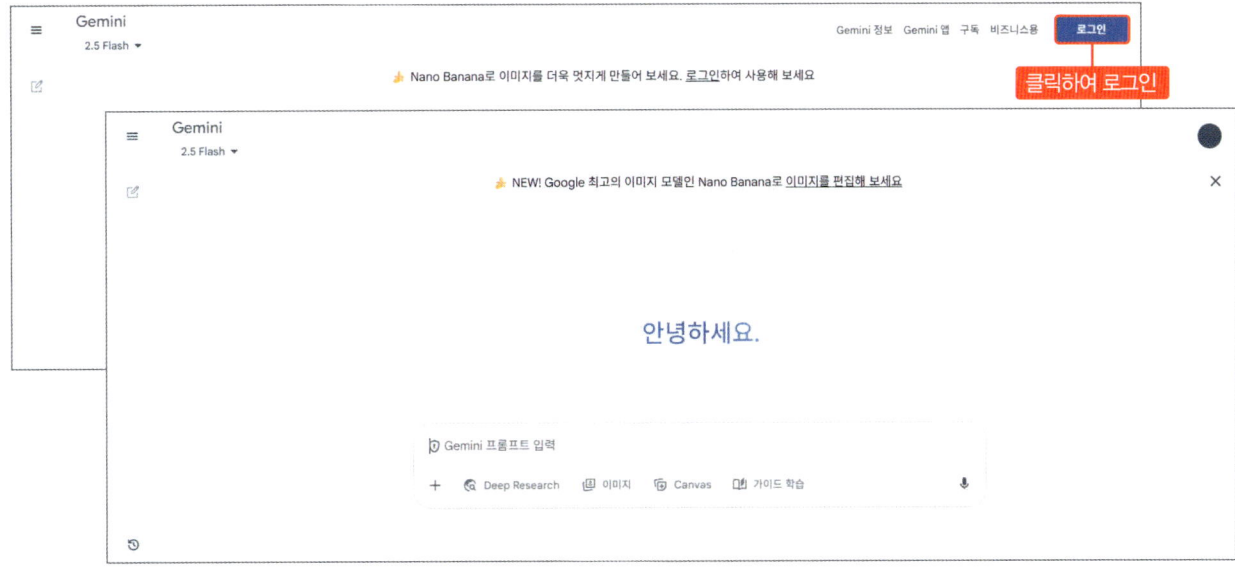

Take 02 제미나이로 이미지 스타일 변경하기

❶ [파일 추가(+)]-[파일 업로드]를 클릭하여 [열기] 대화상자가 나타나면 [02강 실습 파일] 폴더에서 '이미지1.jpg' 파일을 선택한 후 [열기]를 클릭합니다.

❷ 업로드된 이미지를 확인하고 프롬프트 입력창을 클릭하여 "만화로 그려줘."를 입력한 후 [제출(▶)]을 클릭하거나 Enter 키를 누릅니다.

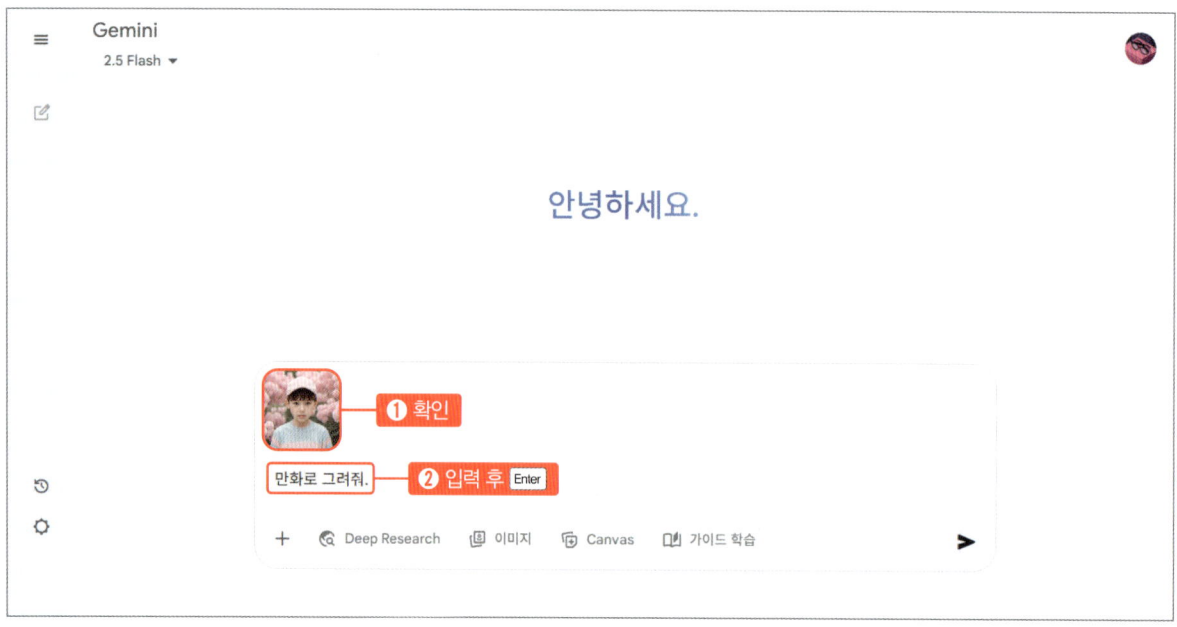

❸ 이미지가 만화 스타일로 변경된 결과물을 확인합니다.

> **PoP PoP! 팁** 같은 이미지와 명령어를 입력하여 새로운 스타일의 이미지를 생성하더라도 교재와 완전히 동일한 이미지가 생성되지는 않아요.

❹ 이미지를 다양한 스타일로 변경해 봅니다(예 지브리 스타일, 짱구 스타일, 스노우 스타일 등).

> **PoP PoP! 팁** 제미나이 무료 버전의 일일 이미지 생성 한도는 최대 100개로 알려져 있지만, 서버 부하가 발생하면 생성 한도가 유동적으로 변경되거나 생성 속도가 느려지고 페이지에 오류 메시지가 나타나기도 해요. 해당 오류가 발생한다면 페이지를 새로고침한 후 다시 이미지를 생성해 보세요.

Take 03 제미나이로 이미지 편집하기

❶ 프롬프트 입력창에 "전신 사진으로 만들어줘."를 입력한 후 [제출(➤)]을 클릭하거나 Enter 키를 누릅니다.

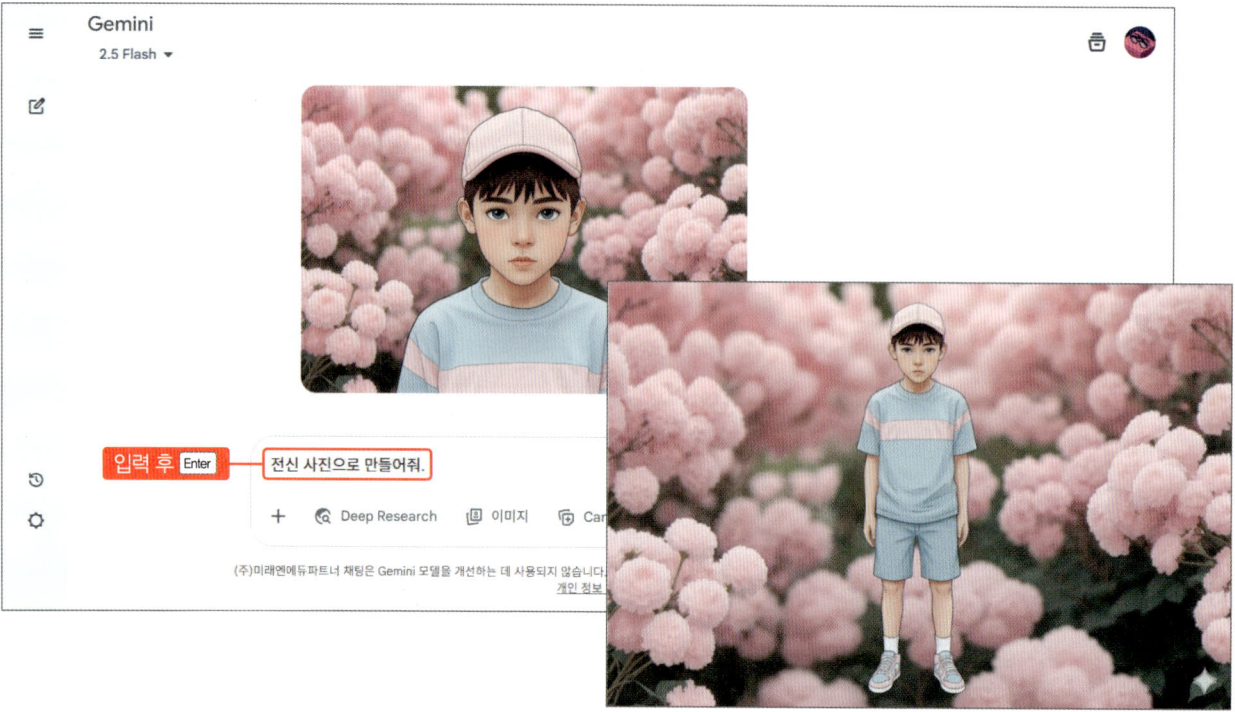

❷ 이어서 프롬프트 입력창에 "모자 벗겨줘."를 입력한 후 [제출(➤)]을 클릭하거나 Enter 키를 누릅니다.

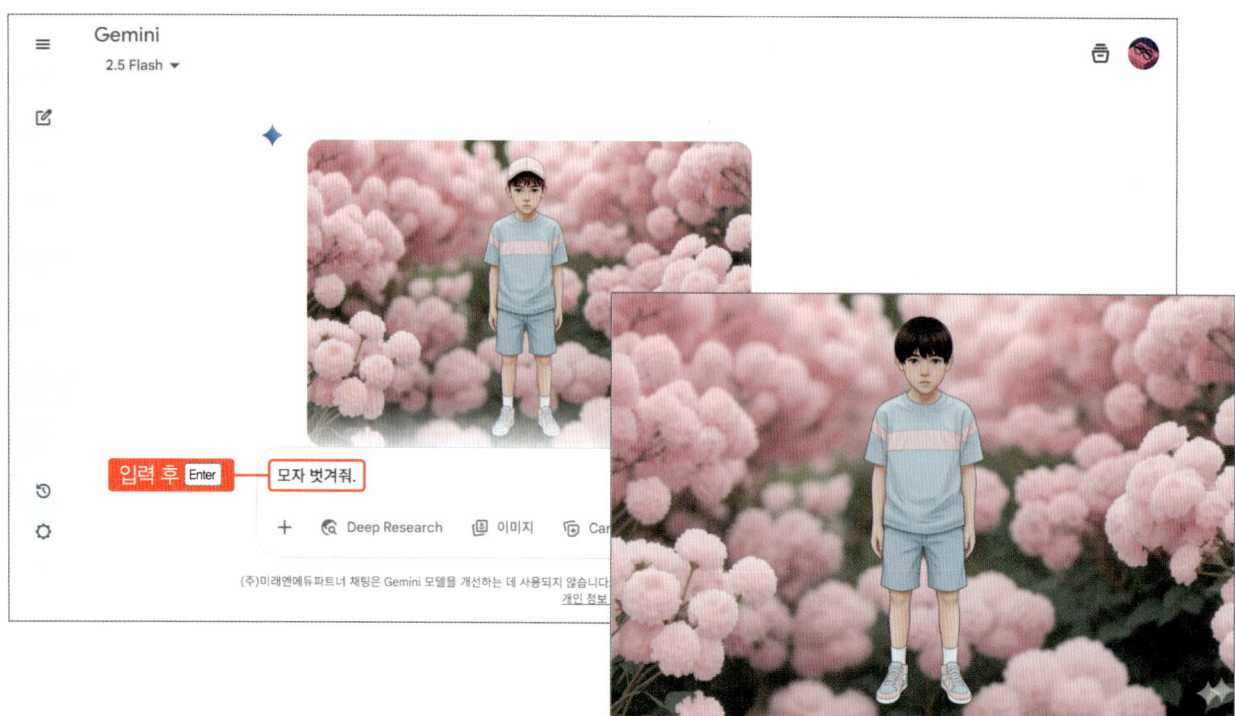

❸ 웃는 모습을 만들기 위해 프롬프트 입력창에 "웃는 모습으로 만들어줘."를 입력한 후 [제출(➤)]을 클릭하거나 Enter 키를 누릅니다.

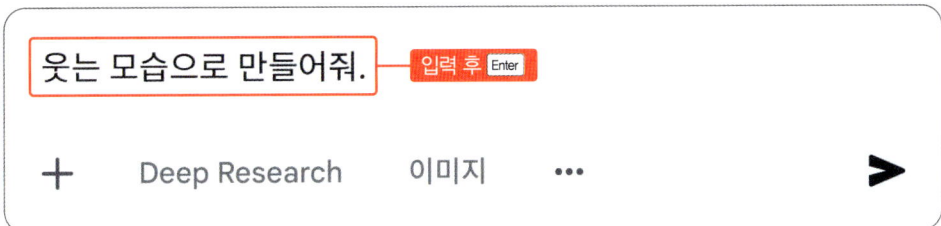

❹ 생성된 이미지에 마우스 포인터를 가져다 댄 후 [다운로드(⬇)]를 클릭하여 완성된 이미지를 저장합니다.

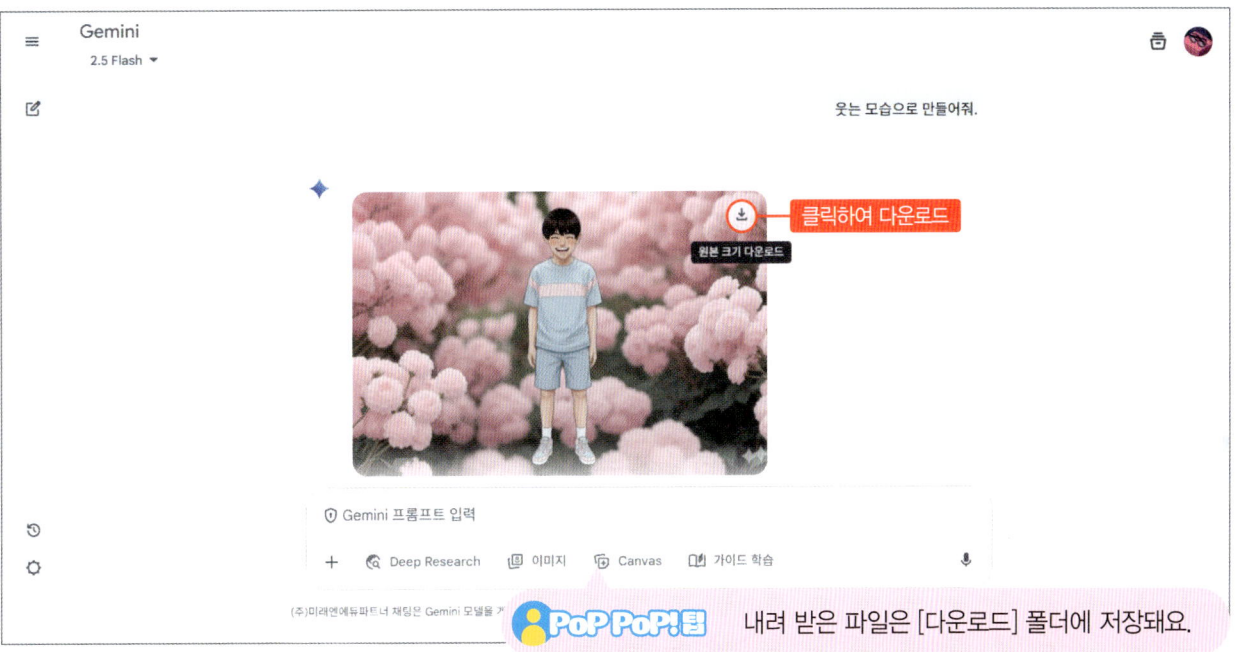

PoP PoP! 팁 — 내려 받은 파일은 [다운로드] 폴더에 저장돼요.

❺ 프롬프트를 입력하여 이미지의 표정을 다양하게 변경해 봅니다.

PoP PoP! 팁 — 캐릭터의 표정이 잘 변경되지 않는다면, 원본 이미지('이미지1.jpg')를 다시 업로드한 후 표정을 변경해 보세요.

Clip 02 제미나이랑 놀자! **023**

미션! 숏폼 챌린지

▶ 실습 파일 : 02강 실습 파일 폴더   ▶ 완성 파일 : 02강 완성 파일 폴더

01. '이미지2.jpg' 파일을 확인하고 '백설공주와 일곱 난쟁이'의 이미지를 생성하기 위해 이미지를 어떻게 편집할지 작성해 봅니다.

변경할 부분	편집 내용
옷	백설공주 옷 입혀줘.

02. 작성한 내용을 바탕으로 '백설공주와 일곱 난쟁이' 이미지를 완성해 봅니다.

 # 나만의 아바타 꾸미기

▶ 프롬프트에 대해 알아봅니다.
▶ 프롬프트를 입력하여 나의 아바타를 생성합니다.
▶ 이미지를 업로드하여 아바타에 의상과 소품을 적용합니다.
▶ 아바타의 구도를 다양하게 변경합니다.

활용 프로그램 : 제미나이(Gemini)

 오늘의 클립   ▶ 실습 파일 : 03강 실습 파일 폴더   ▶ 완성 파일 : 03강 완성 파일 폴더

핫핫! 숏줌 스타되기

제미나이에 프롬프트를 입력해 나만의 아바타를 만들어 보는 시간이에요. 프롬프트를 입력하여 나만의 아바타를 생성하고 인터넷에서 필요한 소품 이미지를 다운로드하여 제미나이를 활용해 아바타에 적용해 봐요.

Take 01 나의 아바타 생성하기

❶ 프롬프트(Prompt)란?

프롬프트란 인공지능(AI)에게 특정 작업을 지시하기 위한 명령어를 의미하는 것으로, 인공지능을 활용해 어떤 결과물을 생성하는 데 있어 가장 중요한 요소입니다. 인공지능은 우리가 입력한 프롬프트를 해석하여 답변을 주거나 글, 이미지, 코드 등을 생성해 냅니다.

❷ 프롬프트(Prompt)의 종류

❶ **텍스트 프롬프트** : 가장 흔한 형태로, 일반적인 문장이나 단어, 질문 등을 사용합니다. 예를 들어, "오늘 날씨는 어때?", "자율주행 자동차의 원리에 대해 설명해줘." 등으로 프롬프트를 입력합니다.

❷ **이미지 프롬프트** : 이미지를 업로드하여 새로운 이미지를 생성하거나 기존 이미지를 변경하도록 지시합니다. 또한 이미지를 분석할 수도 있습니다. 예를 들어, 이미지를 업로드한 후 "이런 느낌의 그림을 그려줘." 등으로 프롬프트를 입력합니다.

❸ 나의 아바타를 생성하기 위한 프롬프트 작성하기 예

구분		내용
무엇을 그릴까?	나이	10대
	성별	여자
	특징	귀여움
어떻게 표현할까?	모습	전신
	그림 스타일	3D 렌더링
	조명/분위기	햇빛이 비치는
외모는 정해줘!	배경	신비로운 숲
	외모	주근깨가 있는 얼굴
	의상	귀여운 원피스
	소품	챙이 큰 모자
입력 프롬프트		10대 여자, 귀여움, 전신, 3D 렌더링, 햇빛이 비치는, 신비로운 숲, 주근깨가 있는 얼굴, 귀여운 원피스, 챙이 큰 모자

❹ 나의 아바타를 생성하기 위한 프롬프트 작성하기

구분		내용
무엇을 그릴까?	나이	
	성별	
	특징	
어떻게 표현할까?	모습	
	그림 스타일	
	조명/분위기	
외모는 정해줘!	배경	
	외모	
	의상	
	소품	
입력 프롬프트		

❺ 크롬(🌐) 브라우저를 실행하고 제미나이 사이트('https://gemini.google.com')에 접속한 후 구글 계정으로 로그인합니다.

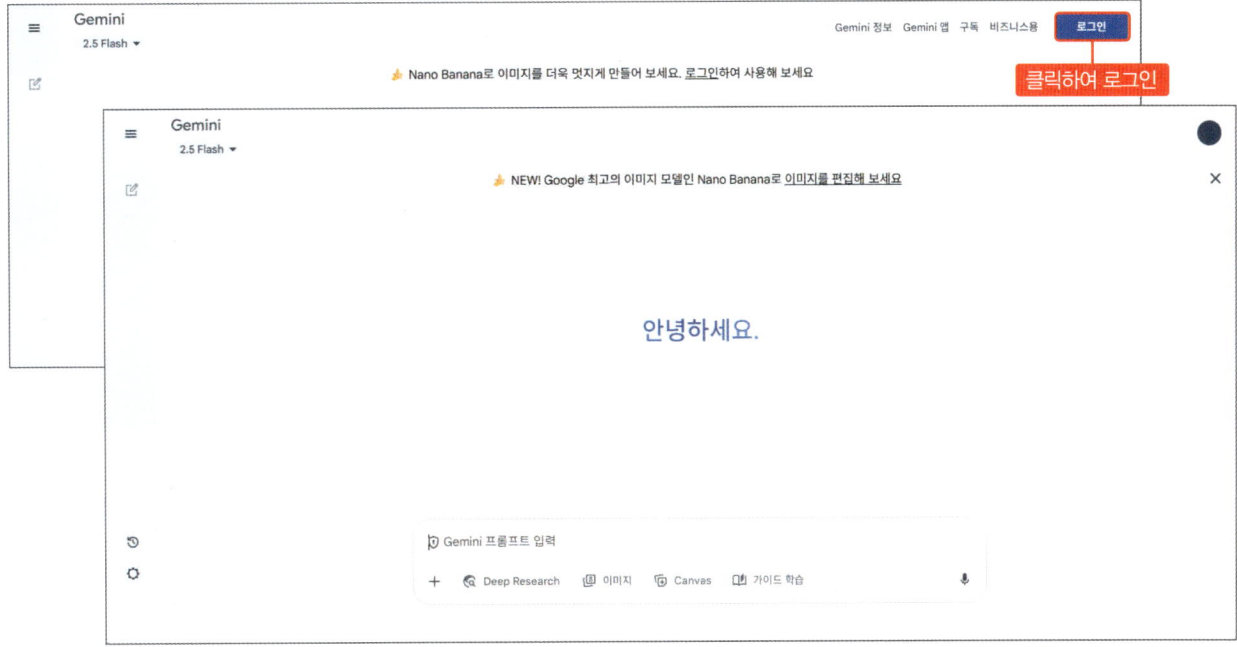

❻ 프롬프트 입력창에 앞서 정리한 프롬프트를 입력한 후 Enter 키를 누릅니다.

> 10대 여자, 귀여움, 전신, 3D 렌더링, 햇빛이 비치는, 신비로운 숲, 주근깨가 있는 얼굴, 귀여운 원피스, 챙이 큰 모자

❼ 생성된 이미지를 확인하고 입력한 프롬프트와 비교해 봅니다.

PoP PoP!팁 생성된 이미지와 내가 생각한 이미지가 다르다면 프롬프트를 수정하여 다시 이미지를 생성해 보세요.

Take 02 아바타에 의상과 소품 적용하기

1. 크롬(🌐) 브라우저에서 [새 탭(+)]을 추가하고 검색창에 '동물 잠옷'을 검색한 후 [이미지] 탭을 클릭합니다.

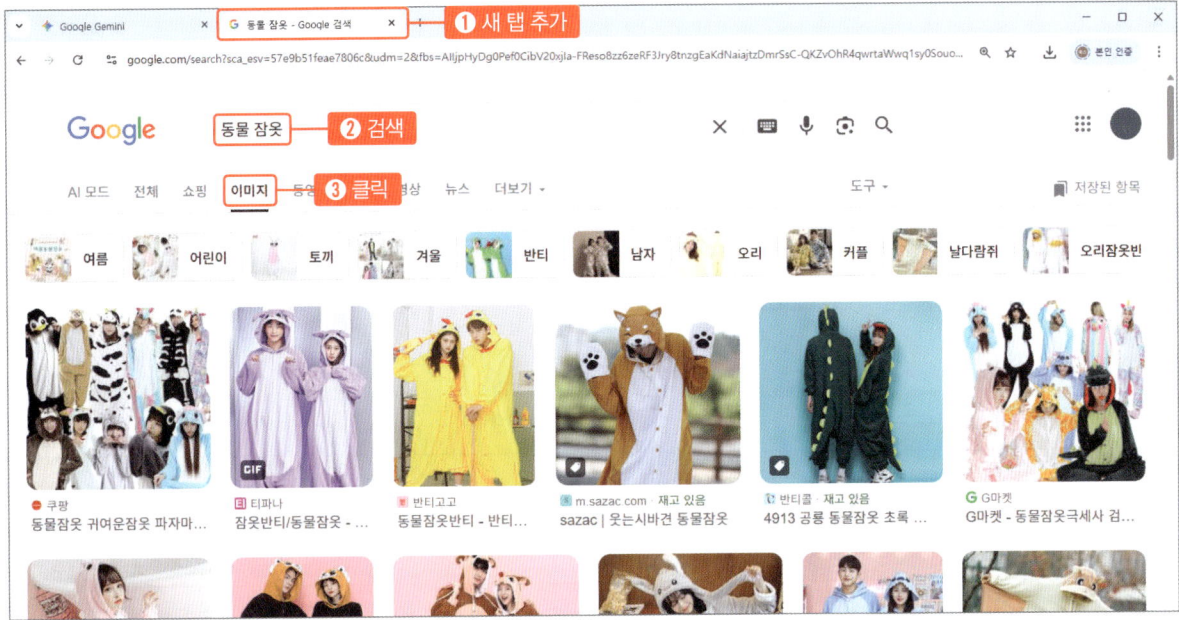

2. 원하는 이미지를 마우스 오른쪽 버튼으로 클릭하여 [이미지 복사]를 클릭합니다.

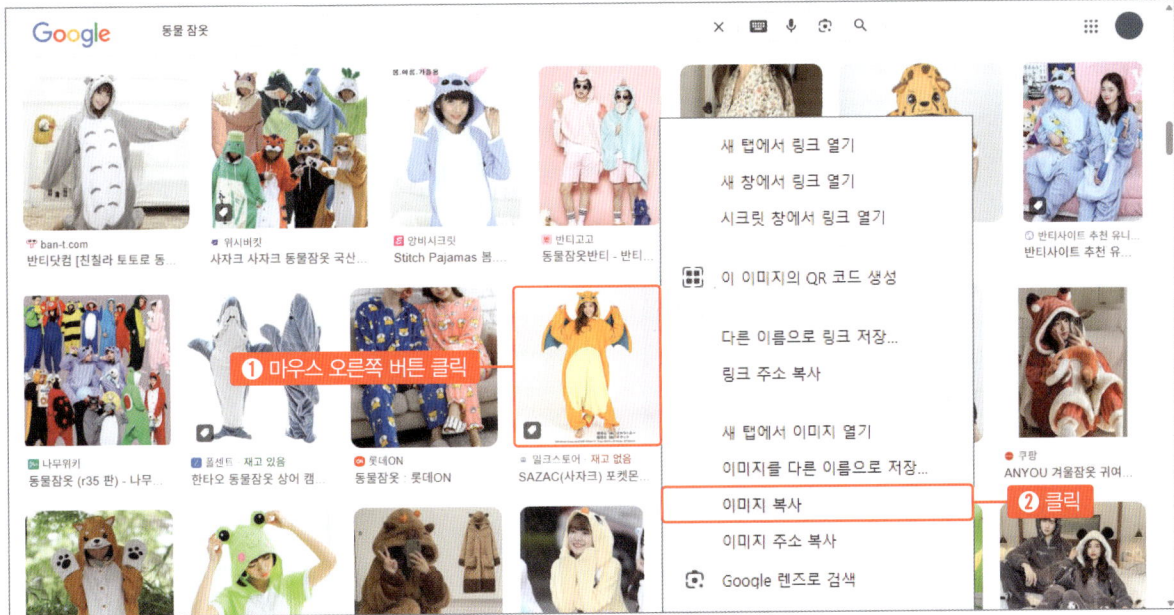

3. 이어서 [제미나이] 탭을 클릭합니다.

④ 프롬프트 입력창을 마우스 오른쪽 버튼으로 클릭하여 팝업 창이 나타나면 [붙여넣기]를 클릭하거나 키보드에서 Ctrl + V 키를 누릅니다.

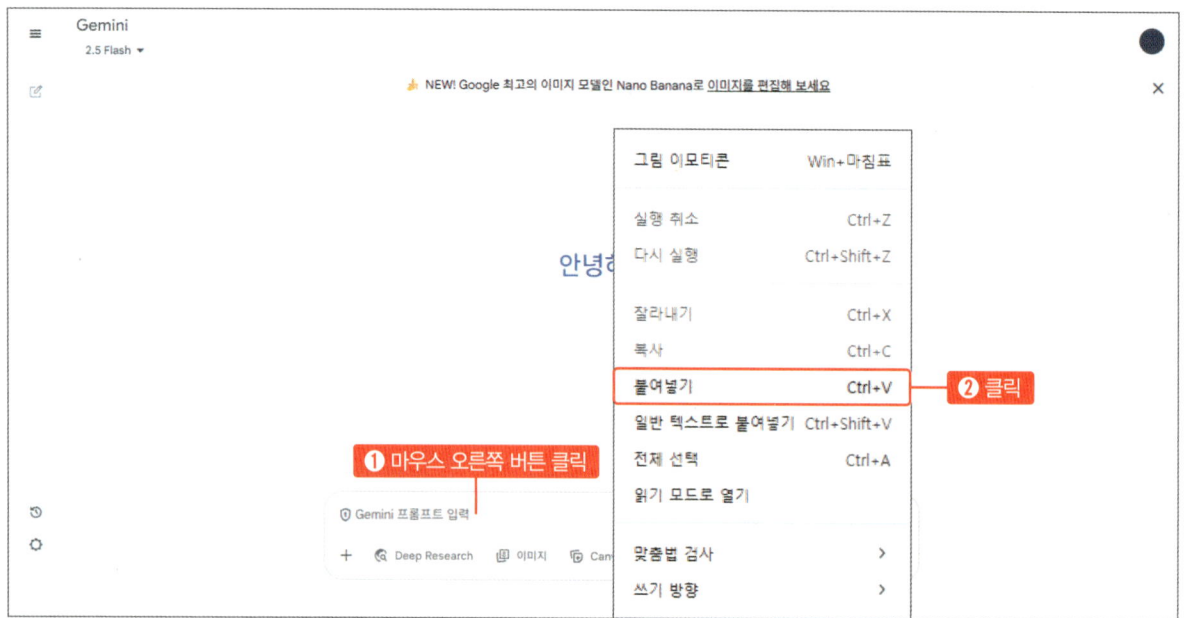

⑤ 업로드된 이미지를 확인한 후 프롬프트 입력창에 "이 옷 입혀줘."를 입력하고 Enter 키를 누릅니다.

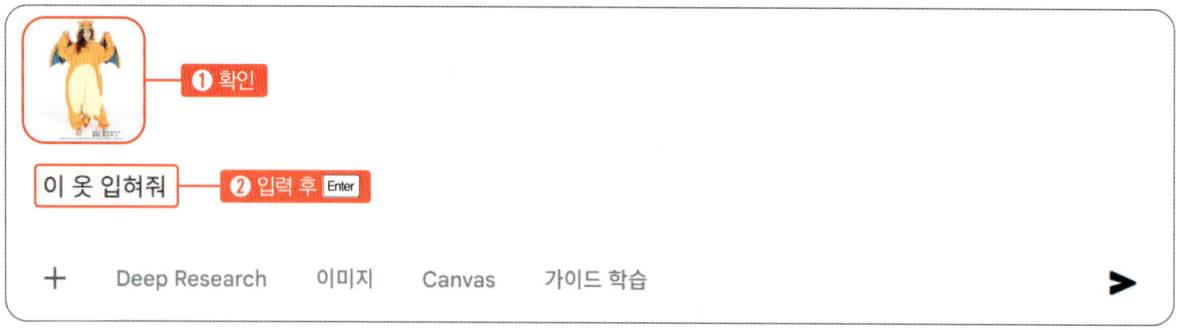

⑥ 아바타에 의상이 잘 입혀졌는지 확인합니다.

❼ ❶~❺와 같은 방법으로 단계별로 이미지를 추가하며 아바타에 다양한 소품을 적용해 봅니다.

구분	사용된 이미지	적용된 모습
검색어 : 포켓몬 모자 **입력 프롬프트 :** 모자 씌워줘.		
검색어 : 포켓몬 가방 **입력 프롬프트 :** 가방 매줘.		
검색어 : 이상해씨 인형 **입력 프롬프트 :** 이상해씨 가방에 올려줘.		
검색어 : 포켓몬 인형 **입력 프롬프트 :** 인형 안고 있어줘.		

PoP PoP! 팁 의상과 소품의 종류는 자유롭게 선택해요.

Clip 03 나만의 아바타 꾸미기

잘못 생성된 이미지 수정하기

프롬프트로 수정을 요청해도 이미지가 수정되지 않거나 필요 없는 부분을 삭제하고 싶은데 프롬프트로 설명하기 어려울 때는 그림판을 이용하여 이미지를 수정하면 편리해요.

❶ **잘못 생성된 이미지 확인하기**

◀ 팔이 여러 개 생성된 모습

❷ **이미지 수정하기** : [그림판]을 실행하고 삭제할 부분을 색칠한 후 제미나이에 이미지를 업로드하여 해당 부분을 삭제하도록 프롬프트를 입력해요.

입력 프롬프트

"빨간색으로 칠한 부분 삭제해줘." 또는 "빨간색으로 칠한 손과 팔 삭제해줘."

❸ **수정된 이미지 확인하기**

 ## Take 03 여러 구도의 아바타 만들기

❶ 프롬프트 입력창에 "정면으로 보여줘."를 입력하고 Enter 키를 눌러 생성된 이미지를 확인합니다.

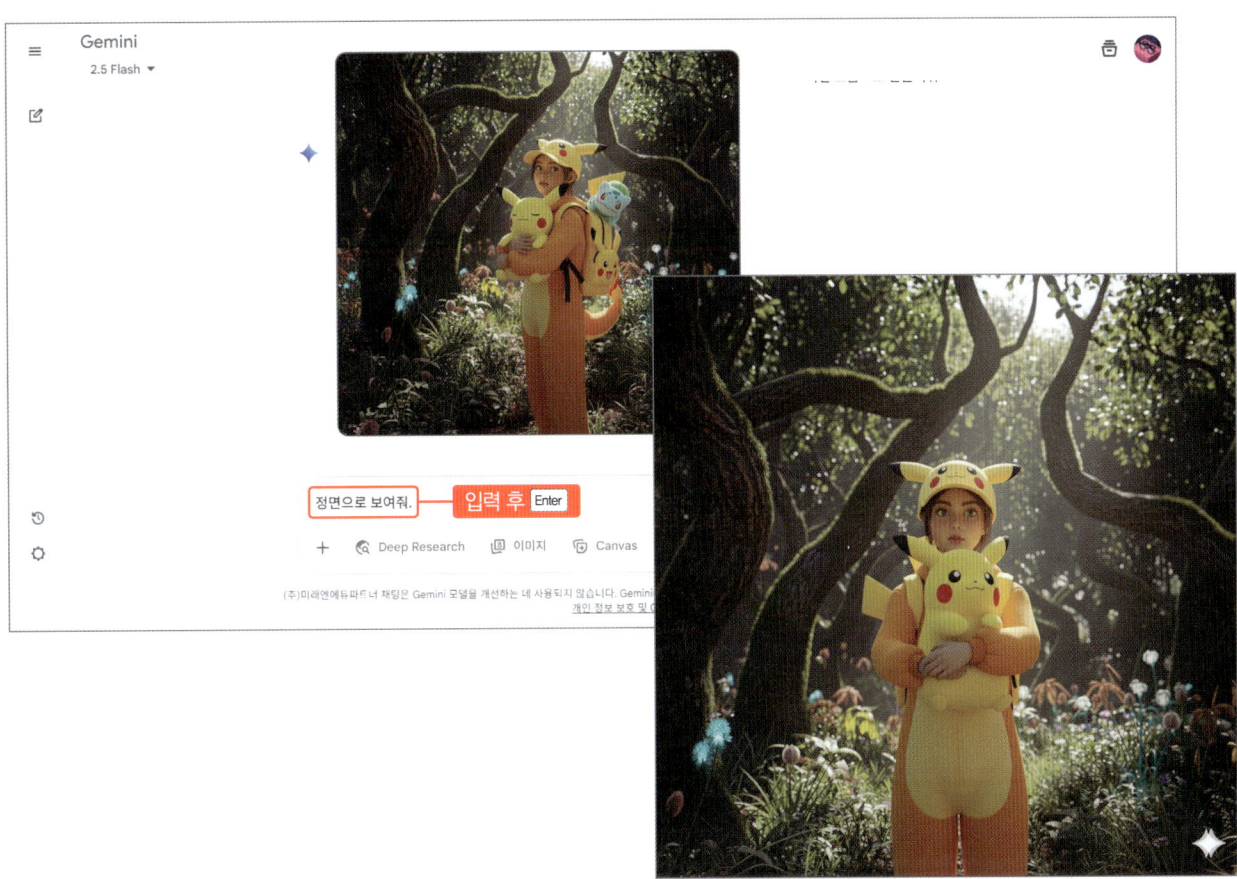

❷ 다음과 같이 아바타를 다양한 구도로 변경해 봅니다.

 구도를 변경할 때 아바타의 모습이 변경된다면 "얼굴과 모습을 유지한 채"를 프롬프트 처음에 입력하고 이후 "얼굴 확대된 모습" 등으로 구도와 관련된 프롬프트를 입력해요. 하지만 작은 이미지를 확대할 경우에는 아바타의 얼굴이 새롭게 생성될 수 있어요.

미션! 숏폼 챌린지

▶ 실습 파일 : 03강 실습 파일 폴더　▶ 완성 파일 : 03강 완성 파일 폴더

01. 나만의 애완동물을 생성하기 위해 프롬프트를 어떻게 입력할지 작성해 봅니다.

구분		내용
무엇을 그릴까?	품종	
	특징	
	모습	
어떻게 표현할까?	그림 스타일	
	조명/분위기	
	배경	
외모는 정해줘!	외모	
	의상	
	소품	
입력 프롬프트		

02. 작성한 프롬프트를 이용하여 제미나이로 애완동물 이미지를 생성하고 애완동물에 의상과 소품을 적용해 봅니다.

| 옷 | 목걸이 | 선글라스 | 장난감 |

 # 생일 카드 생성하기

▶ 여러 개의 이미지를 합쳐 하나의 이미지를 생성합니다.
▶ 이미지에서 필요 없는 부분을 삭제합니다.
▶ 이미지에 새로운 요소를 추가합니다.
▶ 이미지에 글자를 삽입하고 꾸밉니다.

활용 프로그램 : 제미나이(Gemini)

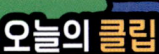 ▶ **실습 파일 :** 04강 실습 파일 폴더　▶ **완성 파일 :** 04강 완성 파일 폴더

핫핫! 숏츰 스타되기

제미나이에 여러 이미지를 업로드하고 이미지를 합쳐 하나의 이미지를 생성해 볼 거예요. 생성된 이미지에서 불필요한 부분을 삭제하고 다양한 요소를 추가해요. 그리고 글자도 삽입하여 예쁜 생일 카드를 완성해 봐요.

Take 01 여러 이미지 합쳐 하나의 이미지 생성하기

❶ 크롬( ) 브라우저를 실행하고 제미나이 사이트('https://gemini.google.com')에 접속한 후 구글 계정으로 로그인합니다.

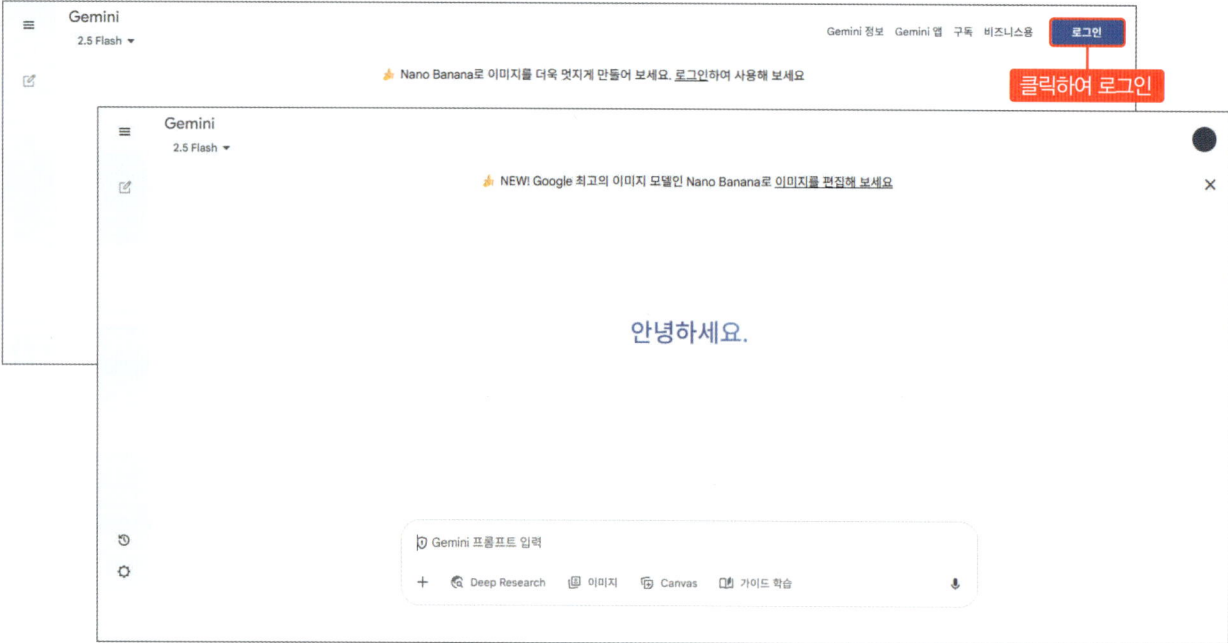

❷ [파일 추가(+)]-[파일 업로드]를 클릭하여 [열기] 대화상자가 나타나면 [04강 실습 파일] 폴더에서 '이미지1'~'이미지5' 파일을 선택하고 [열기]를 클릭합니다.

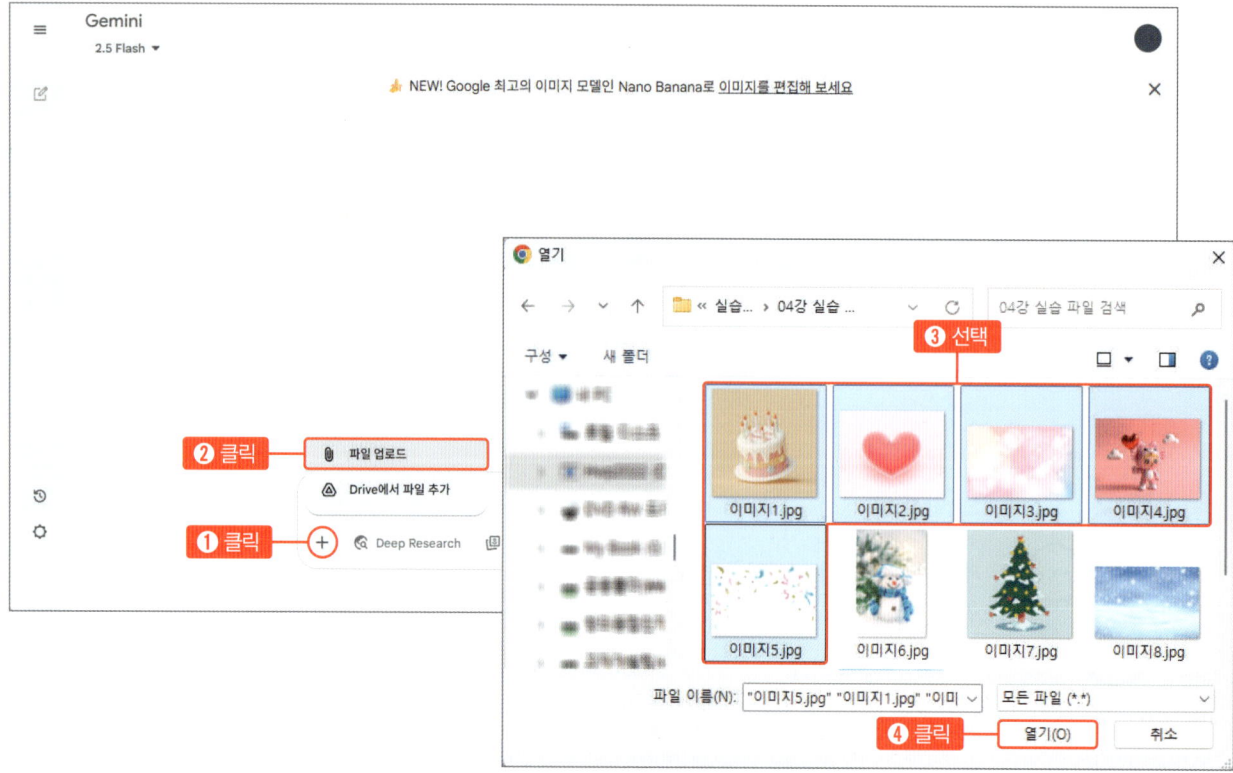

❸ 업로드된 이미지를 확인하고 프롬프트 입력창에 "이미지 합쳐줘."를 입력한 후 Enter 키를 누릅니다.

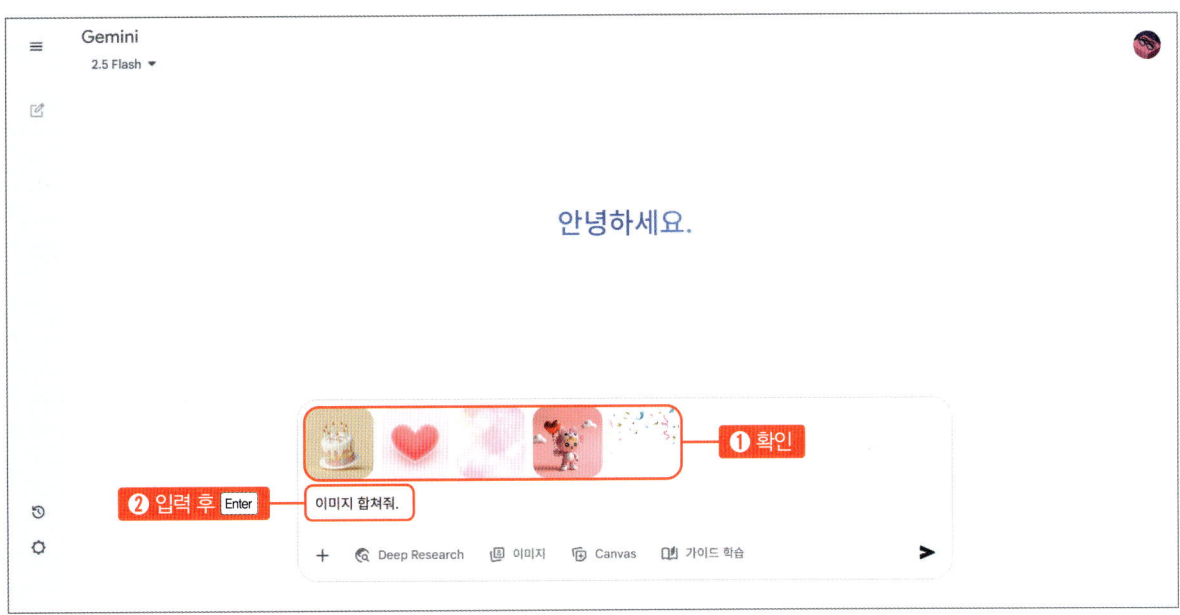

❹ 여러 이미지가 합쳐져 새롭게 생성된 이미지를 확인합니다.

PoP PoP! 팁 제미나이에서 여러 이미지를 업로드한 후 프롬프트를 입력하면 이미지 병합(합성) 기능을 사용해 이미지의 피사체와 배경, 스타일 등을 분석하여 하나의 통일된 이미지로 이미지를 다시 생성해줘요.

Take 02 불필요한 부분 삭제하기

❶ 프롬프트 입력창에 "구름 지워줘."를 입력한 후 Enter 키를 눌러 생성된 이미지에서 불필요한 부분을 삭제합니다.

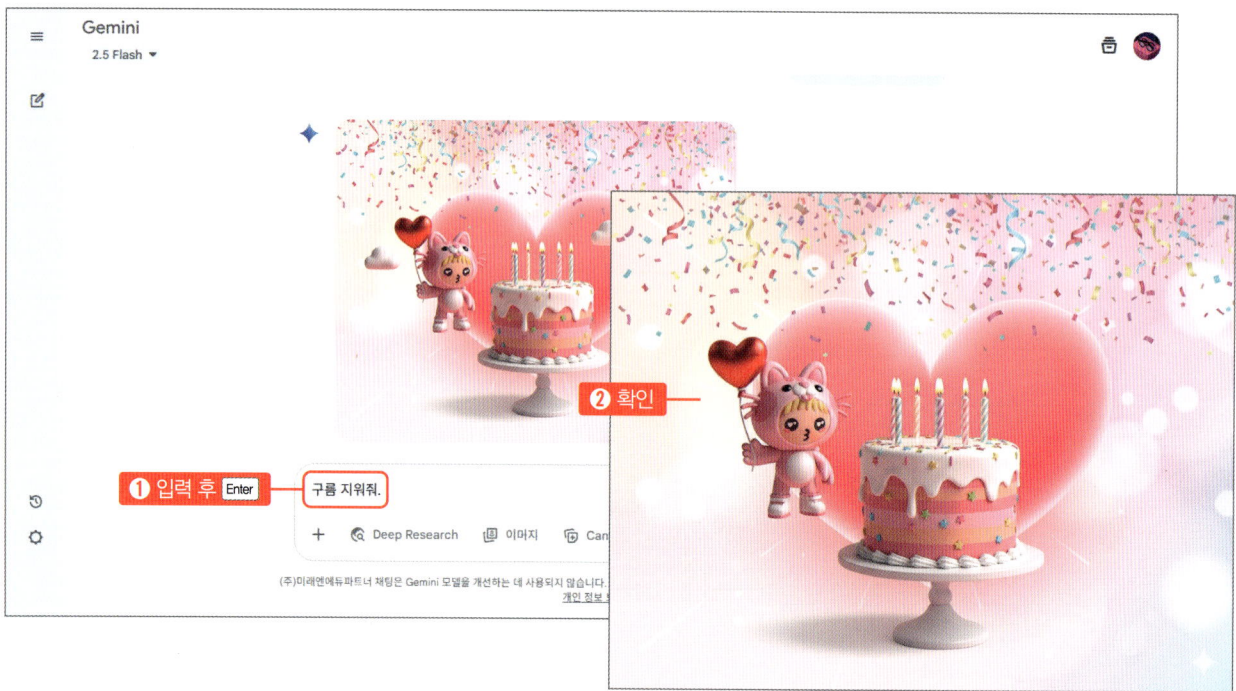

❷ ❶과 같은 방법으로 케이크 위의 '초'를 모두 삭제합니다.

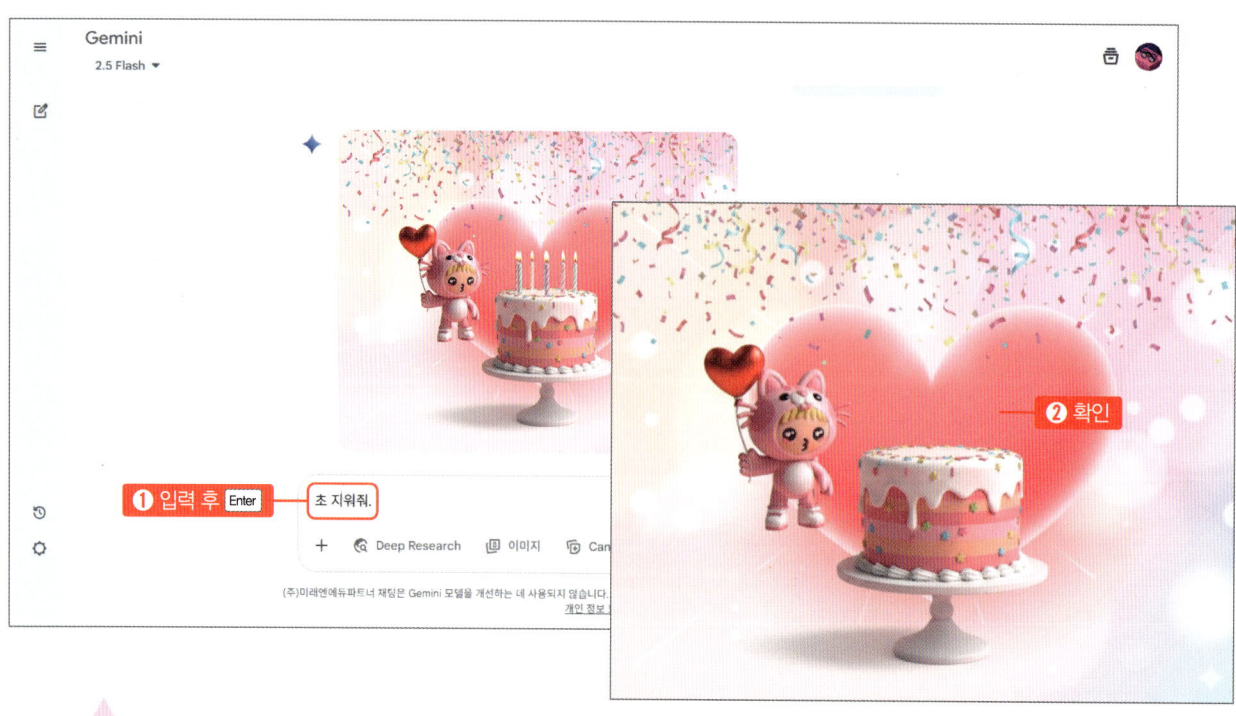

PoP PoP! 팁 생성된 이미지 중 삭제하고 싶은 요소를 선택하여 삭제해 보세요.

Take 03 이미지에 요소 추가하기

① 프롬프트 입력창에 "케이크에 하트 모양 초를 만들어줘."를 입력하고 Enter 키를 눌러 이미지에 하트 모양의 초를 추가합니다.

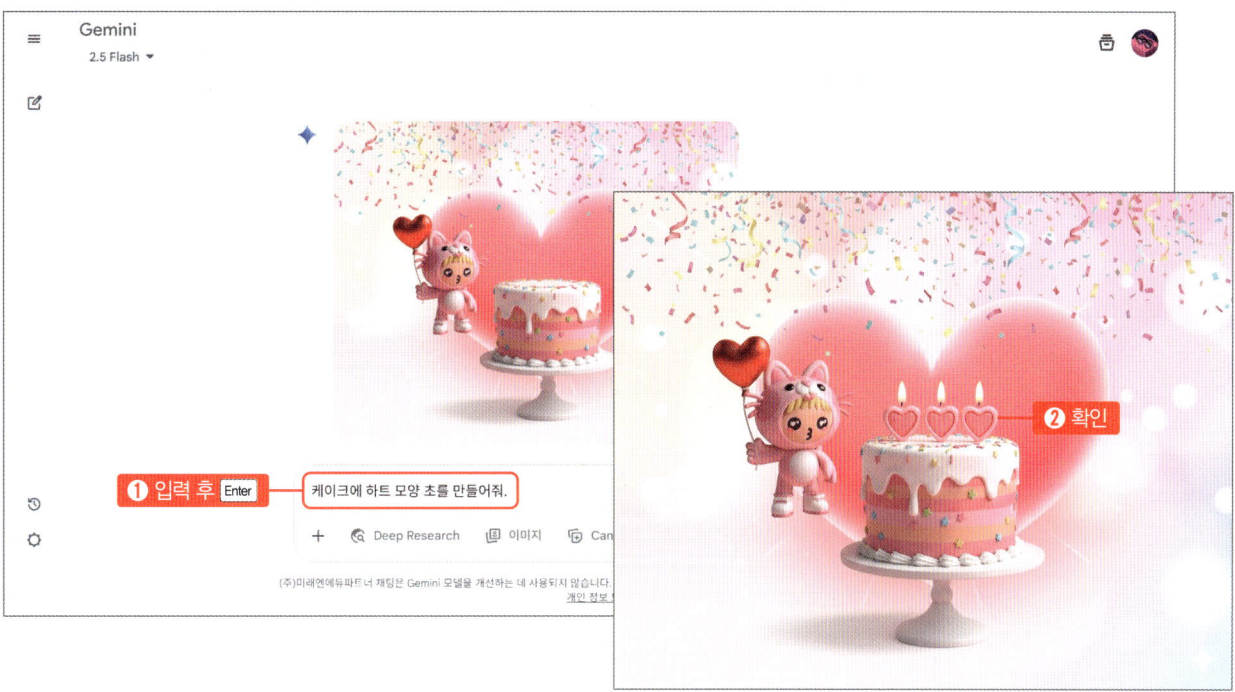

② ①과 같은 방법으로 케이크 아래쪽에 '선물 상자'를 추가해 봅니다.

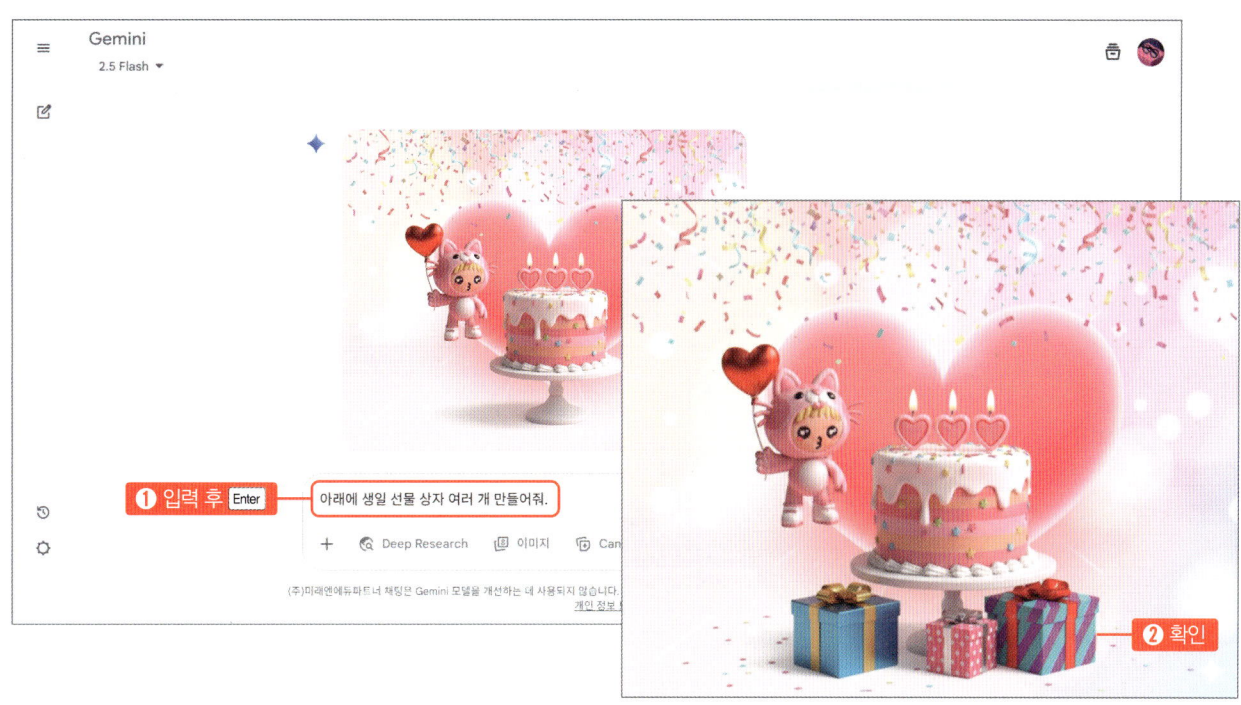

Take 04 이미지에 글자 추가하기

❶ 프롬프트 입력창에 "이미지에 Happy Birthday to you 글자 입력해줘."를 입력하고 Enter 키를 눌러 이미지에 글자를 추가합니다.

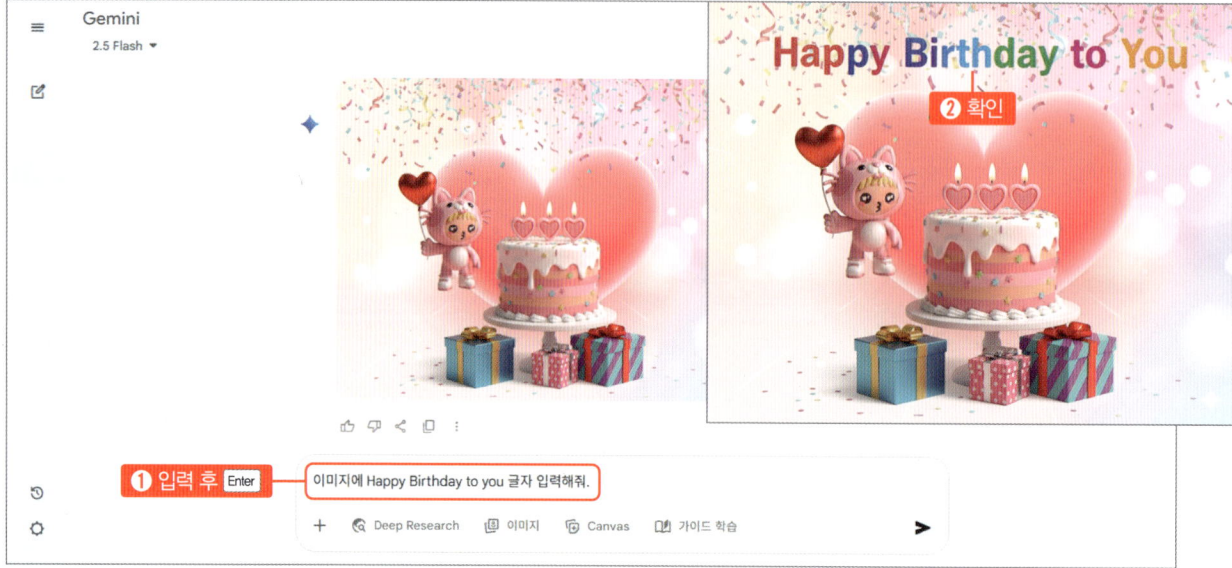

❷ 프롬프트 입력창에 "입력된 글자를 귀여운 글자체, 굵은 글자, 외곽선 흰색, 반짝이는 젤리 같은 질감, 위로 향하는 곡선, 상단 가운데로 위치해줘."를 입력하고 Enter 키를 눌러 글자를 꾸밉니다.

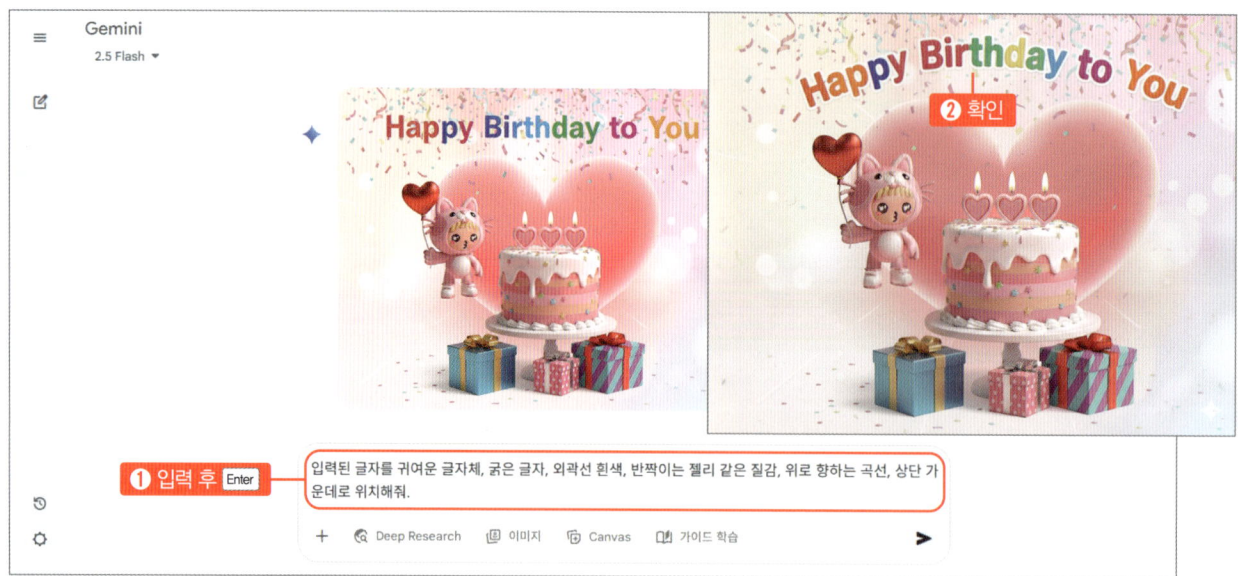

제미나이는 이미지에 영어는 제대로 입력해주지만 한글은 제대로 입력되지 않을 때가 많아요. 따라서 이미지에 글자를 추가할 경우에는 되도록 영어로 입력하고, 한글을 입력해야 할 경우 한 칸씩 띄어쓰기를 하며 글자를 적용해 보세요.

미션! 숏폼 챌린지

▶ 실습 파일 : 04강 실습 파일 폴더   ▶ 완성 파일 : 04강 완성 파일 폴더

01. 제미나이에서 여러 이미지를 합쳐 크리스마스 카드 배경 이미지를 생성해 봅니다.

챌린지 힌트!   [미션 실습 파일] 폴더에서 '이미지6'~'이미지10' 파일을 불러와요.

02. 생성된 크리스마스 카드 배경에 "Merry Christmas" 글자를 추가한 후 자유롭게 꾸며 봅니다.

챌린지 힌트!   입력 프롬프트
"입력된 글자를 굵은 글자, 외곽선 빨간색, 반짝이는 질감, 이미지 중앙에 배치해줘."

4컷 웹툰 이미지 생성하기

▶ 4컷 웹툰을 생성하기 위한 프롬프트를 작성합니다.
▶ 작성한 프롬프트를 입력하여 웹툰 이미지를 생성합니다.
▶ 생성한 웹툰 이미지를 저장합니다.

활용 프로그램 : 제미나이(Gemini)

오늘의 클립　　　　　　　　　　　　　　　　▶ 실습 파일 : 없음　▶ 완성 파일 : 05강 완성 파일 폴더

핫핫! 숏폼 스타되기

제미나이에 프롬프트를 입력해 4컷 웹툰 이미지를 생성해 보는 시간이에요. 원하는 이미지가 생성되지 않을 땐 생성하고 싶은 이미지를 자세히 묘사하여 프롬프트를 입력하고 연속된 이미지를 생성할 땐 '그림체를 유지한 채'라는 문장을 포함하여 프롬프트를 입력해요.

Take 01 4컷 웹툰을 생성하기 위한 프롬프트 작성하기

❶ 다음 내용을 읽고 4컷 웹툰을 생성하기 위한 프롬프트를 작성해 봅니다.

제목 : 급식실의 영웅

① 급식실에서 즐겁게 밥을 먹던 중, 한 친구가 젓가락을 바닥으로 떨어뜨려 울상이 되었어요.

② 친구가 젓가락을 주우려고 하는데, 갑자기 배식 아주머니께서 나타나 번개처럼 새 젓가락을 건네주셨어요.

③ 옆자리 친구가 밥을 먹다가 사레가 들려 물이 없어 힘들어 하고 있을 때 아주머니께서 옆자리 친구에게 물을 가져다주셨어요.

④ 아이들은 급식실 곳곳을 살피며 자신들을 챙겨주는 배식 아주머니를 보며 마치 영웅을 만난 듯 환호를 하고 엄지를 치켜세우며 감탄했답니다.

❷ **4컷 웹툰을 생성하기 위한 프롬프트 작성하기** 예

첫 번째 장면	장소	급식실
	등장인물	학교 친구들과 배식 아주머니
	전체 분위기	즐겁게 식사를 한다.
	상황 설명	한 친구가 밥을 먹던 중 젓가락을 땅바닥으로 떨어뜨려 울상이 된다. 배식 아주머니가 그 모습을 발견한다.
입력 프롬프트		급식실, 학교 친구들, 즐겁게 식사한다. 한 친구가 밥을 먹던 중 젓가락을 땅바닥으로 떨어뜨려 울상이 된다. 배식 아주머니가 그 모습을 발견하는 장면을 그려줘.

두 번째 장면	장소	급식실
	등장인물	학교 친구들과 배식 아주머니
	전체 분위기	울상이 된 친구를 바라본다.
	상황 설명	젓가락을 주우려는데, 갑자기 배식 아주머니가 번개처럼 나타나 새 젓가락을 건네주었다.
입력 프롬프트		급식실, 학교 친구들, 울상이 된 친구를 바라본다. 젓가락을 주우려는데, 갑자기 배식 아주머니가 번개처럼 나타나 새 젓가락을 건네주는 장면을 그려줘.

세 번째 장면	장소	급식실
	등장인물	학교 친구들과 배식 아주머니
	전체 분위기	사레가 들린 친구를 바라본다.
	상황 설명	옆자리 친구가 밥을 먹다가 사래가 들렸는데, 물이 없어 힘들어하고 있을 때 배식 아주머니가 나타나 친구에게 물을 가져다주었다.
입력 프롬프트		급식실, 학교 친구들, 사레들린 친구를 바라본다. 옆자리 친구가 밥을 먹다 사레가 들렸는데 물이 없어 힘들어하고 있을 때 배식 아주머니가 옆자리 친구에게 물을 가져다주는 장면을 그려줘.

네 번째 장면	장소	급식실
	등장인물	학교 친구들과 배식 아주머니
	전체 분위기	배식 아주머니를 바라본다.
	상황 설명	아이들은 급식실 곳곳을 살피며 자신들을 챙겨주는 배식 아주머니를 보며 마치 영웅을 만난 듯 환호를 하며 엄지를 치켜세웠다.
입력 프롬프트		급식실, 학교 친구들, 배식 아주머니를 바라본다. 아이들은 급식실 곳곳을 살피며 자신들을 챙겨주는 배식 아주머니를 보며 마치 영웅을 만난 듯 환호를 하며 엄지를 치켜세우는 장면을 그려줘.

❸ 4컷 웹툰을 생성하기 위한 프롬프트 작성하기

첫 번째 장면	장소	
	등장인물	
	전체 분위기	
	상황 설명	
입력 프롬프트		

두 번째 장면	장소	
	등장인물	
	전체 분위기	
	상황 설명	
입력 프롬프트		

세 번째 장면	장소	
	등장인물	
	전체 분위기	
	상황 설명	
입력 프롬프트		

네 번째 장면	장소	
	등장인물	
	전체 분위기	
	상황 설명	
입력 프롬프트		

Take 02 4컷 웹툰 이미지 생성하기

❶ 크롬(🌐) 브라우저를 실행하고 제미나이 사이트('https://gemini.google.com')에 접속한 후 구글 계정으로 로그인합니다.

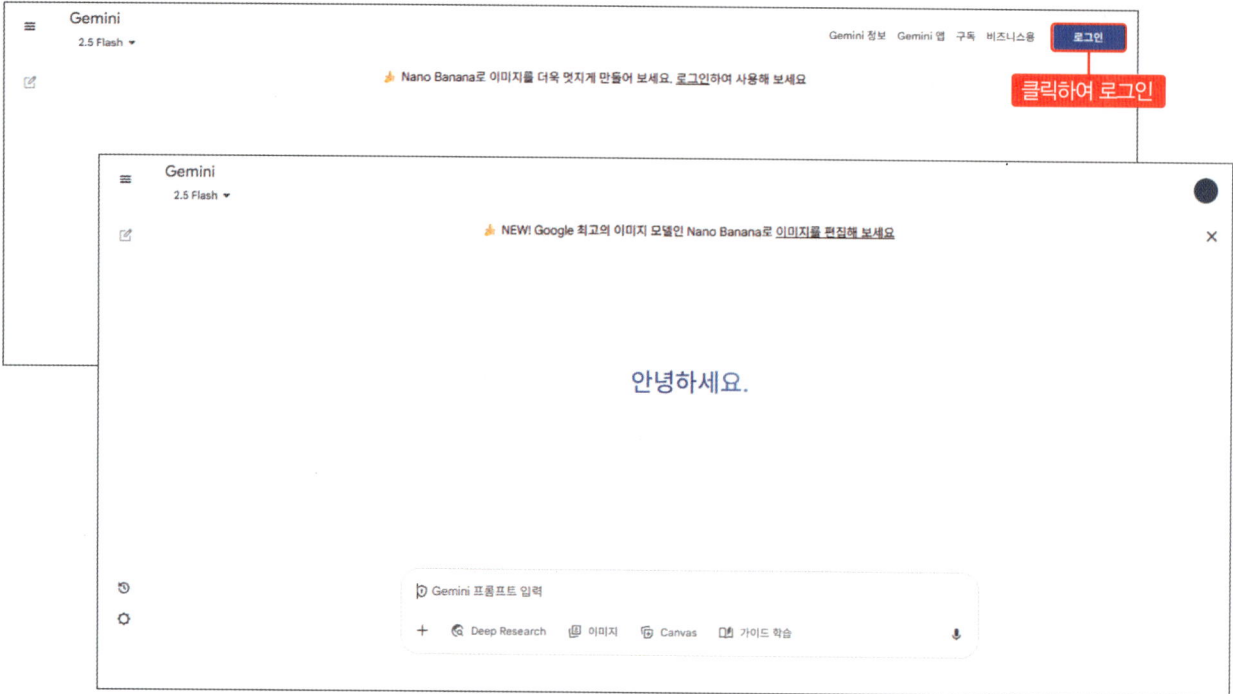

❷ 첫 번째 장면을 생성하기 위해 프롬프트 입력창에 앞서 작성한 프롬프트를 입력하고 Enter 키를 눌러 생성된 이미지를 확인합니다.

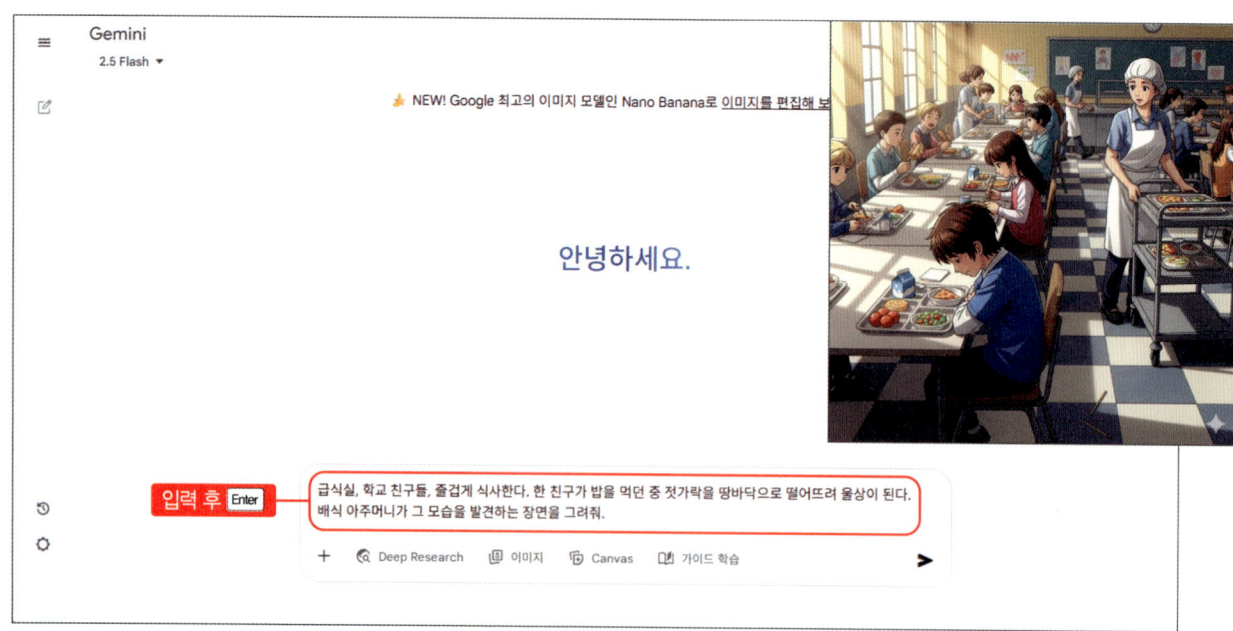

알면 유용해요

제미나이는 프롬프트를 해석하여 이미지를 생성해주지만 "고양이 그려줘."처럼 프롬프트를 입력하면 어떤 고양이를 생성해야 할지 몰라요. 따라서 원하는 이미지가 생성되지 않을 때는 다음과 같이 프롬프트를 수정하여 다시 이미지를 생성해 보세요.

구분	방법	내용
프롬프트 개선	상세하게 묘사하기	'고양이' 대신 '창가에 앉아 있는 털이 하얗고 파란 눈동자의 귀여운 고양이'처럼 구체적으로 묘사해요.
	이미지 스타일 지정하기	"만화처럼 그려줘." 또는 "진짜 사진처럼 그려줘."처럼 어떤 스타일의 이미지를 원하는지 알려주면 좋아요.
	부정 프롬프트 활용하기	'~을 제외하고'와 같이 원하지 않는 요소를 입력하면 이미지를 생성할 때 해당 요소를 제거할 수 있어요.
	다양한 표현 시도하기	원하는 결과물이 생성되지 않는다면 다양한 형식으로 프롬프트를 수정하여 이미지를 생성해 보세요.
기술적 문제 해결	다시 시도하기	이미지 생성이 중단되거나 원하는 결과물이 생성되지 않을 때는 단순히 다시 시도하는 것만으로도 문제가 해결될 수 있어요.
한계 이해하기	정책 및 윤리적 제약	특정 인물, 폭력, 선정적이고 혐오스러운 콘텐츠 등은 생성이 제한될 수 있어요.
	기술적 한계	AI는 너무 복잡한 요청은 제대로 처리하지 못할 수 있어요. 이럴 때는 차례대로 단계를 거쳐 처리를 요청해야 해요.

❸ 두 번째 장면을 생성하기 위해 프롬프트 입력 창에 "(그림체를 유지한 채)"를 포함하여 앞서 작성한 프롬프트를 입력하고 Enter 키를 눌러 생성된 이미지를 확인합니다.

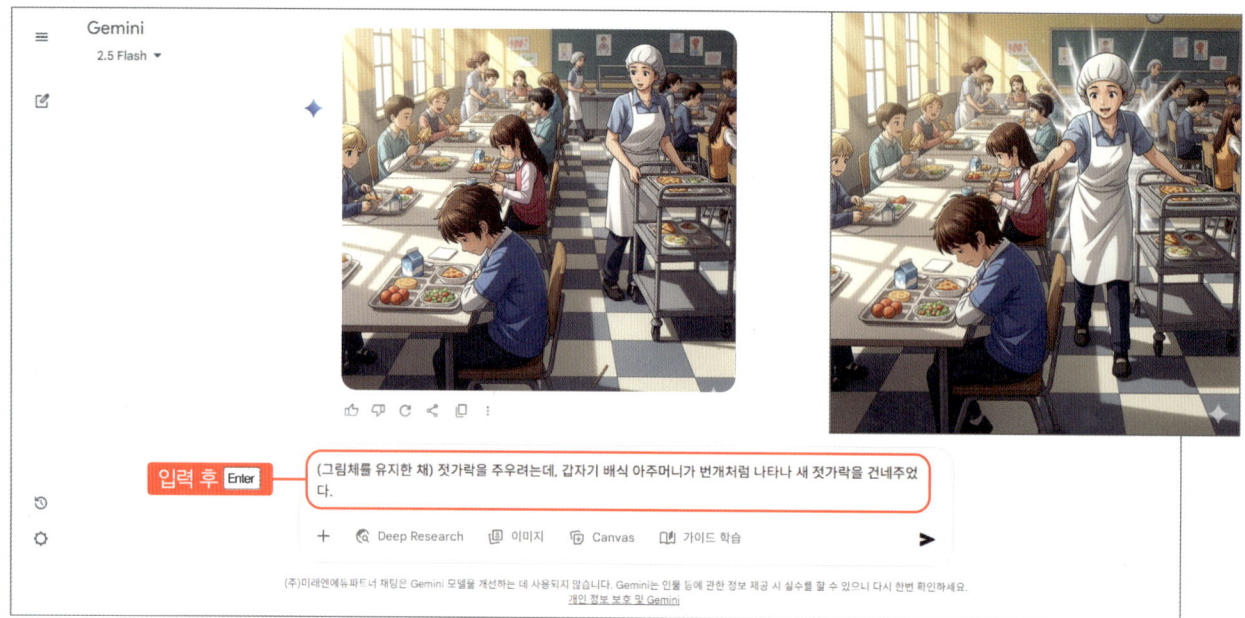

> **PoP PoP! 팁**
> 연속적인 이미지를 생성할 때 그림의 스타일이나 등장인물의 모습이 바뀌지 않도록 "~을 유지한 채"를 포함하여 프롬프트를 작성하면 좋아요.

❹ ❷~❸과 같은 방법으로 세 번째, 네 번째 장면을 생성한 후 생성된 4컷의 이미지를 모두 저장합니다.

미션! 숏폼 챌린지

▶ 실습 파일 : 없음   ▶ 완성 파일 : 05강 완성 파일 폴더

01. 나만의 웹툰 스토리를 작성해 봅니다.

제목	
스토리	

02. 4컷 웹툰 이미지를 생성하기 위한 프롬프트를 작성해 보고 제미나이를 이용해 이미지를 생성해 봅니다.

첫 번째 장면	장소	
	등장인물	
	전체 분위기	
	상황 설명	
입력 프롬프트		

두 번째 장면	장소	
	등장인물	
	전체 분위기	
	상황 설명	
입력 프롬프트		

세 번째 장면	장소	
	등장인물	
	전체 분위기	
	상황 설명	
입력 프롬프트		

네 번째 장면	장소	
	등장인물	
	전체 분위기	
	상황 설명	
입력 프롬프트		

급식실 스토리 숏폼 완성하기

▶ 숏폼 영상에 사용할 배경음악을 다운로드합니다.
▶ 파워포인트를 활용하여 4컷 웹툰 페이지를 제작합니다.
▶ 배경음악을 삽입하고 웹툰을 동영상으로 저장합니다.

활용 프로그램 : 파워포인트(PowerPoint)

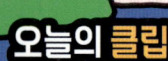

▶ 실습 파일 : 06강 실습 파일 폴더   ▶ 완성 파일 : 06강 완성 파일 폴더

핫핫! 숏즘 스타되기

 오늘은 이전 시간에 제미나이를 활용해 생성한 4컷 웹툰 이미지를 활용해 급식실 숏폼 영상을 만들어 보는 시간이에요. 숏폼 영상에 사용할 배경음악과 효과음을 다운로드하고 파워포인트에서 이미지와 음악을 삽입해 동영상으로 저장해 봐요.

Take 01 배경음악 다운로드하기

① 크롬(🌐) 브라우저를 실행하고 픽사베이 사이트('https://pixabay.com')에 접속한 후 [음악]을 클릭합니다.

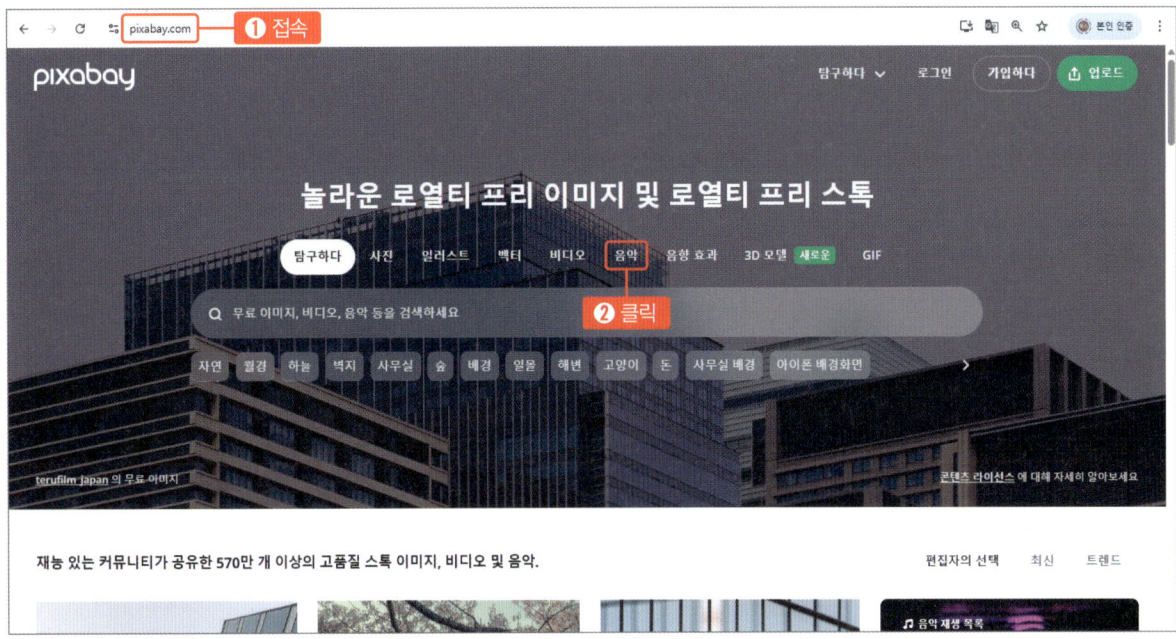

> **알면 유용해요**
>
> 픽사베이는 전 세계 창작자들이 자신의 콘텐츠를 공유하는 커뮤니티 기반의 웹사이트예요. '저작권 걱정 없는' 무료 이미지, 동영상, 음악 등을 제공하는 사이트로, 블로그, 웹사이트, 영상 제작 등 다양한 곳에서 유용하게 사용되고 있어요. 픽사베이를 사용할 때 검색 결과 상단에 나타나는 '스폰서 이미지'는 픽사베이와 제휴된 유료 사이트(예 셔터스톡)의 콘텐츠이므로 무료로 사용할 수 없어요.

② 검색창에 원하는 음악 스타일을 입력한 후 Enter 키를 누릅니다.

❸ 검색된 음악 목록이 나타나면 [재생(▶)] 버튼을 클릭하여 음악을 확인합니다.

❹ 원하는 배경음악을 선택하고 [다운로드(⬇)]를 클릭하여 배경음악을 다운로드합니다.

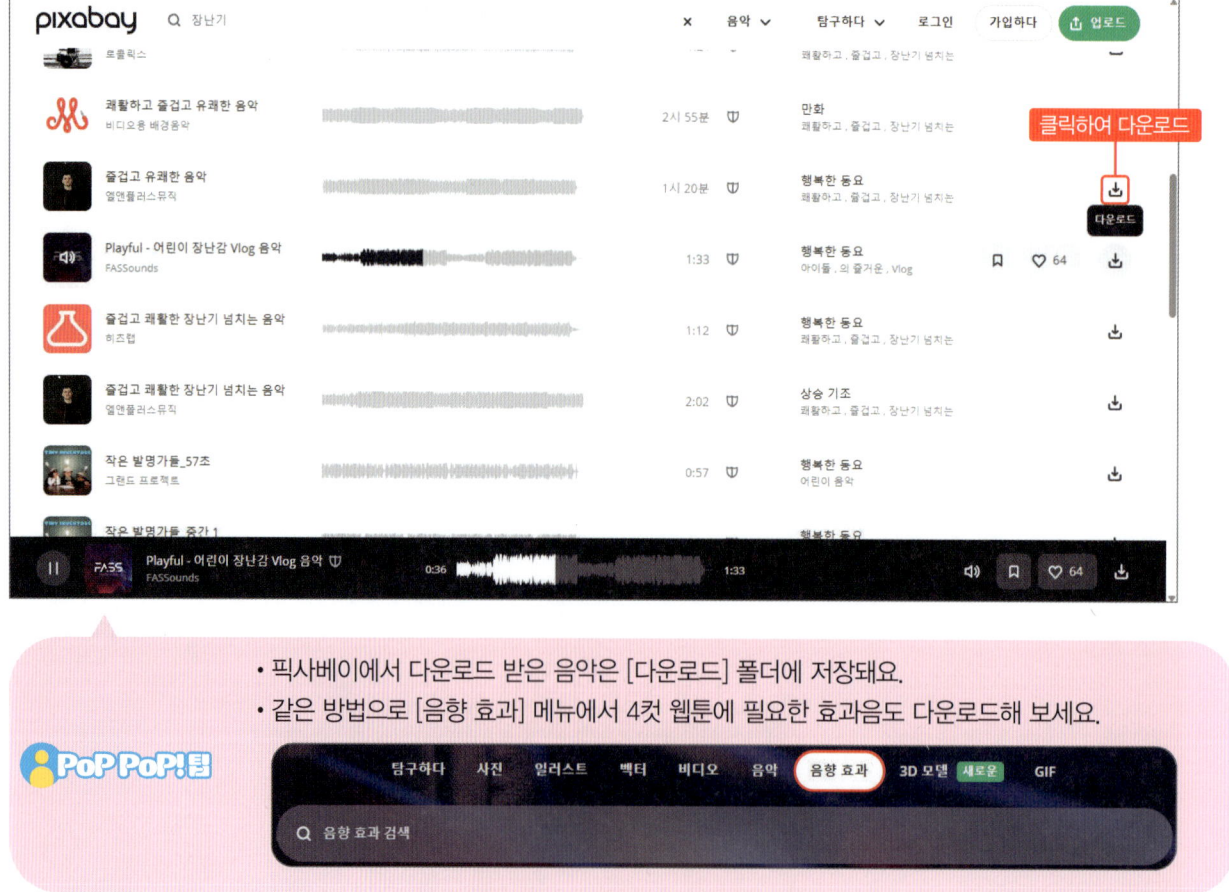

- 픽사베이에서 다운로드 받은 음악은 [다운로드] 폴더에 저장돼요.
- 같은 방법으로 [음향 효과] 메뉴에서 4컷 웹툰에 필요한 효과음도 다운로드해 보세요.

Take 02 4컷 웹툰 만들기

❶ 파워포인트( )를 실행하고 [새 프레젠테이션]을 클릭합니다.

❷ [홈] 탭-[슬라이드] 그룹-[레이아웃]-[빈 화면]을 클릭합니다.

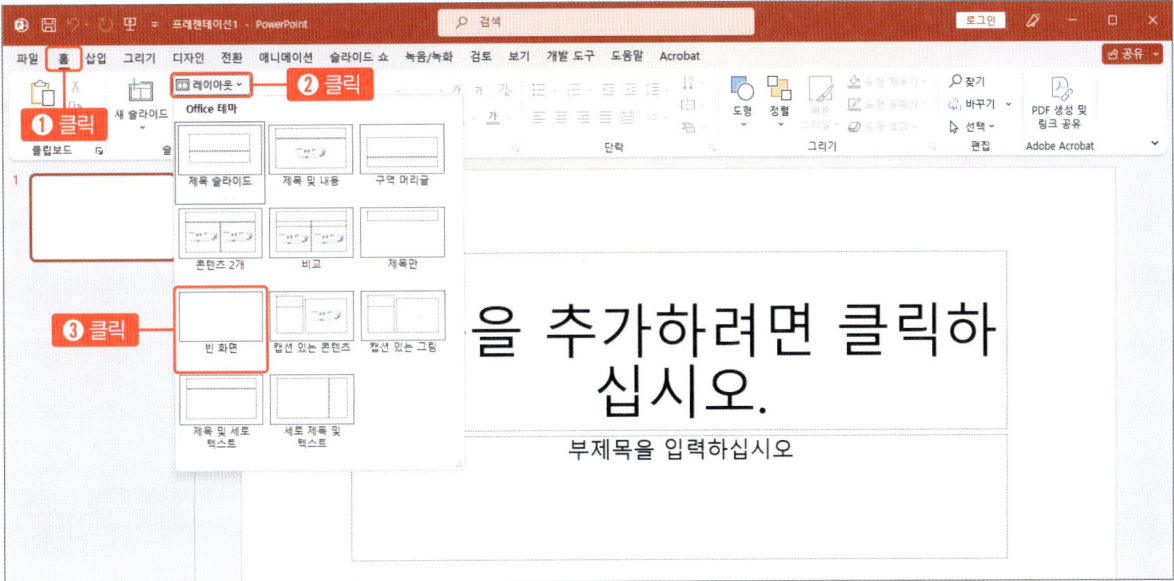

❸ [슬라이드 목록] 창에서 '슬라이드 1'을 선택하고 Enter 키를 눌러 4장의 슬라이드를 만듭니다.

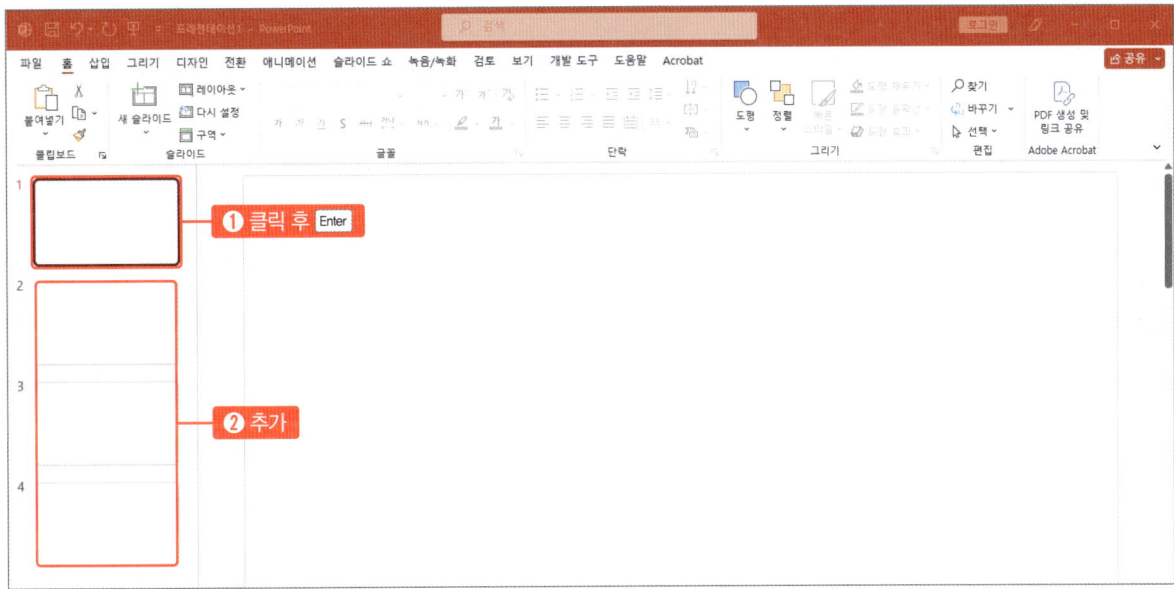

④ [디자인] 탭-[사용자 지정] 그룹-[슬라이드 크기]-[사용자 지정 슬라이드 크기]를 클릭하여 [슬라이드 크기] 창이 나타나면 너비('19.05')와 높이('19.05')를 입력하고 [확인]-[최대화]를 클릭합니다.

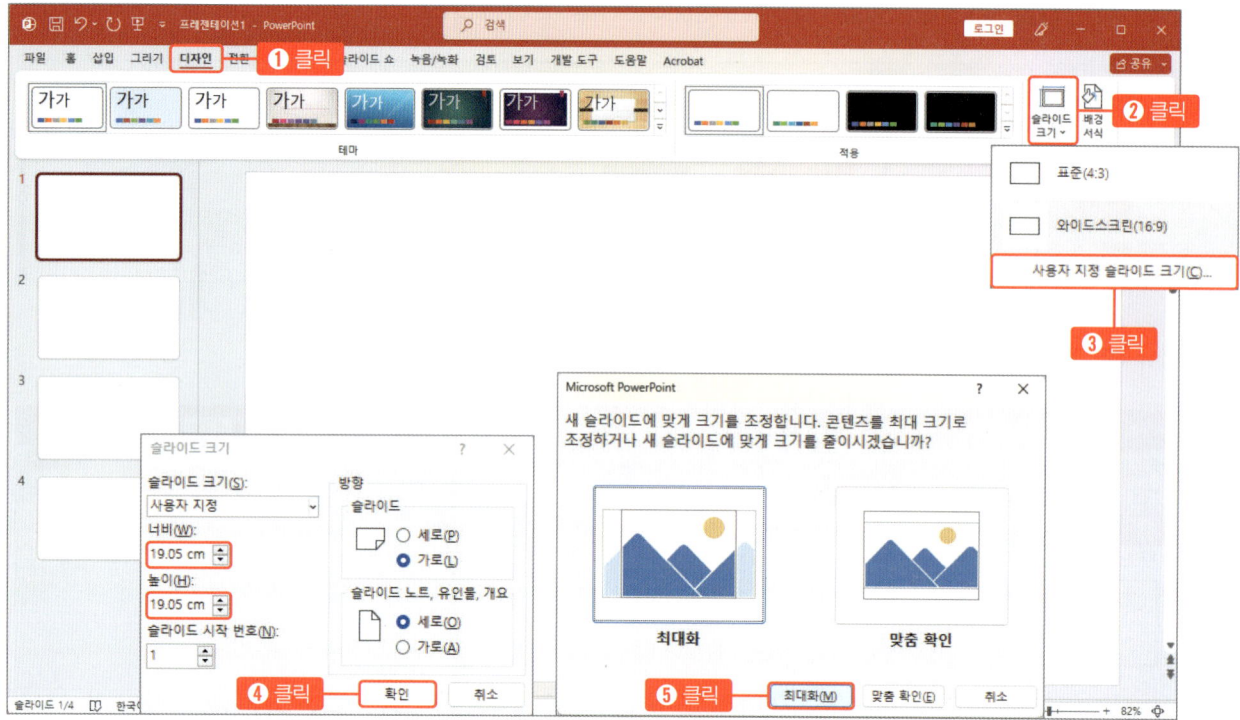

⑤ [슬라이드 목록] 창에서 '슬라이드 1'을 선택하고 [삽입] 탭-[이미지] 그룹-[그림]-[이 디바이스]를 클릭하여 [그림 삽입] 대화상자가 나타나면 '1-1컷.png' 파일을 선택한 후 [삽입]을 클릭합니다.

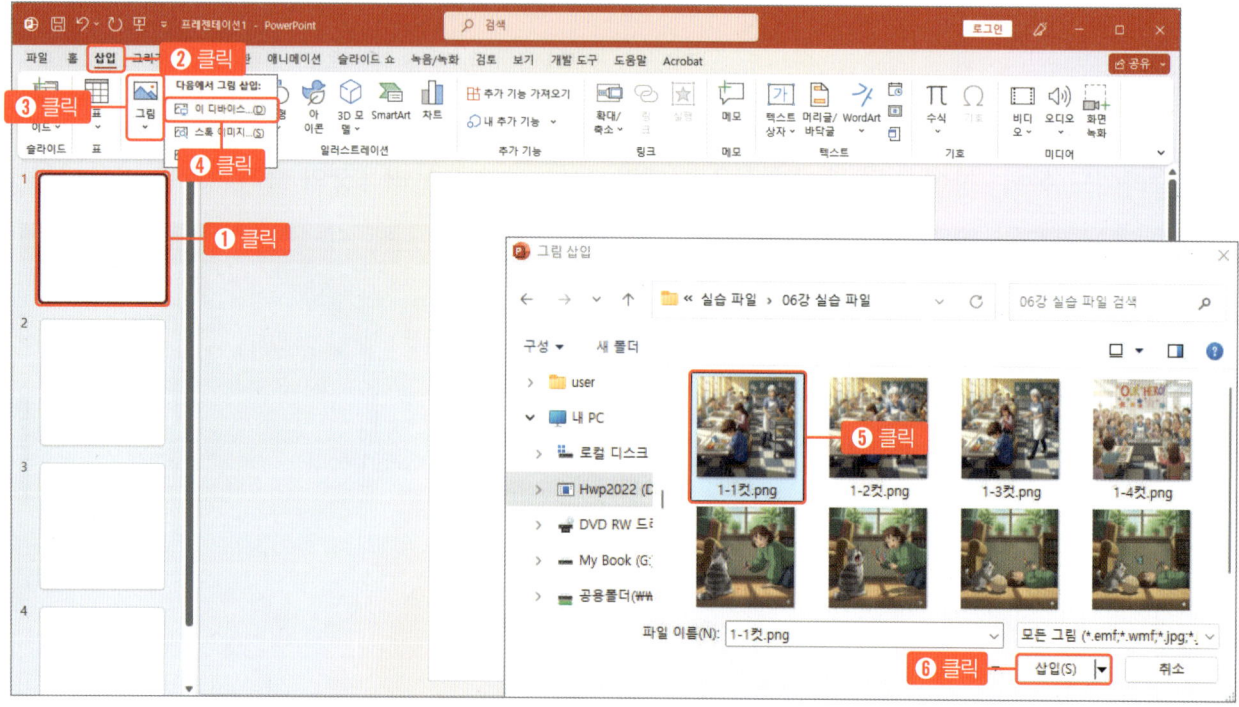

PoP PoP!팁   이미지가 추가되면 슬라이드 크기에 맞춰 이미지 크기를 변경해요.

❻ [삽입] 탭-[일러스트레이션] 그룹-[도형]에서 '말풍선: 타원형(💬)' 도형을 선택합니다.

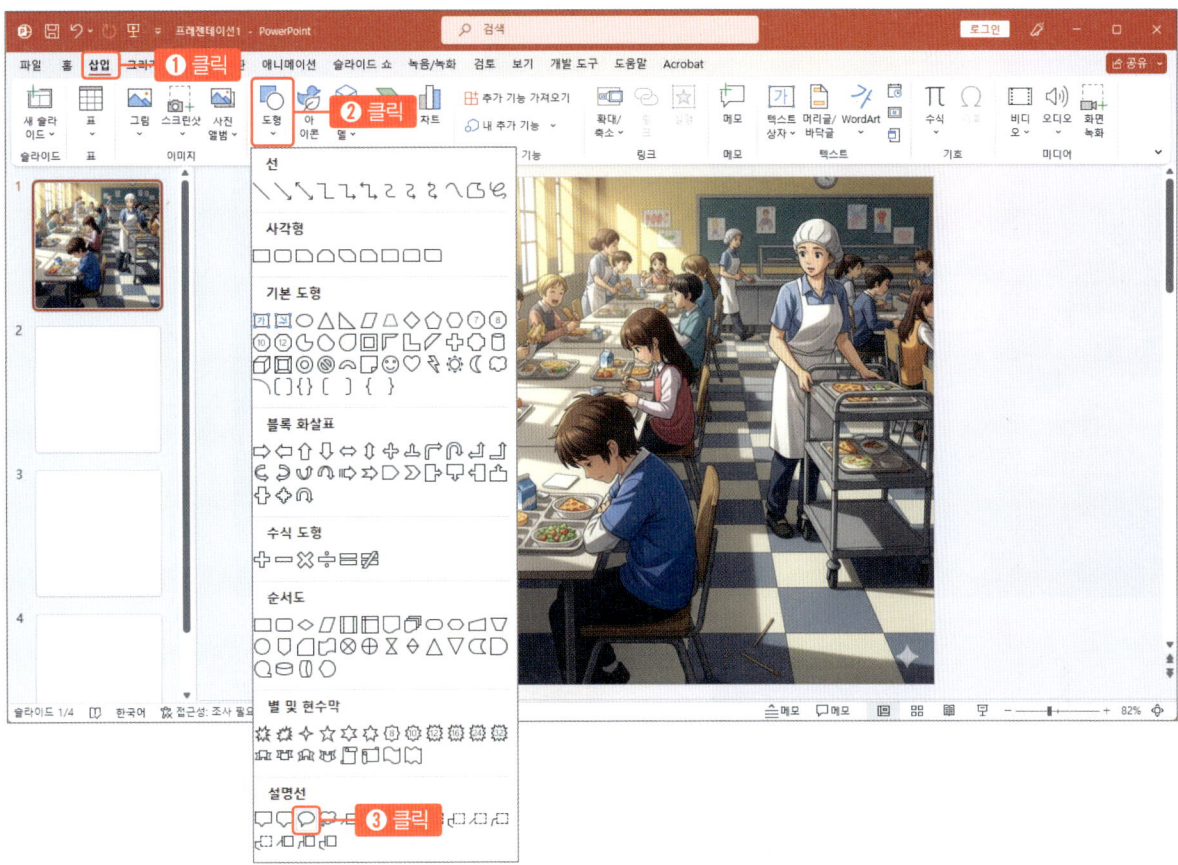

❼ 마우스를 드래그하여 '말풍선' 도형을 삽입한 후 대사("아! 내 젓가락..")를 입력하고 글자 서식과 도형 서식을 자유롭게 지정합니다.

❽ ❺~❼과 같은 방법으로 각 슬라이드에 '1-2컷'~'1-4컷' 이미지를 삽입하고 말풍선을 추가하여 4컷 웹툰 페이지를 완성합니다.

❾ [전환] 탭-[슬라이드 화면 전환] 그룹-[자세히 보기]를 클릭하고 [임의 효과]를 클릭합니다. 이어서 [타이밍] 그룹에서 '다음 시간 후'에 체크하고 시간('00:03.00')을 지정한 후 [모두 적용]을 클릭합니다.

Take 03 급식실 스토리 숏폼 완성하기

① '슬라이드 1'을 선택하고 [삽입] 탭-[미디어] 그룹-[오디오]-[내 PC의 오디오]를 클릭합니다. 이어서 [오디오 삽입] 대화상자가 나타나면 '배경음악.mp3' 파일을 선택한 후 [삽입]을 클릭합니다.

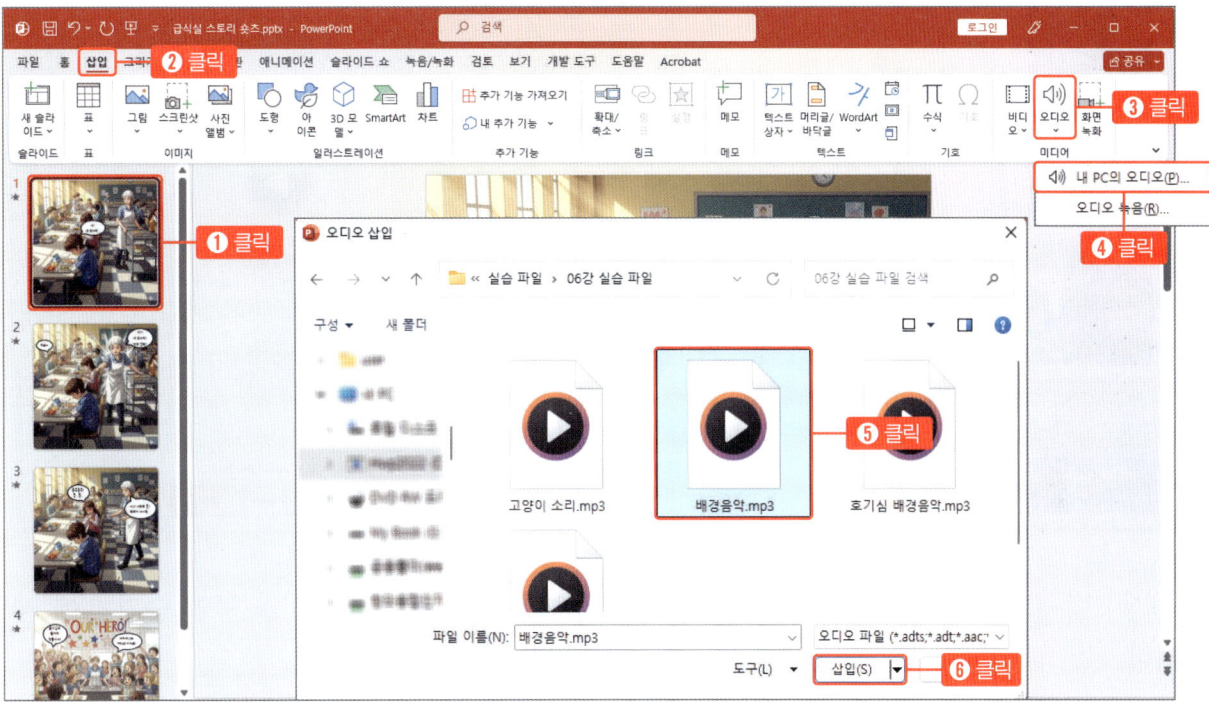

② 오디오가 삽입되면 [재생] 탭-[편집] 그룹에서 '페이드 인', '페이드 아웃' 지속 시간('03.00')을 지정하고 [오디오 스타일] 그룹-[백그라운드에서 재생]을 클릭합니다.

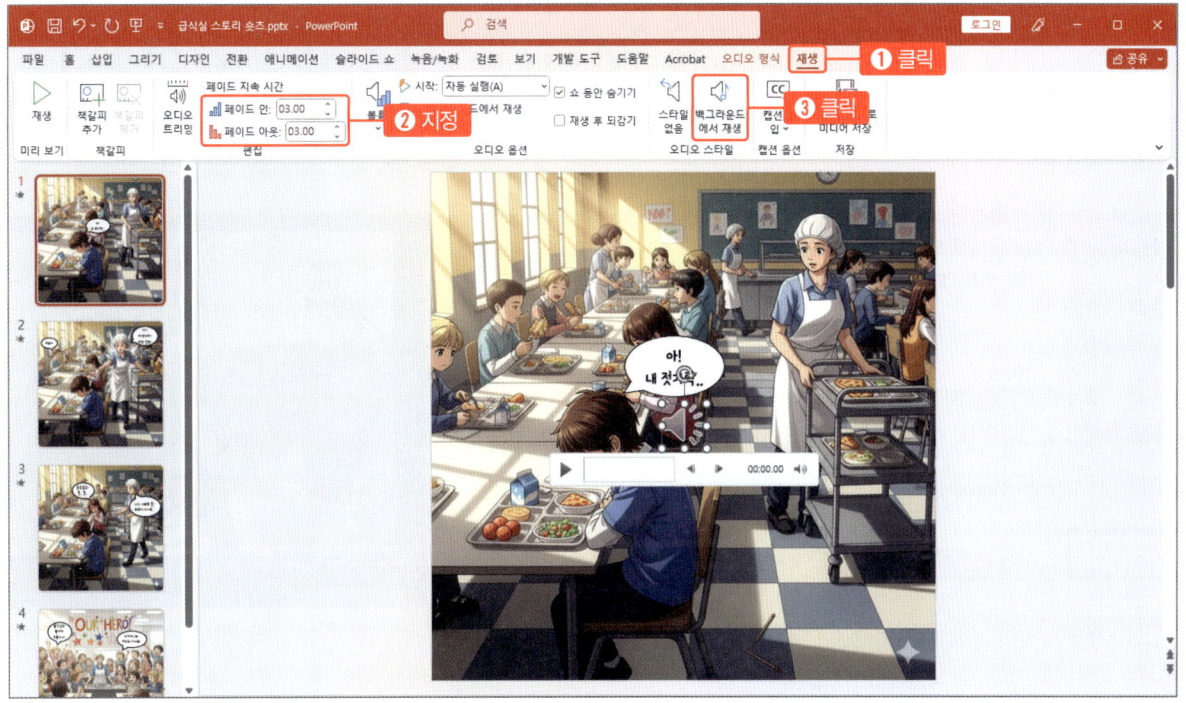

❸ '슬라이드 4'를 선택하고 [삽입] 탭-[미디어] 그룹-[오디오]-[내 PC의 오디오]를 클릭하여 [오디오 삽입] 대화상자가 나타나면 '환호 소리.mp3' 파일을 선택한 후 [삽입]을 클릭합니다.

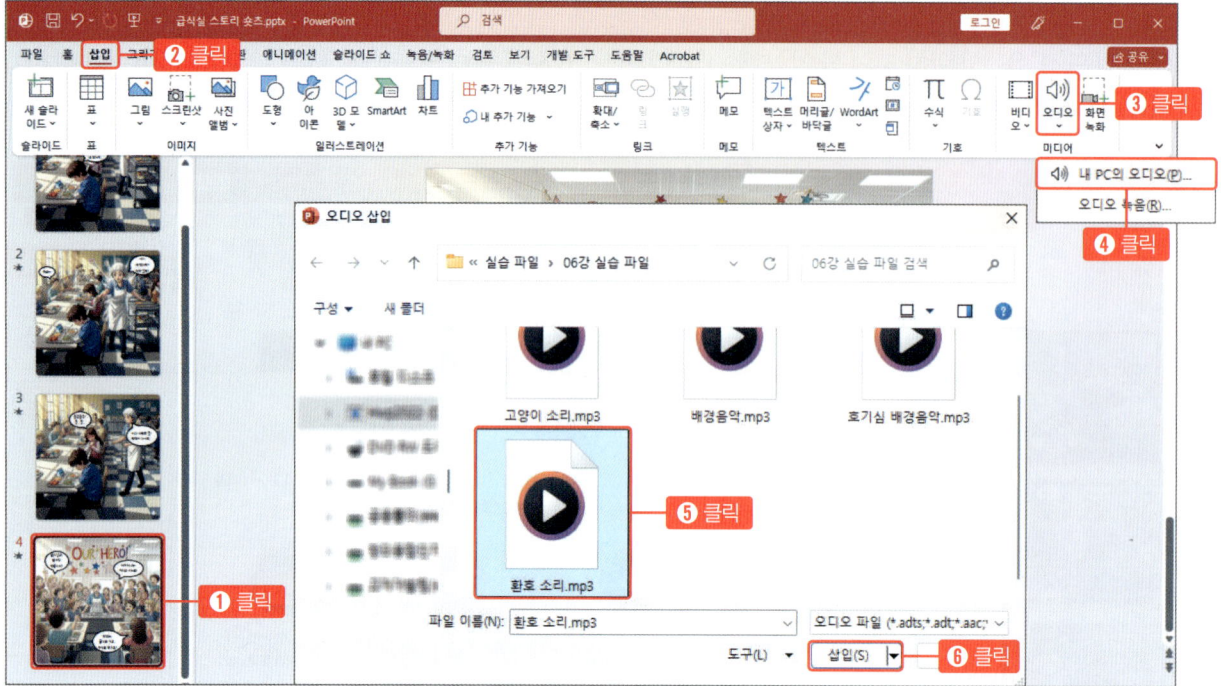

❹ [재생] 탭-[오디오 옵션] 그룹에서 '시작'을 '자동 실행'으로 지정하고 '쇼 동안 숨기기'에 체크합니다.

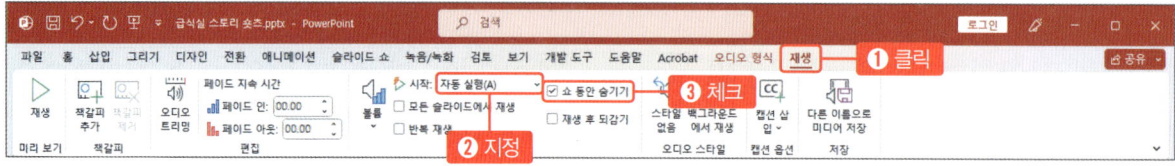

❺ [파일] 탭-[다른 이름으로 저장]-[찾아보기]를 클릭하여 [다른 이름으로 저장] 대화상자가 나타나면 저장 위치, 파일 이름('급식실 스토리 숏폼'), 파일 형식('MPEG-4 비디오')을 지정한 후 [저장]을 클릭합니다.

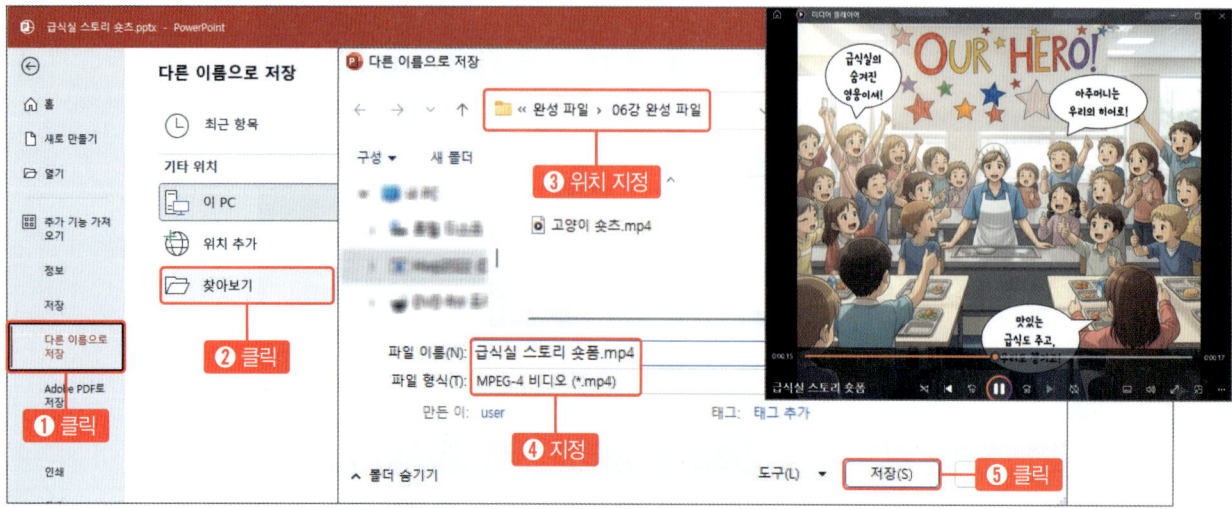

미션! 숏폼 챌린지

▶ 실습 파일 : 06강 실습 파일 폴더 ▶ 완성 파일 : 06강 완성 파일 폴더

01. 픽사베이 사이트에 접속하여 배경음악과 효과음을 다운로드해 봅니다.

챌린지 힌트! 05강 '미션! 숏폼 챌린지'에서 완성한 4컷 웹툰 이미지를 바탕으로 스토리에 어울리는 배경음악과 효과음을 다운로드해요.

02. 파워포인트를 활용하여 4컷 웹툰 스토리 숏폼을 완성해 봅니다.

Stage 02

시선 집중! 광고 숏폼 만들기

- **Clip 7** 맛집 광고 장면 만들기
- **Clip 8** 맛집 광고 완성하기
- **Clip 9** 화장품 광고 장면 만들기
- **Clip 10** 화장품 광고 완성하기
- **Clip 11** 자동차 광고 장면 만들기
- **Clip 12** 자동차 광고 완성하기

Clip 07 맛집 광고 장면 만들기

- ▶ 제미나이를 활용하여 맛집 광고 스토리보드를 구상합니다.
- ▶ 제미나이를 활용하여 맛집 광고 스토리보드를 작성합니다.
- ▶ 위스크의 화면 구성을 확인합니다.
- ▶ 위스크를 활용하여 숏폼 영상에 사용할 광고 장면을 생성합니다.

활용 프로그램 : 제미나이(Gemini), 위스크(Whisk)

오늘의 클립

▶ 실습 파일 : 없음　▶ 완성 파일 : 07강 완성 파일 폴더

맛맛! 숏품 스타되기

오늘은 맛집 광고 숏폼 영상을 만들기 위한 컷별 장면을 생성해 보는 시간이에요. 제미나이를 활용해 맛집 광고의 스토리보드를 작성해 보고, 새롭게 만나게 되는 생성형 AI 플랫폼인 위스크(Whisk)를 활용해 광고에 필요한 장면을 생성해 봐요.

Stage 02 시선 집중! 광고 숏폼 만들기

 **Take 01 맛집 광고 스토리보드 구상하기**

❶ 맛집 광고의 스토리보드를 구상하기 위해 제품과 광고 컨셉을 확인하고 맛집 광고의 스토리보드를 구상해 봅니다.

제품 이름	뽕치킨
제품 특징	한 번 맛보면 뽕~ 하고 맛에 푹 빠지는 중독성 있는 맛과 바삭한 식감이 특징인 크리스피 치킨
메인 컨셉	한 입 먹는 순간, 뽕~ 하고 맛에 푹 빠지는 경험
키워드 활용	치킨을 먹고 너무 맛있어서 '뽕'하고 놀라는 표정 또는 키워드를 활용해 소비자의 흥미 유발
청각적 효과 극대화	'바사삭' 튀김옷 부서지는 소리, 소스 찍는 소리 등 식욕을 자극할 수 있는 청각적 효과 강조
시즐샷(sizzle shot)	육즙 가득한 치킨 조각을 소스에 찍거나 한 입 베어 무는 장면 포함
핵심 정보 강조	'한 입 먹고 감동', '이건 무조건 시켜야 함' 등 최신 유행어와 함께 메뉴명, 배달 주문 가능 등 핵심 정보를 강조

 '시즐샷'은 제품의 매력적인 모습을 시각적으로 극대화하여 보여주는 장면을 의미해요. 예를 들어, 철판 위에서 고기가 지글지글 익는 장면, 화장품이 피부에 밀착되는 장면 등이 시즐샷이에요.

❷ 위 내용을 토대로 맛집 광고를 만들기 위한 핵심 내용을 정리해 봅니다.

핵심 내용 예
1. '한 입 먹는 순간, 뽕~ 하고 맛에 푹 빠지는 경험' 2. 치킨을 먹고 너무 맛있어서 '뽕'하고 놀라는 표정 3. '바사삭' 튀김옷 부서지는 소리, 소스 찍는 소리 4. 육즙 가득한 치킨 조각을 소스에 찍어, 한 입 베어 무는 모습 5. '한 입 먹고 감동', '이건 무조건 시켜야 함', '배달 주문 가능'

핵심 내용

❸ 크롬( ) 브라우저를 실행하고 제미나이 사이트('https://gemini.google.com')에 접속한 후 구글 계정으로 로그인합니다.

❹ ❷에서 작성한 핵심 내용을 프롬프트 입력창에 입력하고 이어서 "이 내용으로 뽕치킨 숏폼 광고 스토리보드 만들어줘."를 입력한 후 Enter 키를 누릅니다.

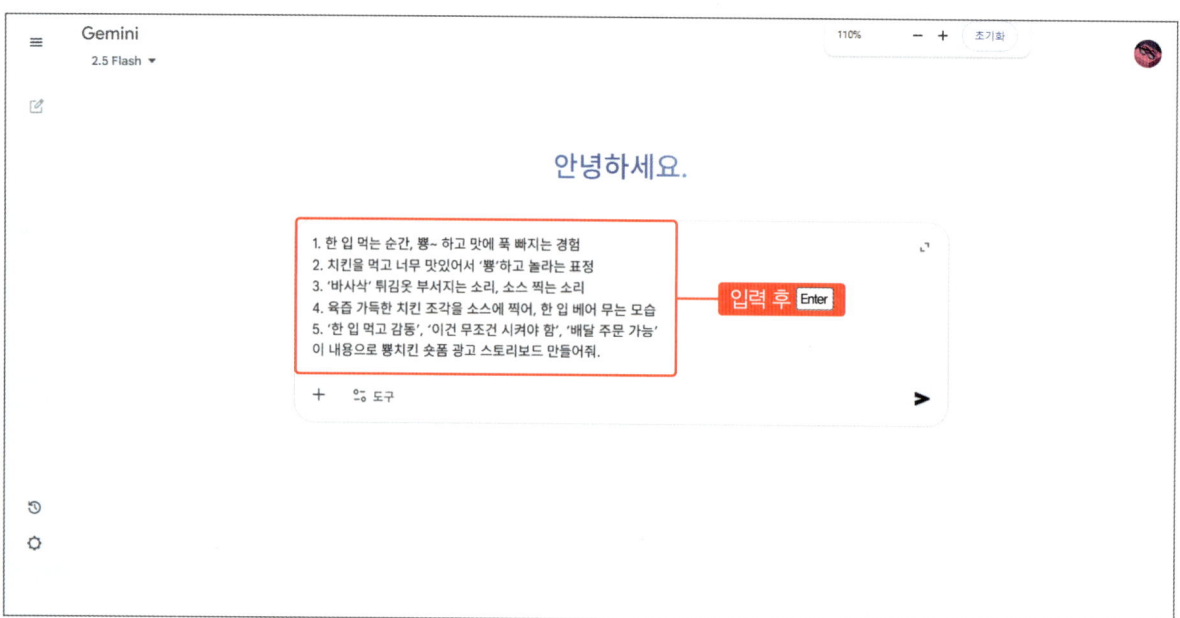

❺ 생성된 결과를 확인합니다.

뽕치킨 숏폼 광고 스토리보드 (15초 내외)

장면 1: 바삭한 치킨 클로즈업
- **시각:** 육즙이 가득한 치킨 조각을 매우 가까이에서 보여줍니다. 튀김옷의 바삭한 질감이 생생하게 보이고, 따뜻한 김이 모락모락 올라옵니다.
- **청각:** 바삭한 튀김옷이 부서지는 소리(**"바사삭"**)가 효과음으로 들립니다.

장면 2: 소스 찍는 장면
- **시각:** 한 손이 치킨 조각을 들고, 먹음직스러운 소스에 푹 찍습니다. 소스가 치킨에 묻는 모습이 강조됩니다.
- **청각:** 치킨을 소스에 찍는 소리가 들립니다.

장면 3: 첫 한 입
- **시각:** 치킨 조각을 입으로 가져가 한입 크게 베어 물고, 그 순간의 표정이 집중적으로 보여집니다.
- **청각:** 크고 시원한 치킨 베어 무는 소리가 들립니다.

장면 4: '뽕'하는 경험

> **PoP PoP! 팁** 프롬프트를 동일하게 입력하더라도 스토리보드의 내용이 다르게 생성될 수 있어요.

Take 02 맛집 광고 스토리보드 작성하기

❶ 맛집 광고 스토리보드 작성하기 (예)

	'뽕치킨' 광고 스토리보드
피사체	높게 묶은 머리, 통통한, 귀여운 스타일, 20대 한국 여자
장면	손님이 가득 찬 치킨집
스타일	3D 애니메이션

첫 번째 장면	장면 설명	화면 가득, 육즙이 가득한 크리스피치킨 클로즈업, 김이 모락모락 피어오르는 먹음직스러운 모습을 캐릭터가 보고 있다.
	대사 및 자막	육즙 가득한 뽕치킨
두 번째 장면	장면 설명	캐릭터가 한 손에 치킨 조각을 들어, 윤기 흐르는 소스에 푹 찍는다.
	대사 및 자막	바사삭
세 번째 장면	장면 설명	캐릭터가 치킨을 한 입 베어 무는 순간 눈이 휘둥그레지며 놀라는 표정을 짓는다.
	대사 및 자막	뽕~! 푹 빠지는 그 맛!
네 번째 장면	장면 설명	캐릭터와 먹음직스러운 치킨 전체 샷, '뽕치킨' 로고 노출
	대사 및 자막	한 입 먹고 감동, 이건 무조건 시켜야 함.. 배달 주문 가능!

❷ 맛집 광고 스토리보드 작성하기

'뽕치킨' 광고 스토리보드			
피사체			
장면			
스타일			
첫 번째 장면	장면 설명		
	대사 및 자막		
두 번째 장면	장면 설명		
	대사 및 자막		
세 번째 장면	장면 설명		
	대사 및 자막		
네 번째 장면	장면 설명		
	대사 및 자막		

 제미나이에서 생성해준 스토리보드의 내용을 바탕으로 나의 생각을 적용하여 나만의 맛집 광고 스토리보드를 작성해 보세요.

Take 03 맛집 광고 장면 생성하기

① 크롬() 브라우저를 실행하고 위스크 사이트('https://labs.google/fx/ko/tools/whisk')에 접속하여 구글 계정으로 로그인한 후 [도구 열기]를 클릭합니다.

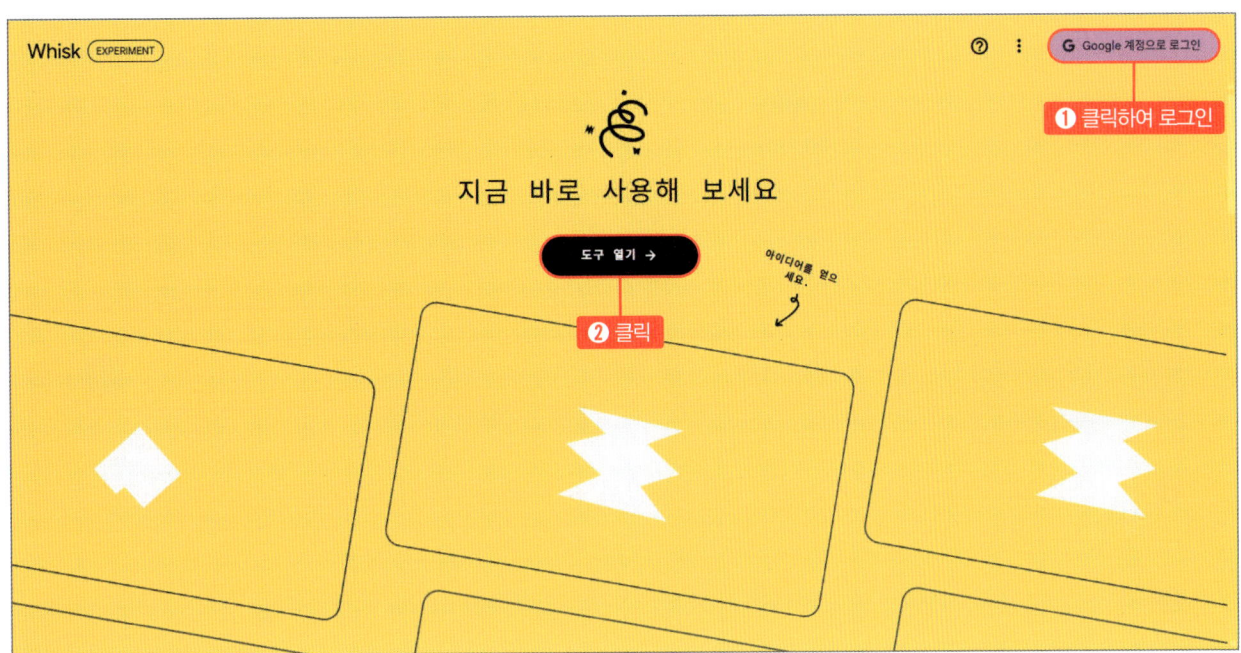

1. 위스크(Whisk)란?

위스크는 구글 랩스(Google Laps)에서 개발한 실험적인 AI 이미지 생성 도구예요. 기존의 텍스트 기반 AI 이미지 생성기와는 달리, 이미지를 프롬프트로 활용하는 새로운 방식을 도입하여 직접 피사체, 장면, 스타일 등의 참조 이미지를 업로드하여 손쉽게 이미지를 생성할 수 있어요.

2. 제미나이(Gemini)와 위스크(Whisk)의 차이점

구분	제미나이(Gemini)	위스크(Whisk)
주요 기능	언어 기반의 작업(글쓰기, 요약, 코딩, 정보 검색 등)	이미지 기반의 AI 이미지 생성
작동 방식	텍스트(언어) 프롬프트를 이해하고 처리	이미지를 분석하여 새로운 이미지를 생성

❷ 위스크(Whisk)의 화면 구성을 확인합니다.

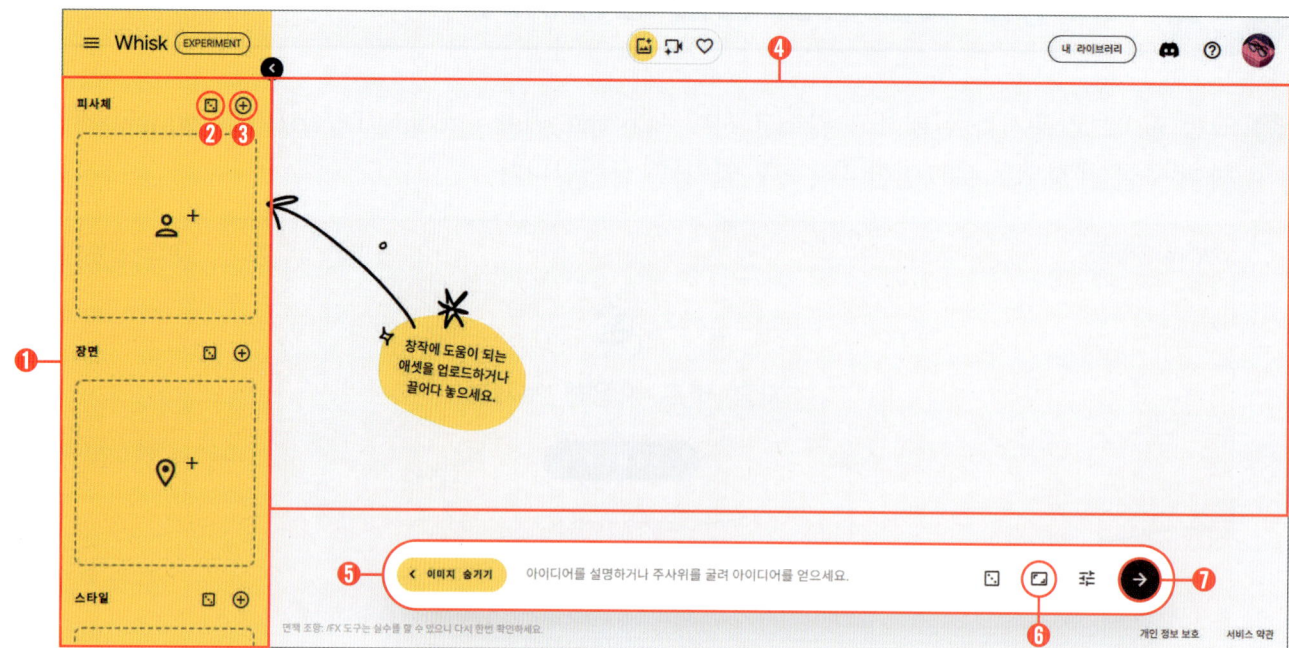

❶ 각 참조 이미지(피사체, 장면, 스타일)별로 이미지를 직접 업로드하거나 텍스트 프롬프트를 입력하여 참조 이미지를 설정합니다.

❷ 위스크가 무작위로 참조 이미지(피사체, 장면, 스타일) 요소를 제안해줍니다.

❸ 참조 이미지(피사체, 장면, 스타일)의 개수를 추가합니다.

❹ 생성된 이미지를 확인하고 다운로드합니다.

❺ 프롬프트를 활용해 생성하고자 하는 이미지의 세부 정보를 설정합니다.

❻ 생성하고자 하는 이미지의 비율을 설정합니다.

❼ 이미지를 생성합니다.

> AI 이미지 생성 도구에서 프롬프트를 작성하여 이미지를 생성할 때 한글보다 영문으로 프롬프트를 입력하는 것이 좋아요. 위스크와 제미나이를 포함한 대부분의 생성형 AI 모델은 영어 데이터를 기반으로 학습되었기 때문에 영문 프롬프트를 더욱 정확하게 이해해요.

❸ 장면의 비율을 숏폼 영상에 맞도록 변경하기 위해 [가로세로 비율(▢)]-[세로 모드]를 클릭합니다.

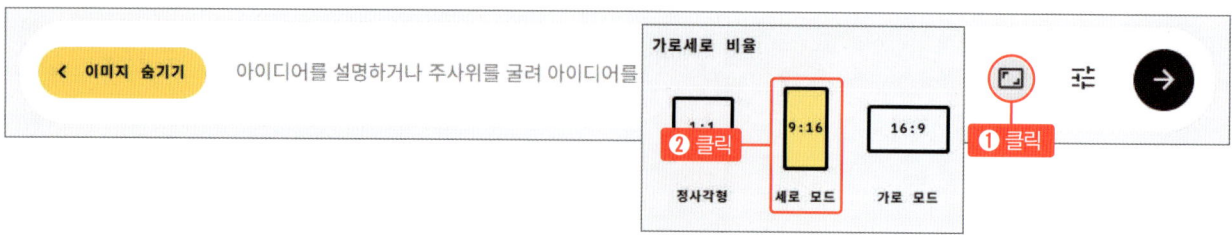

❹ [이미지 추가]를 클릭하고 [피사체]에서 [텍스트 입력]을 클릭하여 [이미지 생성] 창이 나타나면 앞서 스토리보드에 작성한 피사체('높게 묶은 머리, 통통한, 귀여운 스타일, 20대 한국 여자')를 입력한 후 [생성]을 클릭합니다.

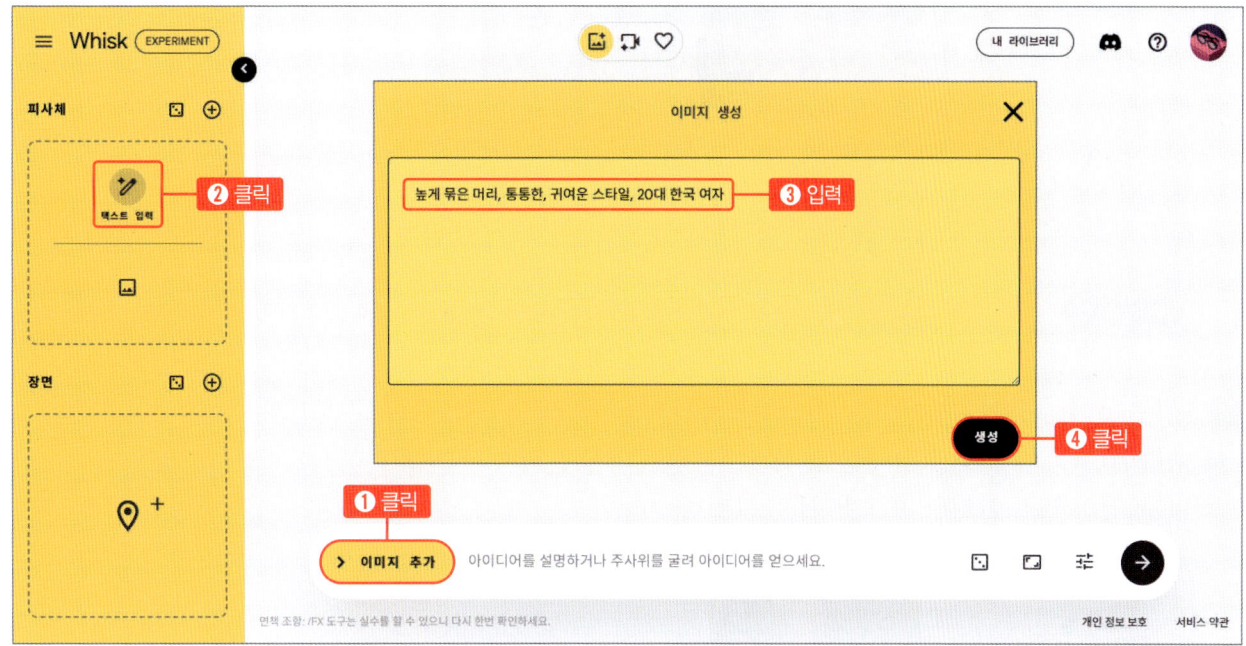

PoP PoP! 팁
- 피사체 : 사람, 사물 등 이미지의 중심 요소에 해당하는 이미지
- 장면 : 배경이 될 공간이나 분위기, 장소에 해당하는 이미지
- 스타일 : 사진, 수채화, 일러스트 등 이미지의 소재 기법에 해당하는 이미지

❺ ❹와 같은 방법으로 [장면], [스타일]에 앞서 스토리보드에서 작성한 장면('손님이 가득 찬 치킨집')과 스타일('3D 애니메이션')을 입력하여 장면과 스타일을 생성하고 [생성]을 클릭하여 이미지를 생성합니다.

PoP PoP! 팁
참조 이미지에 어린 아이나 부적절한 이미지가 포함되어 있으면 이미지가 생성되지 않아요. 이럴 때는 해당 참조 이미지를 다시 생성한 후 이미지를 생성해요.

❻ 생성된 이미지 중 원하는 이미지에 마우스 포인터를 가져다 대고 [세부 조정]을 클릭합니다.

❼ [세부 조정] 창이 나타나면 프롬프트 입력창에 앞서 작성한 스토리보드의 장면 설명('화면 가득, 육즙이 가득한 크리스피치킨 클로즈업, 김이 모락모락 피어오르는 먹음직스러운 모습을 캐릭터가 보고 있다.')을 입력한 후 [생성]을 클릭합니다.

❽ 세부 조정 내용이 반영된 이미지가 생성되면 이미지 위에 마우스 포인터를 가져다 대고 [다운로드(⬇)]를 클릭합니다.

PoP PoP! 팁 잘못 생성된 이미지는 [삭제(🗑)]를 클릭하여 삭제할 수 있어요.

⑨ ❼~❽과 같은 방법으로 '두 번째 장면'~'네 번째 장면'의 장면 설명을 세부 조정의 내용으로 입력하여 이미지를 생성하고 저장합니다.

PoP PoP! 팁

원하는 이미지가 생성되지 않는다면 프롬프트를 수정해 가며 다시 이미지를 생성해 보세요.

미션! 숏폼 챌린지

▶ 실습 파일 : 없음　▶ 완성 파일 : 07강 완성 파일 폴더

01. 광고 제품과 광고 컨셉을 확인하고 제미나이를 활용하여 찜질방 광고 스토리보드를 작성해 봅니다.

제품 이름	힐링 아일랜드 찜질방
제품 특징	기존의 평범한 찜질방과 달리, 다양한 테마와 독특한 부대시설을 갖춘 이색 찜질방
메인 컨셉	지루할 틈 없는 찜질방, 그 이상의 즐거움
화면 효과	찜질복을 입고 만화책을 보거나, 게임을 하거나, 족욕을 즐기는 등 여러 부대시설을 이용하는 모습을 전환하여 표현
경쾌한 분위기 강조	밝고 경쾌하며, 통통 튀는 색감으로 경쾌한 분위기 강조
시즐샷 (sizzle shot)	'식혜+구운 계란', '라면+만두' 등 찜질방에서 느낄 수 있는 음식 조합을 먹음직스럽게 표현
핵심 정보 강조	'찜질방이 이렇게 힙하다고?', '찜질방은 역시 먹방이지' 등 유행어와 함께 핵심 정보를 강조

'힐링 아일랜드 찜질방' 광고 스토리보드	
피사체	
장면	
스타일	

| 첫 번째 장면 | 장면 설명 | |
| | 대사 및 자막 | |

| 두 번째 장면 | 장면 설명 | |
| | 대사 및 자막 | |

| 세 번째 장면 | 장면 설명 | |
| | 대사 및 자막 | |

| 네 번째 장면 | 장면 설명 | |
| | 대사 및 자막 | |

맛집 광고 완성하기

▶ 캔바의 화면 구성을 확인합니다.
▶ 페이지를 추가하고 이미지 파일을 업로드합니다.
▶ 페이지에 애니메이션을 적용하고 요소와 텍스트를 삽입합니다.
▶ 페이지에 배경음악과 음향 효과를 삽입하여 숏폼 영상을 완성합니다.

활용 프로그램 : 캔바(Canva)

오늘의 클립

▶ 실습 파일 : 08강 실습 파일 폴더 ▶ 완성 파일 : 08강 완성 파일 폴더

핫핫! 숏폼 스타되기

오늘은 지난 시간에 생성한 이미지를 캔바에 업로드하여 페이지를 꾸미고 배경음악과 음향 효과를 삽입해 광고 숏폼 영상을 완성해 보는 시간이에요. 캔바에 로그인하여 화면 구성을 살펴본 후 애니메이션, 요소, 텍스트 등의 다양한 메뉴를 이용해 광고 숏폼 영상을 완성해 봐요.

Take 01 페이지 추가하고 이미지 업로드하기

❶ 크롬() 브라우저를 실행하고 캔바 사이트('https://www.canva.com/ko_kr')에 접속한 후 구글 계정으로 로그인합니다.

❷ 숏폼 영상을 제작하기 위해 [SNS]를 클릭합니다.

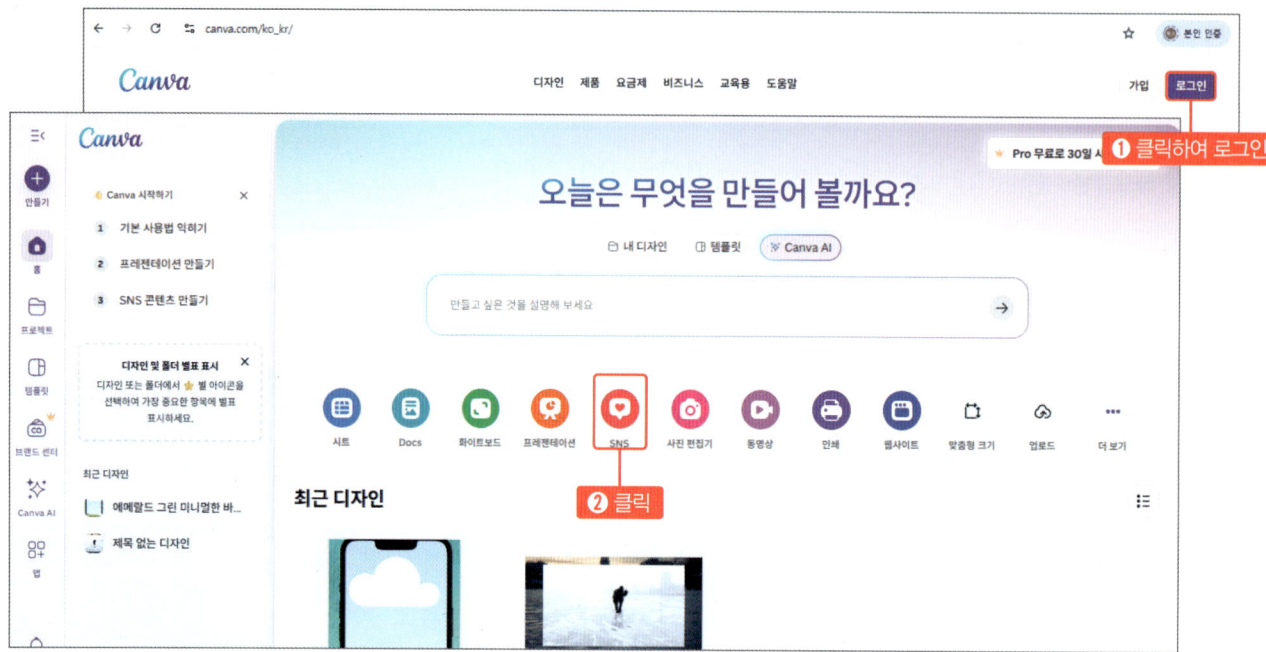

❸ [디자인 만들기] 창이 나타나면 [인기]-[스토리]를 클릭합니다.

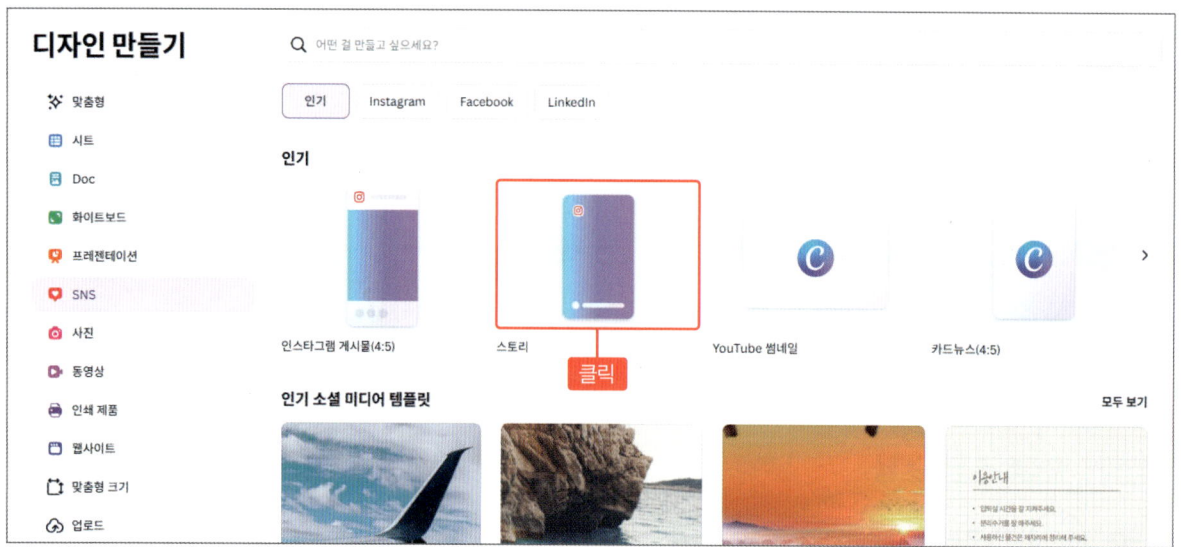

PoP PoP! 팁
- 숏폼 영상을 업로드할 플랫폼에 따라 화면 비율을 선택할 수 있어요. 교재에서는 인스타그램의 '스토리' 항목을 선택했어요.
- '스토리' 항목이 보이지 않는다면 검색창에 '스토리'를 검색해 보세요.

❹ 캔바의 편집 화면 구성을 확인합니다.

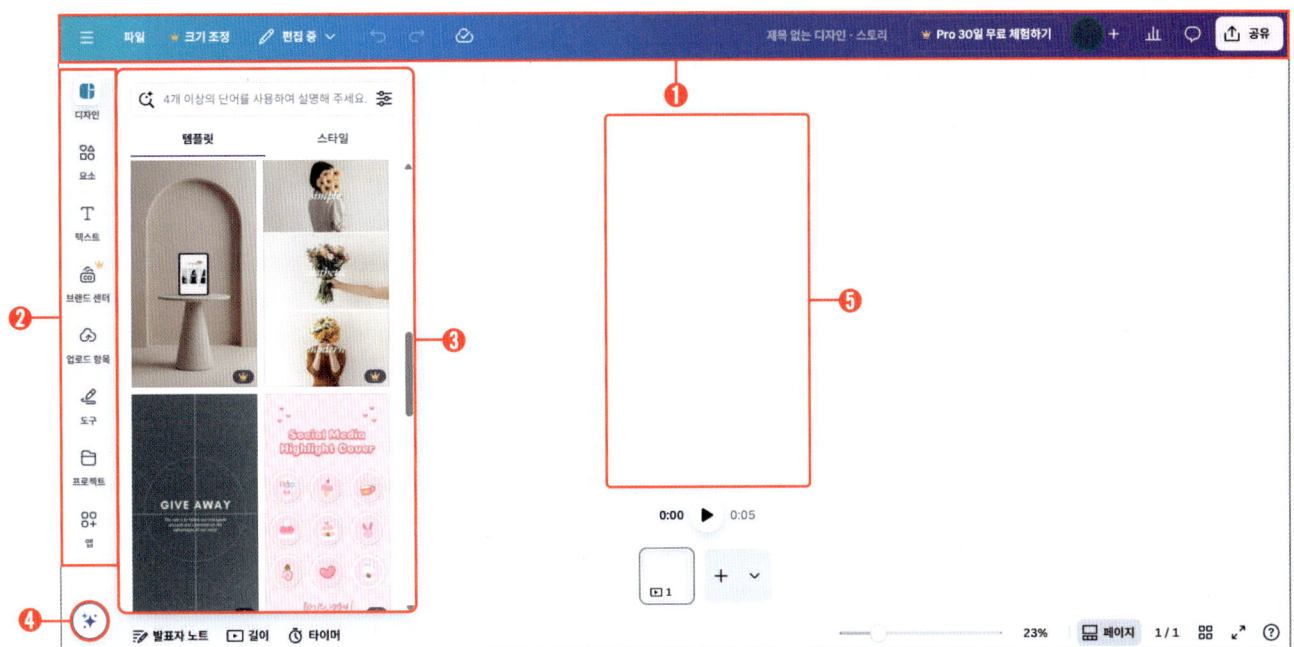

❶ 상단 메뉴
- **파일** : 파일을 저장하거나 새로운 디자인 만들기 등을 설정할 수 있습니다.
- **크기 조정** : 작업 중인 디자인의 크기를 변경할 수 있습니다.
- **공유** : 완성된 디자인을 다른 사용자와 함께 확인하거나 편집할 수 있습니다.

❷ 도구 상자
- **디자인** : 다양한 디자인 템플릿과 스타일이 모여 있습니다.
- **요소** : 디자인을 위해 필요한 요소(도형, 스티커, 사진, 오디오 등)가 모여 있습니다.
- **텍스트** : 글자를 추가하거나 템플릿을 사용하여 글자를 꾸밀 수 있습니다.
- **브랜드 센터** : 기업 로고, 브랜드 색상, 글꼴 등을 미리 등록하여 사용할 수 있습니다.
- **업로드 항목** : 외부 파일(이미지, 비디오, 오디오 등)을 직접 업로드하여 사용할 수 있습니다.
- **도구** : 직접 그림을 그리거나 글자를 쓸 수 있습니다.
- **프로젝트** : 내가 만든 디자인, 업로드한 파일, 즐겨찾기한 템플릿 등을 관리할 수 있습니다.

❸ 옵션 영역
각 도구의 옵션이 표시되는 창으로 도구마다 다양한 옵션을 선택하거나 설정할 수 있습니다.

❹ 매직 스튜디오
매직 라이트, 매직 디자인, 매직 에디트, 매직 미디어, 텍스트 음성 변환 기능 등의 AI 기능을 활용하여 더욱 쉽고 빠르게 디자인할 수 있습니다.

❺ 작업 영역
텍스트, 이미지, 도형 등의 모든 요소를 자유롭게 배치하고 수정하며 디자인할 수 있는 작업 페이지입니다.

❺ 작업 영역에서 [페이지 추가(+)]를 클릭하여 4개의 페이지를 생성합니다.

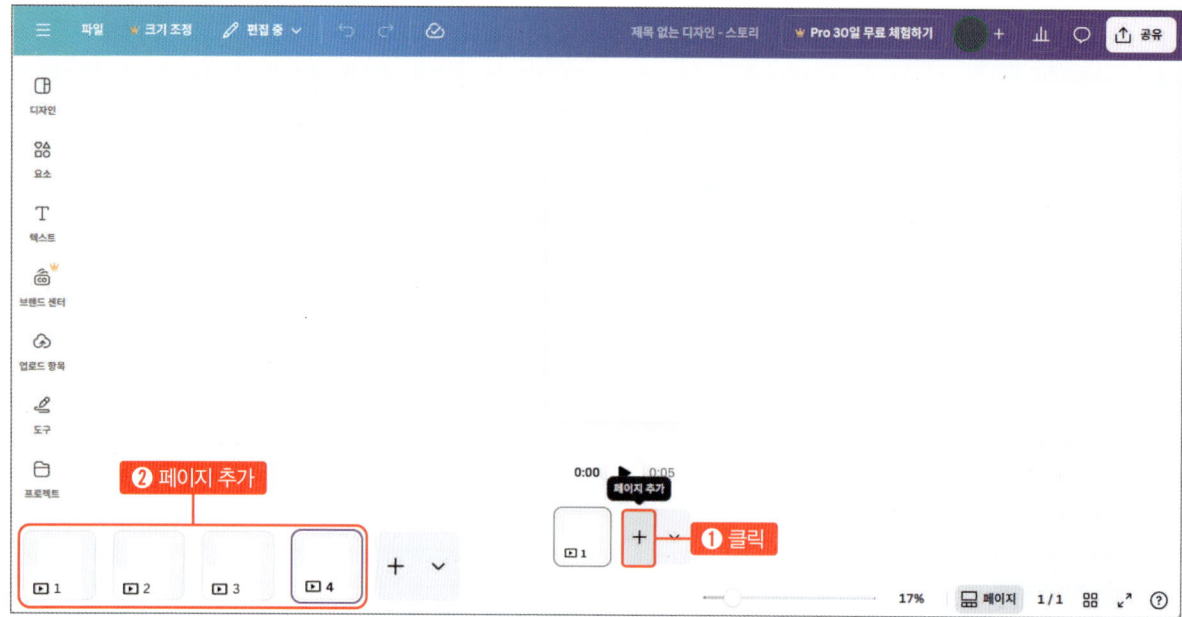

❻ 도구 상자에서 [업로드 항목]-[파일 업로드]를 클릭하여 이전 시간에 위스크에서 생성한 이미지를 업로드합니다.

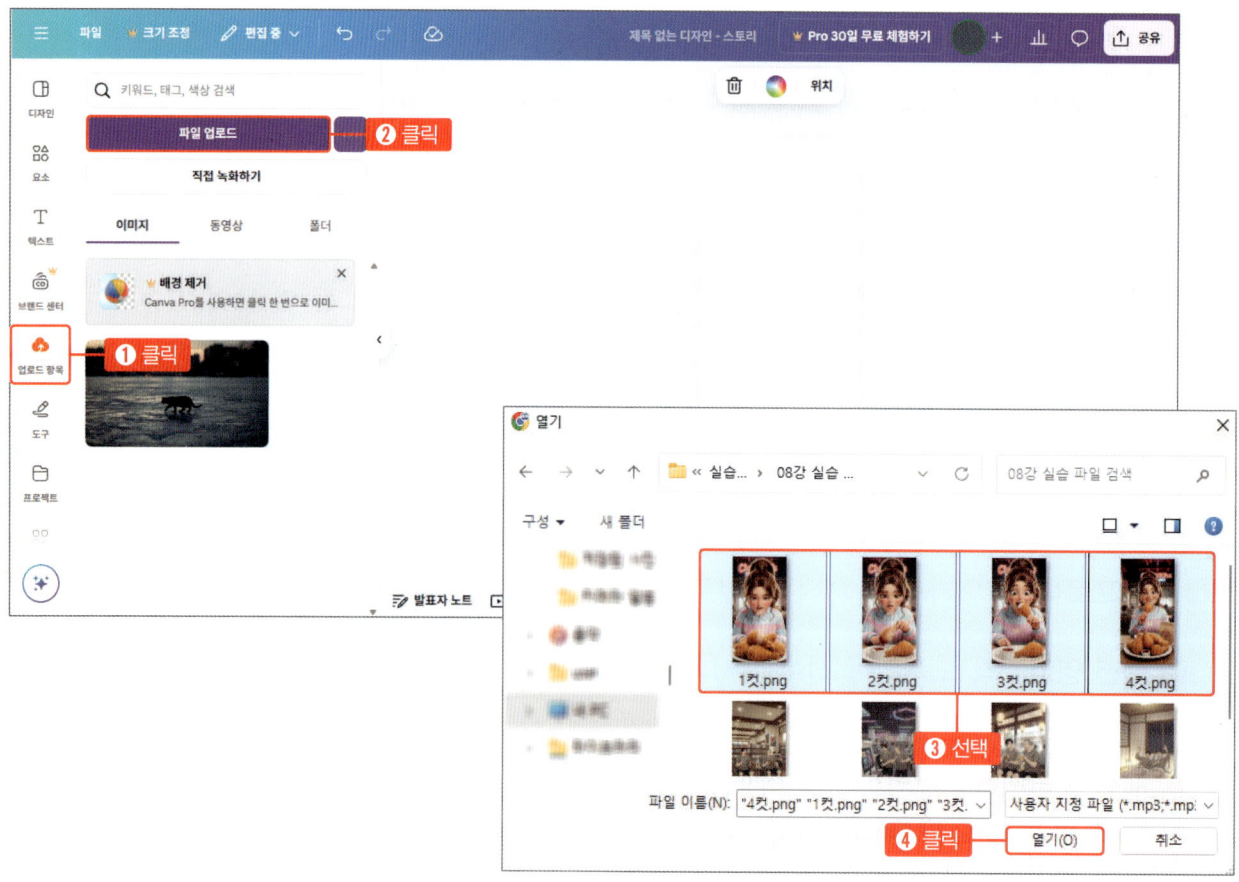

PoP PoP! 팁 이전 시간에 위스크에서 생성한 이미지가 없다면 [08강 실습 파일] 폴더에서 '1컷'~'4컷' 이미지를 업로드해요.

❼ '1페이지'를 선택하고 '1컷.png' 이미지를 클릭하여 이미지가 1페이지에 추가되면 이미지를 마우스 오른쪽 버튼으로 클릭한 후 [이미지를 배경으로 설정]을 클릭합니다.

PoP PoP! 팁 : 업로드된 이미지에 마우스 포인터를 가져다 대고 [설정(⋯)]을 클릭하면 파일의 이름을 확인할 수 있어요.

❽ ❼과 같은 방법으로 '2페이지'~'4페이지'에 각각 '2컷'~'4컷' 이미지를 추가하고 이미지를 배경으로 설정합니다.

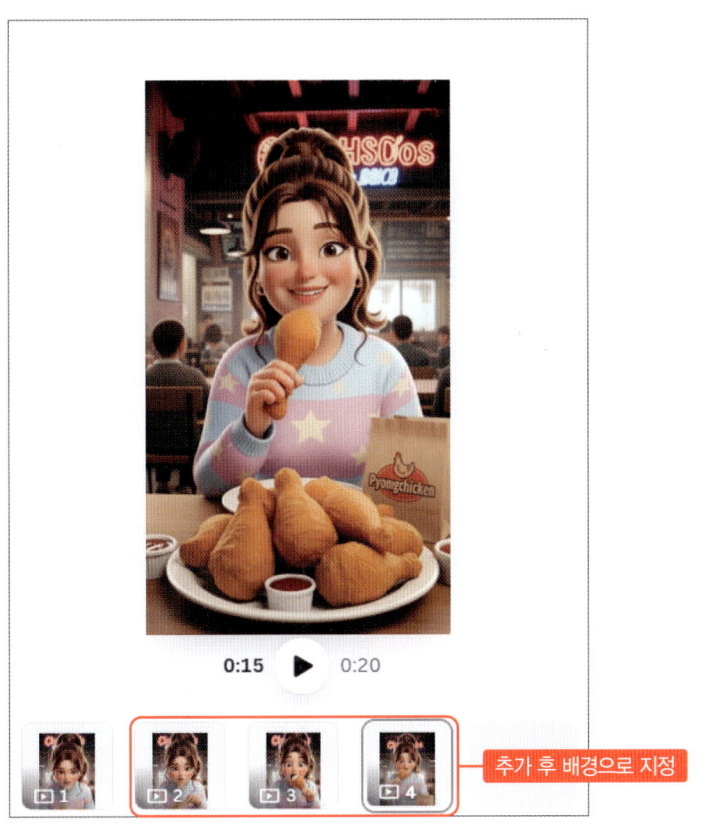

Take 02 애니메이션 적용하고 페이지 꾸미기

❶ '1페이지'를 선택하고 [애니메이션]을 클릭하여 [페이지 애니메이션] 창이 나타나면 [추천]-[축소하기]를 클릭합니다.

❷ ❶과 같은 방법으로 '2페이지'~'4페이지'에 각각 애니메이션을 적용합니다.

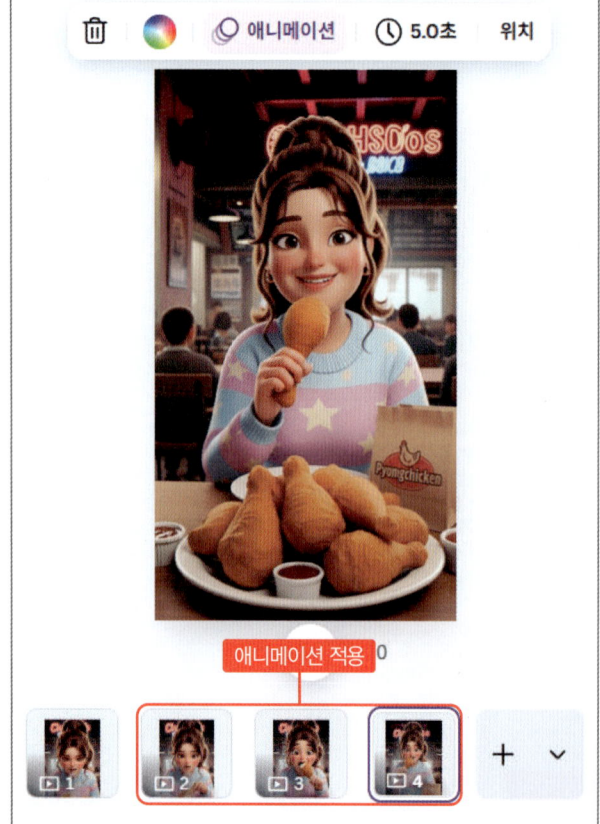

페이지	적용 애니메이션
2페이지	[추천]-[올라오기]
3페이지	[일반]-[풀어주기]
4페이지	[추천]-[축소하기]

❸ '1페이지'를 선택하고 [요소]를 클릭한 후 검색창에 '말풍선'을 검색하여 말풍선 목록이 나타나면 [그래픽]-[모두 보기]를 클릭합니다.

❹ 원하는 말풍선을 선택하여 페이지에 추가한 후 그림과 같이 크기와 위치를 변경합니다.

PoP PoP! 팁 👑 가 표시되어 있는 요소는 유료 버전에서 사용할 수 있는 요소들이에요.

❺ [텍스트]-[부제목 추가]를 클릭하여 페이지에 텍스트 상자가 추가되면 "육즙 가득 뽕치킨!"을 입력합니다.

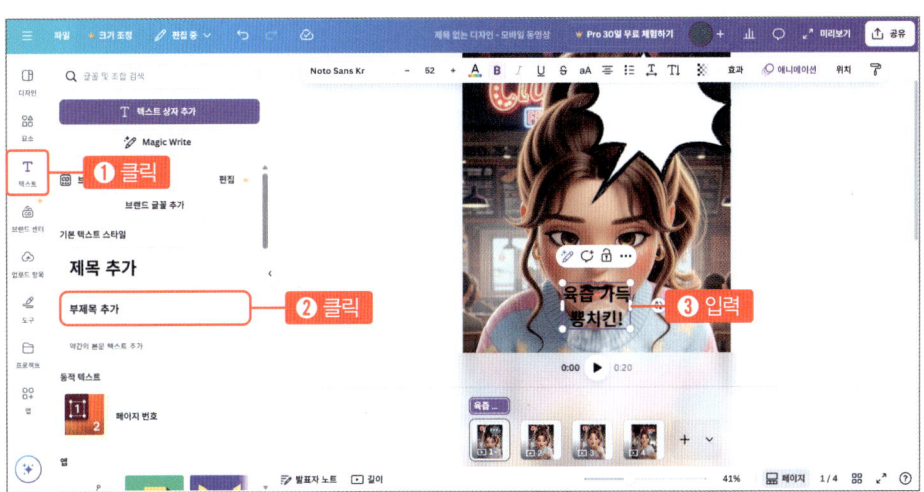

❻ [이동(✥)]을 클릭한 상태로 마우스를 드래그하여 텍스트 상자를 말풍선 위치로 이동시킨 후 텍스트 서식을 자유롭게 지정합니다.

❼ 마우스를 드래그하여 말풍선과 텍스트 상자를 모두 선택하고 [애니메이션]을 클릭하여 [애니메이션] 창이 나타나면 [일반]-[튕겨주기]를 클릭합니다.

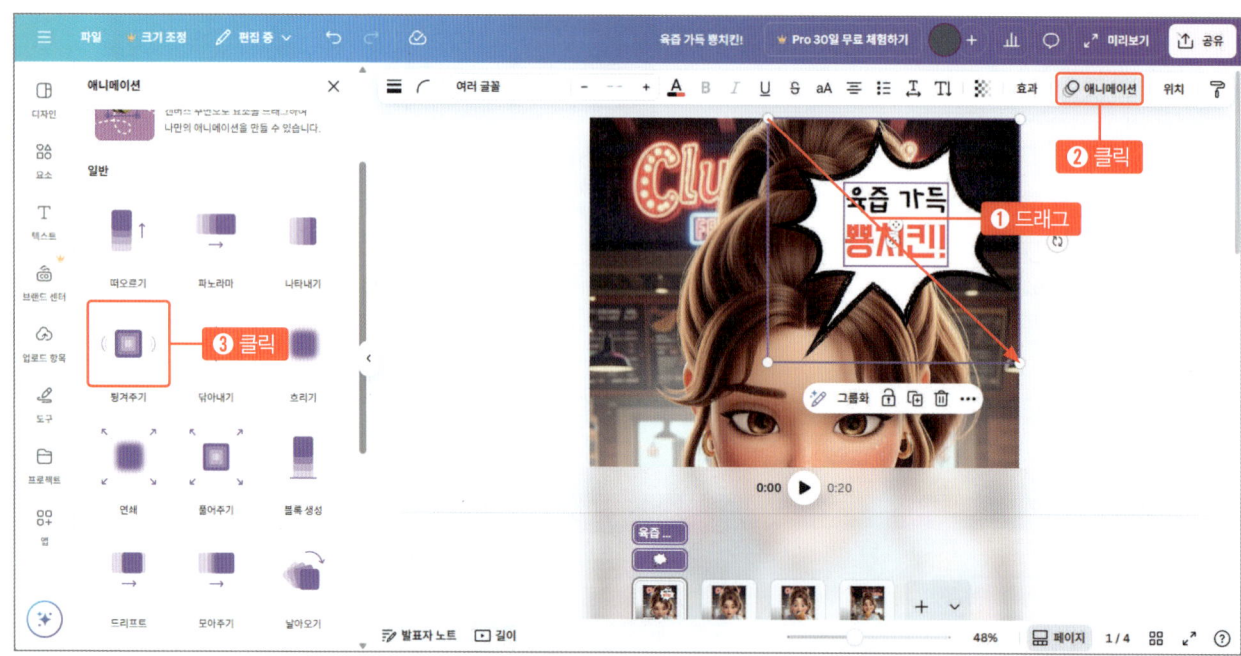

PoP PoP! 팁 말풍선과 텍스트 상자에 각각 다른 애니메이션을 적용해도 좋아요.

❽ ❸~❼과 같은 방법으로 '2페이지'~'4페이지'에 말풍선과 텍스트 상자를 추가하고 자유롭게 텍스트 서식과 애니메이션을 적용합니다.

2페이지	
글꼴	210 어린아이
글꼴 크기	66pt
텍스트 색상	검은색
애니메이션	[일반]-[풀어주기]

3페이지	
글꼴	210 어린아이
글꼴 크기	• 100pt • 70pt
텍스트 색상	하얀색
애니메이션	[일반]-[풀어주기]

4페이지	
글꼴	210 어린아이
글꼴 크기	• 45pt • 62pt
텍스트 색상	• 검은색 • 하얀색
애니메이션	• [일반]-[흐리기] • [일반]-[떠오르기]

- 말풍선에 삽입할 텍스트의 내용은 이전 시간에 작성한 스토리보드를 참고하여 입력해 보세요.
- [회전(↻)]을 클릭하면 개체를 회전시킬 수 있어요.

Take 03 배경음악과 음향 효과 적용하기

❶ '1페이지'를 선택하고 [요소]를 클릭한 후 스크롤을 아래쪽으로 내려 [오디오]를 클릭합니다.

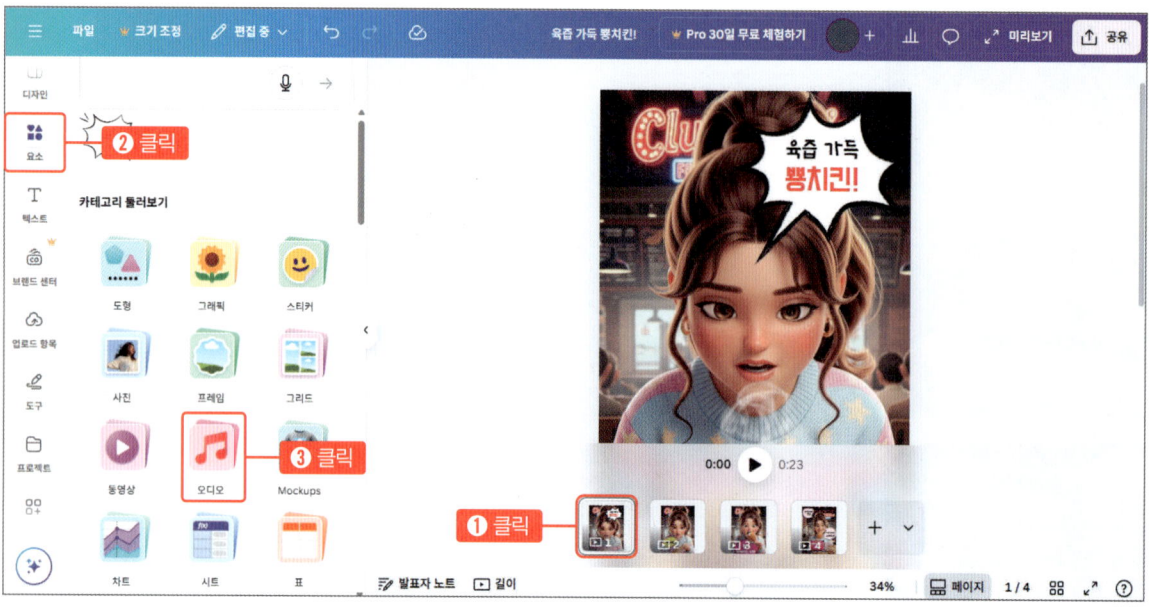

PoP PoP! 팁 앞서 검색했던 '말풍선' 텍스트를 삭제한 후 [오디오] 카테고리를 찾아요.

❷ [오디오] 창이 나타나면 검색창에 원하는 분위기의 음악('통통 튀는 음악')을 검색하고 원하는 음악을 클릭하여 페이지에 배경음악을 적용한 후 [페이드]를 클릭합니다.

❸ 배경음악이 자연스럽게 시작되고 끝나도록 [페이드인], [페이드아웃]을 각각 '2.0'초로 입력합니다.

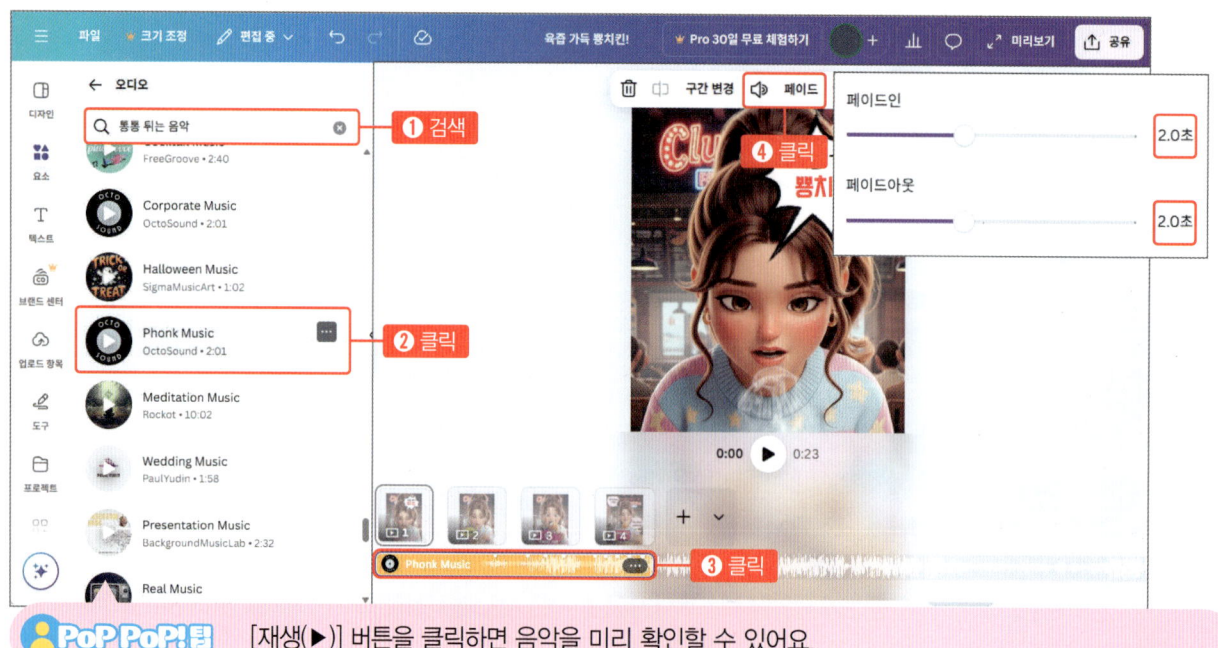

PoP PoP! 팁 [재생(▶)] 버튼을 클릭하면 음악을 미리 확인할 수 있어요.

④ 음향 효과를 추가하기 위해 '1페이지'를 선택하고 검색창에 '치킨'을 검색하여 원하는 음향 효과를 추가한 후 음향 효과가 재생될 위치를 조절합니다.

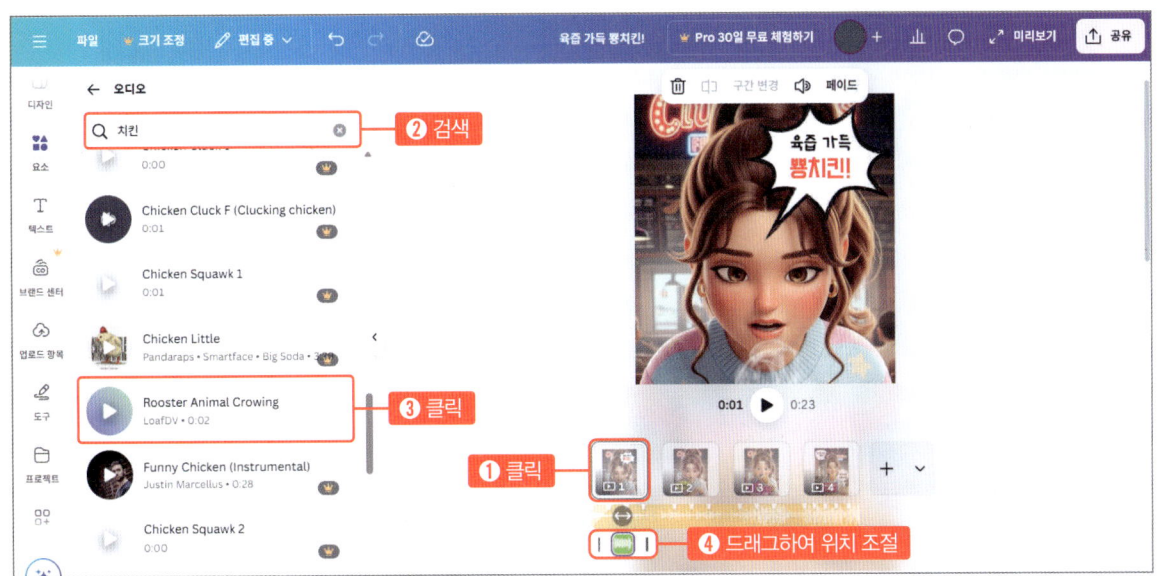

PoP PoP! 팁
- 이전 시간에 작성한 스토리보드를 참고하여 원하는 음악을 선택해 사용해요.
- 오디오 양쪽에 마우스 포인터를 가져다 대고 드래그하면 오디오의 길이를 조절할 수 있어요.

⑤ ④와 같은 방법으로 '2페이지'~'4페이지'에 음향 효과를 추가하고 음향 효과가 재생될 위치를 조절합니다.

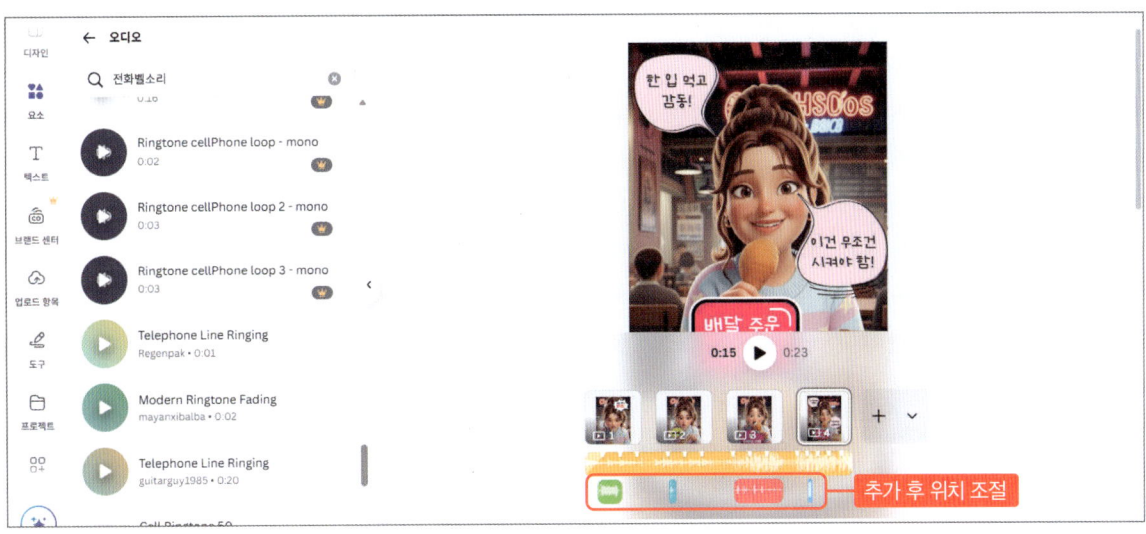

페이지	검색어	음향 효과 이름
2페이지	와우 소리	Wow – Elli
3페이지	바삭한	Crispy and Crunchy Bites
4페이지	전화벨소리	Telephone Line Ringing

❻ '1페이지'를 선택하고 [플레이(▶)]를 클릭하여 완성된 맛집 광고 숏폼 영상을 확인합니다.

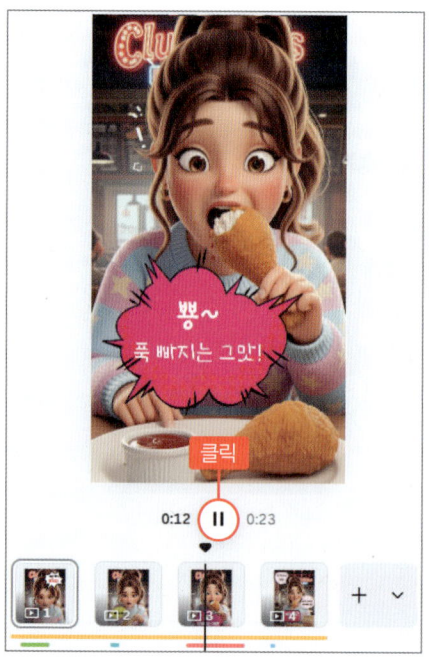

❼ 상단 메뉴에서 [파일]-[다운로드]를 클릭한 후 [다운로드] 창이 나타나면 파일 형식('MP4 동영상')을 확인하고 [다운로드]를 클릭합니다.

> **PoP PoP! 팁** 영상 제목 오른쪽의 [수정(✏)]을 클릭하면 숏폼 영상의 제목을 수정할 수 있어요.

❽ 다운로드가 완료되면 동영상 파일을 실행하여 맛집 광고 숏폼 영상을 확인해 봅니다.

미션! 숏폼 챌린지

▶ 실습 파일 : 08강 실습 파일 폴더 ▶ 완성 파일 : 08강 완성 파일 폴더

01. 캔바를 활용하여 '힐링 아일랜드 찜질방' 광고 숏폼 영상을 완성해 봅니다.

> **챌린지 힌트!**
> - '미션 1컷'~'미션 4컷' 이미지를 불러와 배경으로 설정해요.
> - '즐거운 음악'을 검색하여 배경음악을 삽입해요.
> - 이전 시간에 작성한 스토리보드를 바탕으로 텍스트를 입력해요.
> - 요소, 텍스트 서식, 애니메이션, 음향 효과 등은 자유롭게 지정해요.

Clip 09 화장품 광고 장면 만들기

▶ 제미나이를 활용하여 화장품 광고 스토리보드를 구상합니다.
▶ 제미나이를 활용하여 화장품 광고 스토리보드를 작성합니다.
▶ 위스크를 활용하여 숏폼 영상에 사용할 광고 장면을 생성합니다.

활용 프로그램 : 제미나이(Gemini), 위스크(Whisk)

오늘의 클립

▶ 실습 파일 : 09강 실습 파일 폴더 ▶ 완성 파일 : 09강 완성 파일 폴더

핫핫! 숏폼 스타되기

오늘은 화장품 광고 숏폼 영상을 만들기 위한 컷별 장면을 생성해 보는 시간이에요. 제미나이를 활용해 화장품 광고의 스토리보드를 작성해 보고, 위스크에서 참조 이미지를 업로드하고 세부 사항을 변경하여 숏폼 제작에 필요한 장면을 생성해 봐요.

Take 01 화장품 광고 스토리보드 구상하기

❶ 화장품 광고의 스토리보드를 구상하기 위해 제품과 광고 컨셉을 확인하고 화장품 광고의 스토리보드를 구상해 봅니다.

제품 이름	자연빛 화장품
제품 특징	한 번만 써도 확! 깐달걀처럼 매끈한 피부를 선사하는 화장품
메인 컨셉	바르는 순간, 깐달걀처럼 매끈해지는 자연 미인 피부
키워드 활용	'인생템 등극', '나만 알고 싶은 피부 화장품', '오늘도 껍질 깐 미모' 등 젊은 고객층이 공감할 수 있는 키워드 사용
피부 표현 강조	제품 사용 후 매끈해진 피부와 광채가 나는 '깐달걀 피부'를 명확하게 표현
시즐샷(sizzle shot)	제품을 피부에 바르거나 톡톡 두드리는 장면을 클로즈업해 제품의 텍스처, 사용감 등을 생생하게 표현
핵심 정보 강조	'인생템 등극', '오늘도 껍질 깐 미모', '깐달걀 피부'와 같은 키워드와 함께 제품명, 주요 효능, 구매처 등의 중요한 정보를 강조

❷ 위 내용을 토대로 화장품 광고를 만들기 위한 핵심 내용을 정리해 봅니다.

핵심 내용 예
1. 바르는 순간, 깐달걀처럼 매끈해지는 자연 미인 피부 2. '인생템 등극', '나만 알고 싶은 피부 화장품' 3. 제품 사용 후 매끈해지고 광채가 나는 피부 4. 제품을 피부에 바르거나 톡톡 두드리는 장면 클로즈업 5. 키워드, 제품명, 주요 효능, 구매처 등 중요한 정보 강조

핵심 내용

❸ 크롬(🌐) 브라우저를 실행하고 제미나이 사이트('https://gemini.google.com')에 접속한 후 구글 계정으로 로그인합니다.

❹ ❷에서 작성한 핵심 내용을 프롬프트 입력창에 입력하고 이어서 "이 내용으로 자연빛 화장품 숏폼 광고 스토리보드 만들어줘."를 입력한 후 Enter 키를 누릅니다.

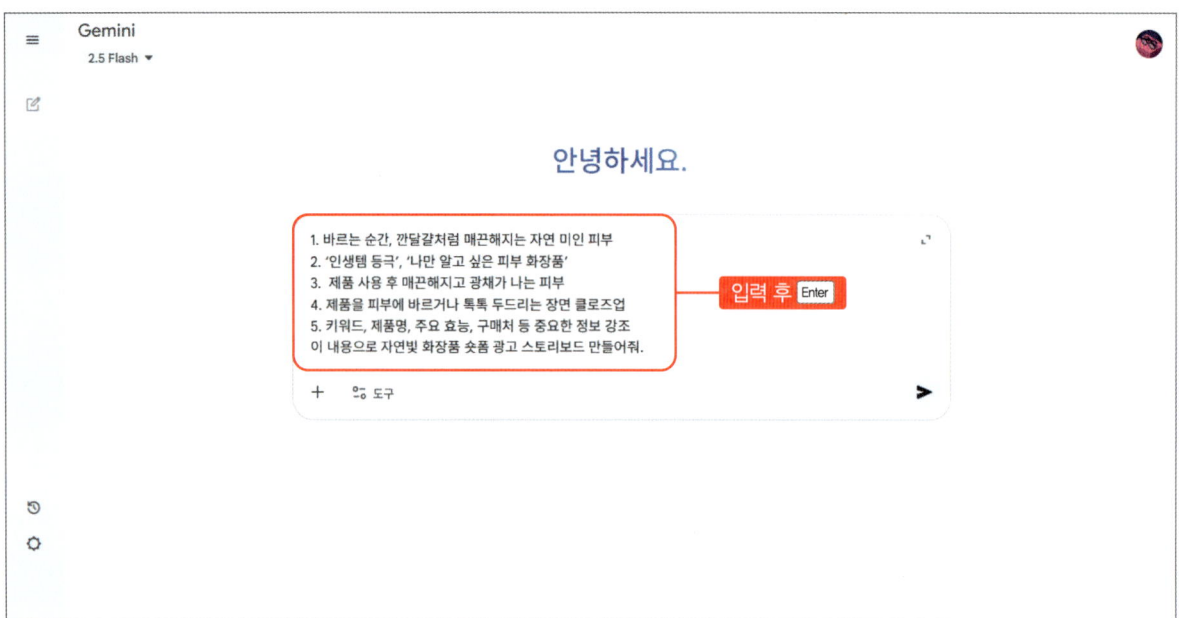

❺ 생성된 결과를 확인합니다.

자연빛 화장품 숏폼 광고 스토리보드

1. 시작: 거친 피부의 고민 (5초)
- 장면: 조명이 어두운 방. 주인공이 거울을 보며 한숨을 쉽니다. 거울에 비친 피부는 거칠고 푸석푸석합니다.
- 자막: "오늘도 거칠어진 내 피부..."

2. 전환: 자연빛 화장품 등장 (5초)
- 장면: 주인공이 '자연빛 화장품'을 손에 듭니다. 제품을 클로즈업해서 보여줍니다.
- 자막: "나만 알고 싶은 피부 비결, 자연빛 화장품"

3. 사용: 매끈해지는 순간 (10초)
- 장면: 주인공이 제품을 얼굴에 바르는 모습을 클로즈업합니다. 제품이 피부에 스며들면서 즉각적으로 매끈해지고 은은한 광채가 나는 것을 시각적으로 강조합니다.
- 자막: "바르는 순간, 깐달걀처럼 매끈하게"

4. 결과: 빛나는 피부 (5초)
- 장면: 조명이 밝아지며 주인공의 얼굴 전체를 보여줍니다. 피부는 이전과 달리 윤기 있고 화사합니다. 주인공이 환하게 웃으며 카메라를 바라봅니다.
- 자막: "인생템 등극!"

> 💡 **PoP PoP! 팁** 프롬프트를 동일하게 입력하더라도 스토리보드의 내용이 다르게 생성될 수 있어요.

Take 02 화장품 광고 스토리보드 작성하기

❶ 화장품 광고 스토리보드 작성하기 ⓔ

'자연빛 화장품' 광고 스토리보드		
첫 번째 장면	장면 설명	화면 가득, 깐달걀처럼 매끈한 주인공의 피부가 클로즈업된다.
	대사 및 자막	대박! 피부 비결?
두 번째 장면	장면 설명	칙칙했던 피부가 주인공이 제품을 얼굴에 바르자 매끈하고 윤기 있게 변한다.
	대사 및 자막	바르는 순간, 깐달걀 피부 완성!
세 번째 장면	장면 설명	환하게 웃는 주인공의 얼굴, 피부에서 광채가 뿜어져 나온다.
	대사 및 자막	나만 알고 싶은 피부 맛집
네 번째 장면	장면 설명	주인공이 제품을 손에 들고 '자연빛' 로고가 등장하며, 화면 하단에 구매처 정보가 나타난다.
	대사 및 자막	온라인/오프라인에서 만나보세요!

❷ 화장품 광고 스토리보드 작성하기

'자연빛 화장품' 광고 스토리보드		
첫 번째 장면	장면 설명	
	대사 및 자막	
두 번째 장면	장면 설명	
	대사 및 자막	
세 번째 장면	장면 설명	
	대사 및 자막	
네 번째 장면	장면 설명	
	대사 및 자막	

 ## Take 03 화장품 광고 장면 생성하기

❶ 크롬( ) 브라우저를 실행하고 위스크 사이트('https://labs.google/fx/ko/tools/whisk')에 접속하여 구글 계정으로 로그인한 후 [도구 열기]를 클릭합니다.

❷ 장면의 비율을 숏폼 영상에 맞도록 변경하기 위해 [가로세로 비율( )]-[세로 모드]를 클릭합니다.

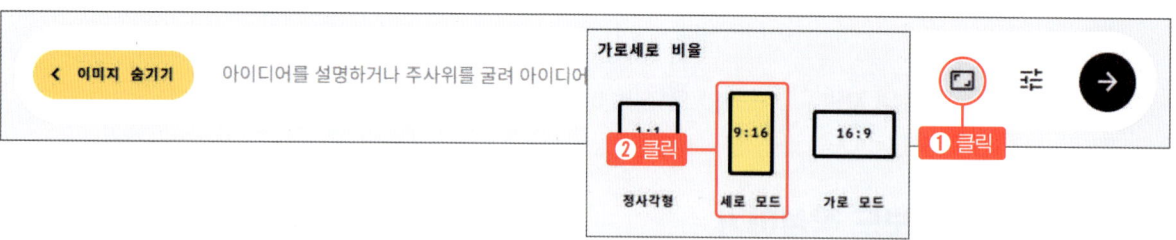

❸ [이미지 추가]를 클릭하고 [피사체]에서 [이미지 업로드]를 클릭한 후 '이미지1.jpg' 파일을 불러옵니다.

❹ ❸과 같은 방법으로 장면('이미지2.jpg')과 스타일('이미지3.jpg')에 참조 이미지를 추가한 후 [생성]을 클릭하여 생성된 이미지를 확인합니다.

❺ 원하는 이미지에 마우스 포인터를 가져다 대고 [세부 조정]을 클릭한 후 프롬프트 입력창에 스토리보드에서 입력한 장면 설명을 입력하고 [생성]을 클릭합니다.

❻ 생성된 이미지에 마우스 포인터를 가져다 대고 [다운로드(⬇)]를 클릭하여 저장합니다.

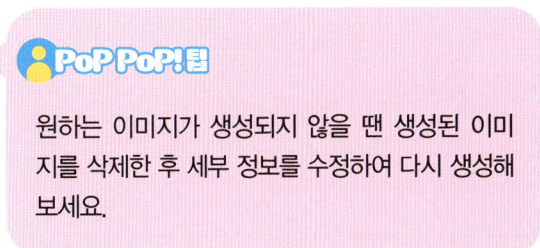

> **PoP PoP! 팁**
> 원하는 이미지가 생성되지 않을 땐 생성된 이미지를 삭제한 후 세부 정보를 수정하여 다시 생성해 보세요.

❼ ❺~❻과 같은 방법으로 '두 번째 장면'~'네 번째 장면'에 해당하는 이미지를 생성한 후 다운로드 합니다.

미션! 숏폼 챌린지

▶ 실습 파일 : 09강 실습 파일 폴더   ▶ 완성 파일 : 09강 완성 파일 폴더

01. 광고 제품과 광고 컨셉을 확인하고 제미나이를 활용하여 베이커리 광고의 스토리보드를 작성해 봅니다.

제품 이름	맛 좋은 베이커리
제품 특징	갓 구운 빵이 특징인 신선하고 맛있는 프리미엄 베이커리
메인 컨셉	가장 따뜻하고 행복한 순간, 그 곁엔 언제나 맛 좋은 베이커리가 있습니다.
장면 활용	일상 속에서 '맛 좋은 베이커리'의 빵이 함께 하는 모습을 보여주어 고객들의 공감 획득
따뜻한 분위기 강조	따뜻한 조명, 부드러운 색감을 사용하여 아늑하고 따뜻한 분위기를 강조
시즐샷(sizzle shot)	갓 나온 빵을 반으로 잘랐을 때 모락모락 피어오르는 김과 촉촉한 빵을 클로즈업하여 빵의 신선함, 따뜻함, 맛을 생생하게 표현
핵심 정보 강조	'갓 구운 행복을 만나다, 맛 좋은 베이커리'와 같은 핵심 문장을 명확하게 노출하여 메시지를 강조

'맛 좋은 베이커리' 광고 스토리보드		
첫 번째 장면	장면 설명	
	대사 및 자막	
두 번째 장면	장면 설명	
	대사 및 자막	
세 번째 장면	장면 설명	
	대사 및 자막	
네 번째 장면	장면 설명	
	대사 및 자막	

02. 위스크를 이용하여 각 장면에 사용할 이미지를 생성하고 저장해 봅니다.

챌린지 힌트! [피사체], [장면], [스타일]에 '미션 이미지1'~'미션 이미지3' 참조 이미지를 업로드하여 이미지를 생성해 보세요.

화장품 광고 완성하기

▶ 페이지를 추가하고 이미지 파일을 업로드합니다.
▶ 페이지에 애니메이션을 적용합니다.
▶ 요소와 텍스트를 삽입하여 페이지를 꾸밉니다.
▶ 배경음악과 AI 음성을 삽입하여 숏폼 영상을 완성합니다.

활용 프로그램 : 캔바(Canva)

 오늘의 클립

▶ 실습 파일 : 10강 실습 파일 폴더   ▶ 완성 파일 : 10강 완성 파일 폴더

핫핫! 숏폼 스타되기

오늘은 캔바의 [업로드 항목]을 이용해 지난 시간에 생성한 이미지를 업로드하고 배경음악, AI로 생성한 음성을 삽입해 화장품 광고 숏폼 영상을 완성해 보는 시간이에요. 내가 기획한 화장품 광고에 어울리는 음성을 AI로 생성하여 광고에 삽입해 봐요.

Take 01 페이지 추가하고 이미지 업로드하기

① 크롬( ) 브라우저를 실행하고 캔바 사이트('https://www.canva.com/ko_kr')에 접속한 후 구글 계정으로 로그인합니다.

② 숏폼 영상을 제작하기 위해 [SNS]-[스토리]를 클릭합니다.

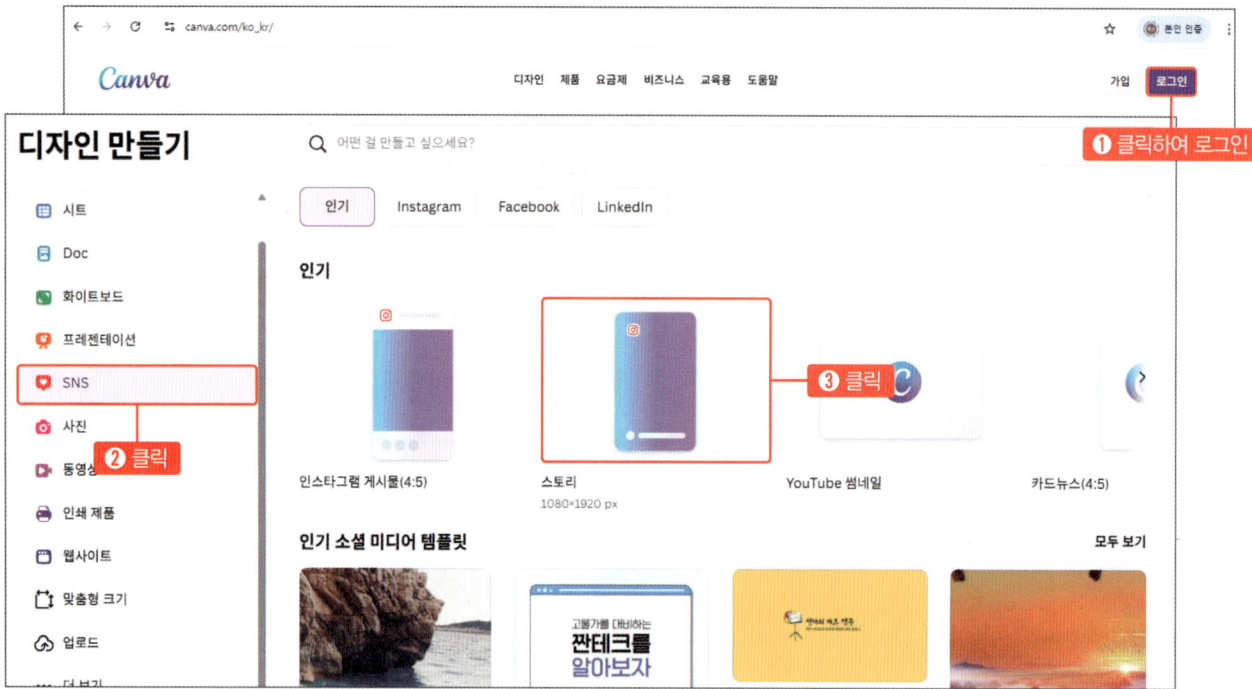

③ 작업 영역에서 [페이지 추가(+)]를 클릭하여 4개의 페이지를 생성합니다.

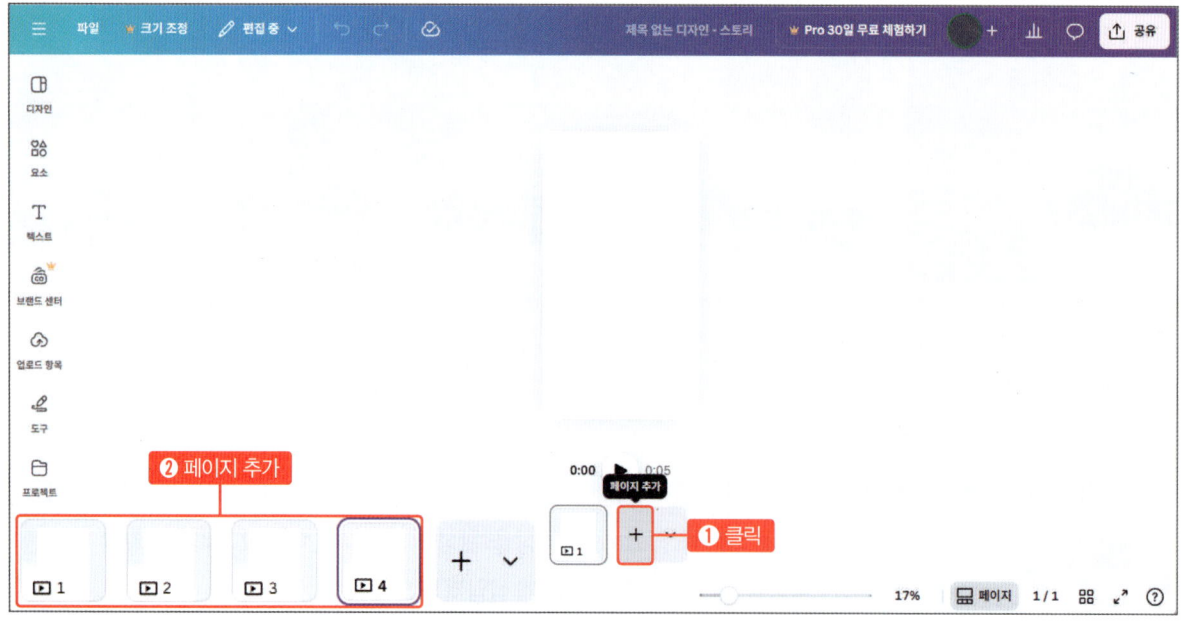

④ [업로드 항목]-[파일 업로드]를 클릭하여 이전 시간에 위스크에서 생성한 이미지를 업로드합니다.

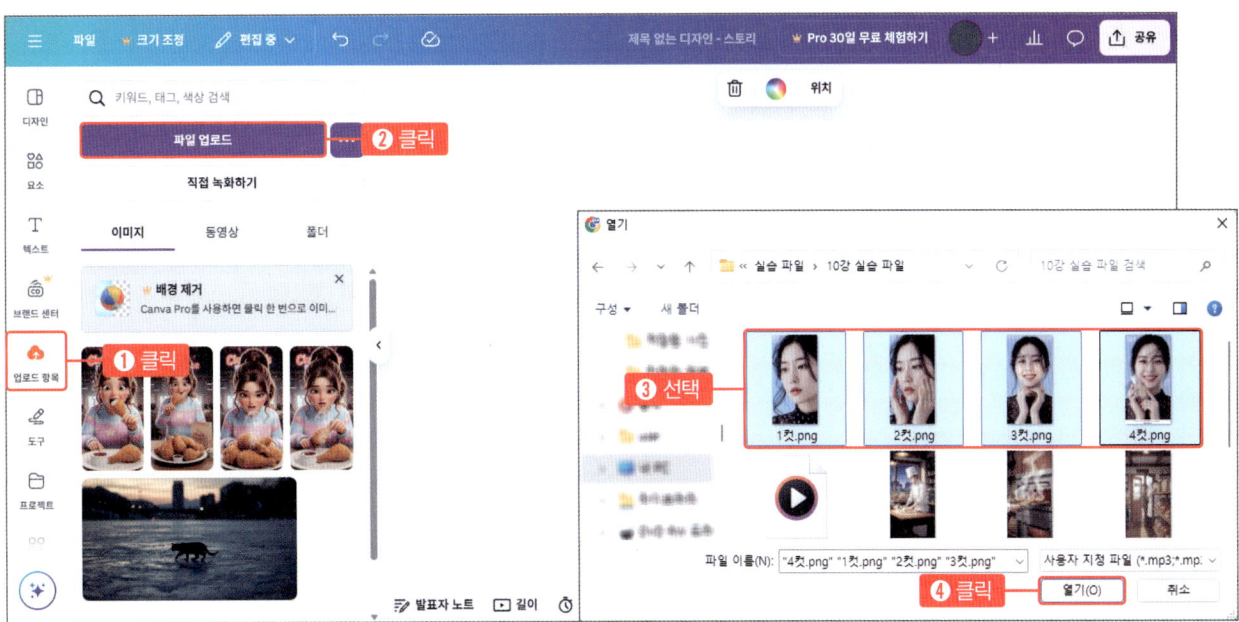

PoP PoP!팁 이전 시간에 위스크에서 생성한 이미지가 없다면 [10강 실습 파일] 폴더에서 '1컷'~'4컷' 이미지를 업로드해요.

⑤ '1페이지'를 선택하고 '1컷.png' 이미지를 클릭하여 이미지가 1페이지에 추가되면 이미지를 마우스 오른쪽 버튼으로 클릭한 후 [이미지를 배경으로 설정]을 클릭합니다.

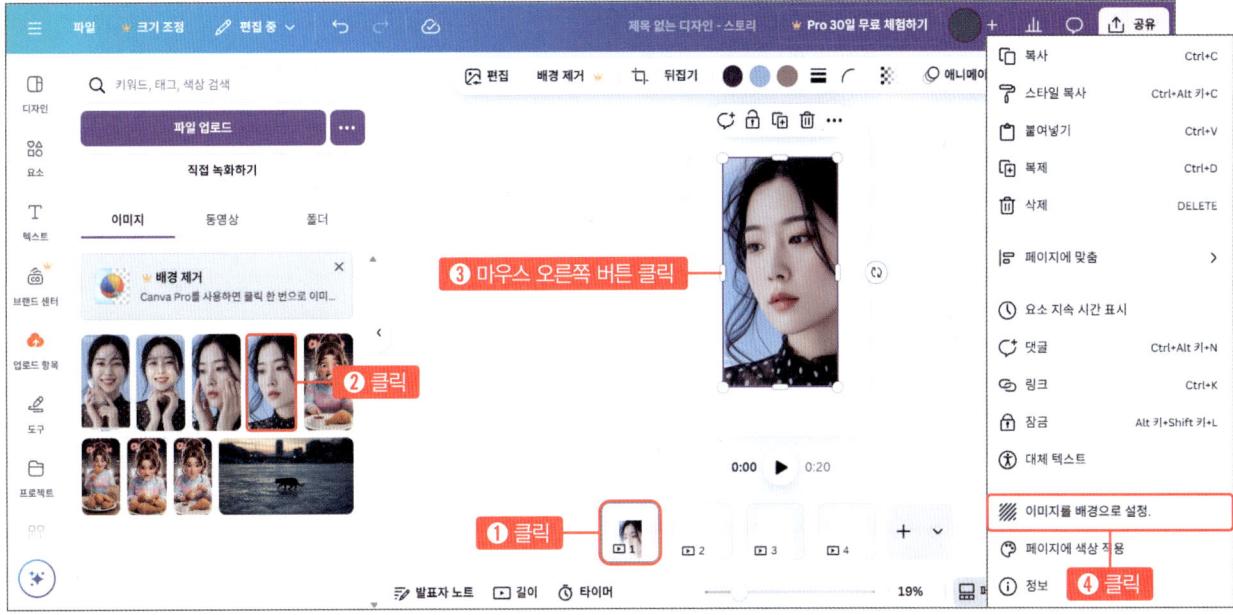

⑥ ⑤와 같은 방법으로 '2페이지'~'4페이지'에 각각 '2컷'~'4컷' 이미지를 추가하고 이미지를 배경으로 설정합니다.

Take 02 애니메이션 적용하고 페이지 꾸미기

❶ '1페이지'를 선택하고 [애니메이션]을 클릭하여 [페이지 애니메이션] 창이 나타나면 [일반]-[드리프트]를 클릭합니다.

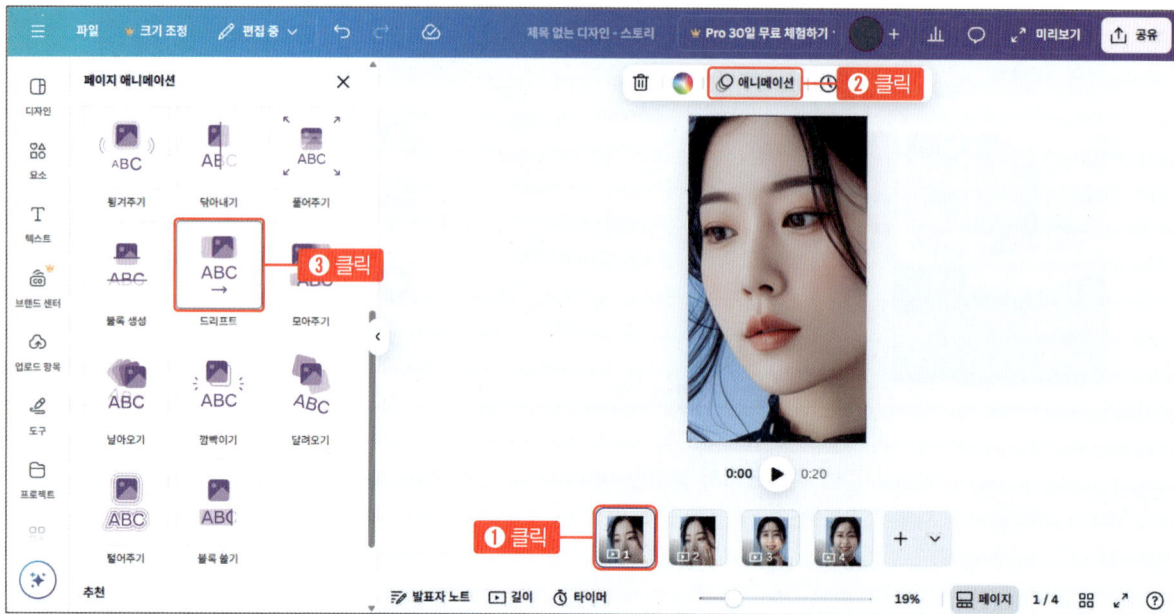

❷ ❶과 같은 방법으로 '2페이지'~'4페이지'에 각각 애니메이션을 적용합니다.

페이지	적용 애니메이션
2페이지	[일반]-[풀어주기]
3페이지	[추천]-[내려오기]
4페이지	[추천]-[축소하기]

❸ '1페이지'를 선택하고 [요소]를 클릭한 후 검색창에 '수채화'를 검색하여 [그래픽]-[모두 보기]를 클릭합니다.

❹ 원하는 수채화 요소를 선택하여 페이지에 추가한 후 크기와 위치를 조절합니다.

❺ [텍스트]-[제목 추가]를 클릭하여 페이지에 텍스트 상자가 추가되면 "대박! 피부 비결?"을 입력하고 위치를 조절한 후 텍스트 서식을 지정합니다.

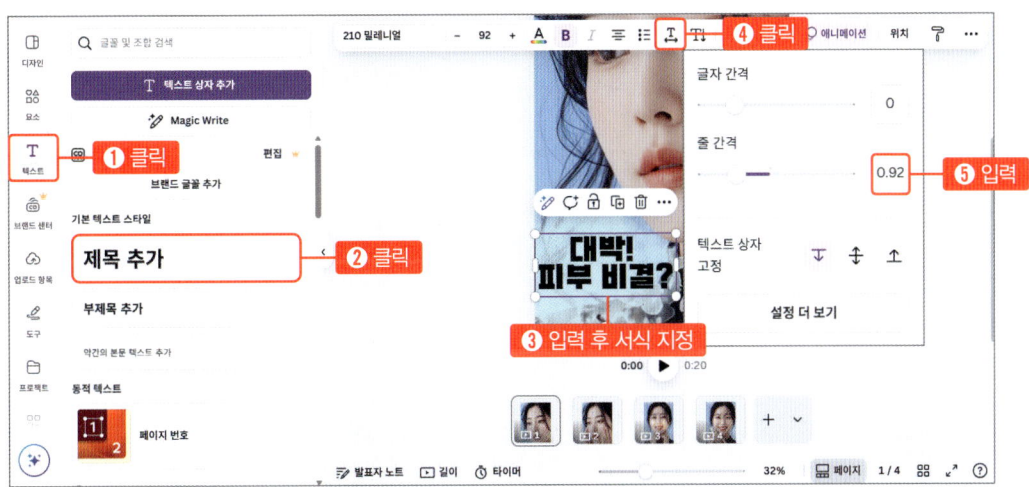

❻ 마우스를 드래그하여 요소와 텍스트 상자를 모두 선택하고 [애니메이션]을 클릭하여 [애니메이션] 창이 나타나면 [일반]-[연쇄]를 클릭합니다.

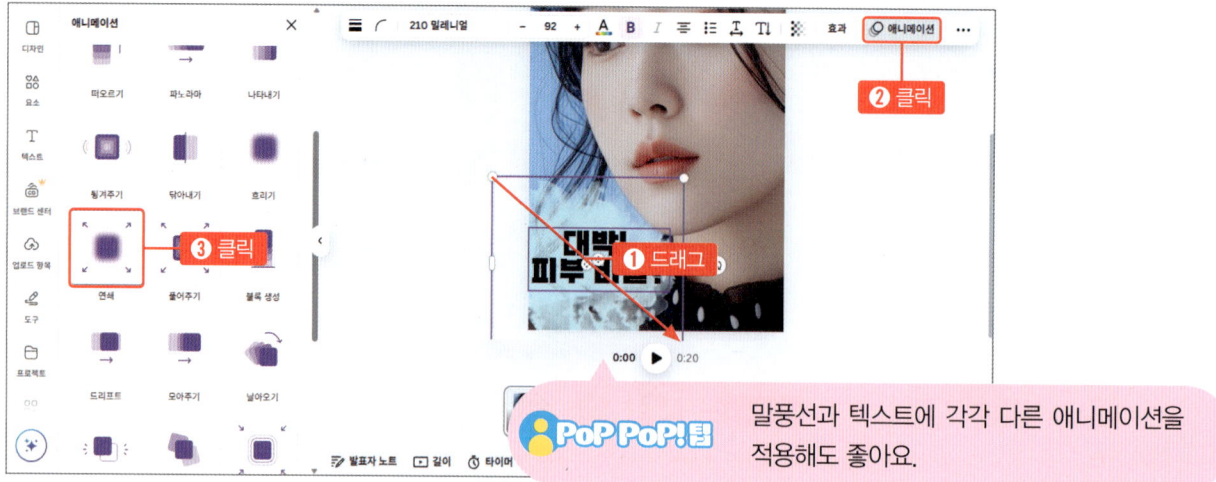

> PoP PoP! 팁   말풍선과 텍스트에 각각 다른 애니메이션을 적용해도 좋아요.

❼ ❸~❻과 같은 방법으로 '2페이지'~'4페이지'에 수채화 요소와 텍스트 상자를 추가하고 자유롭게 텍스트 서식과 애니메이션을 적용합니다.

2페이지			
글꼴	210 밀레니얼	글꼴 크기	• 76pt • 50pt
텍스트 색상	검은색	애니메이션	[일반]-[모아주기]

3페이지			
글꼴	210 밀레니얼	글꼴 크기	• 63pt • 83pt
텍스트 색상	검은색	애니메이션	[일반]-[떠오르기]

4페이지			
글꼴	210 밀레니얼	글꼴 크기	• 42pt • 72pt
텍스트 색상	검은색	애니메이션	[일반]-[튕겨주기]

> PoP PoP! 팁   텍스트의 내용은 이전 시간에 작성한 스토리보드를 참고하여 입력해 보세요.

Take 03 배경음악과 AI 음성 추가하기

① '1페이지'를 선택하고 [업로드 항목]-[파일 업로드]를 클릭하여 '화장품.mp3' 파일을 불러옵니다.

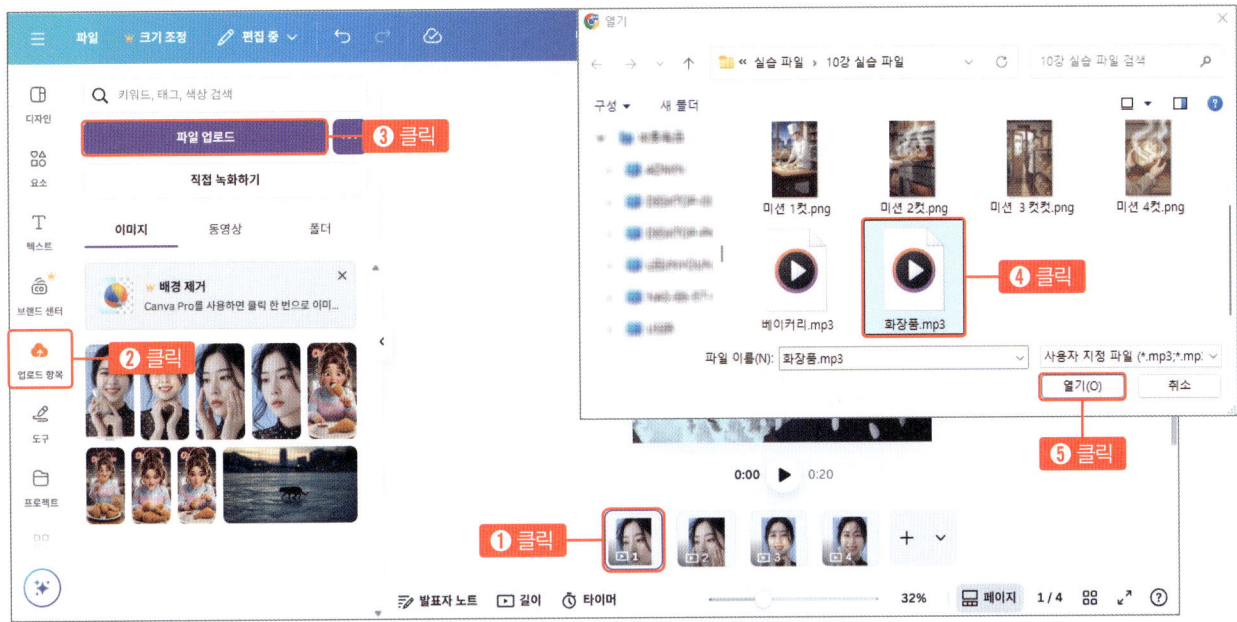

② 업로드된 '화장품.mp3' 파일을 클릭하여 추가하고 [페이드]를 클릭한 후 [페이드인], [페이드아웃]을 '2.0'초로 지정합니다.

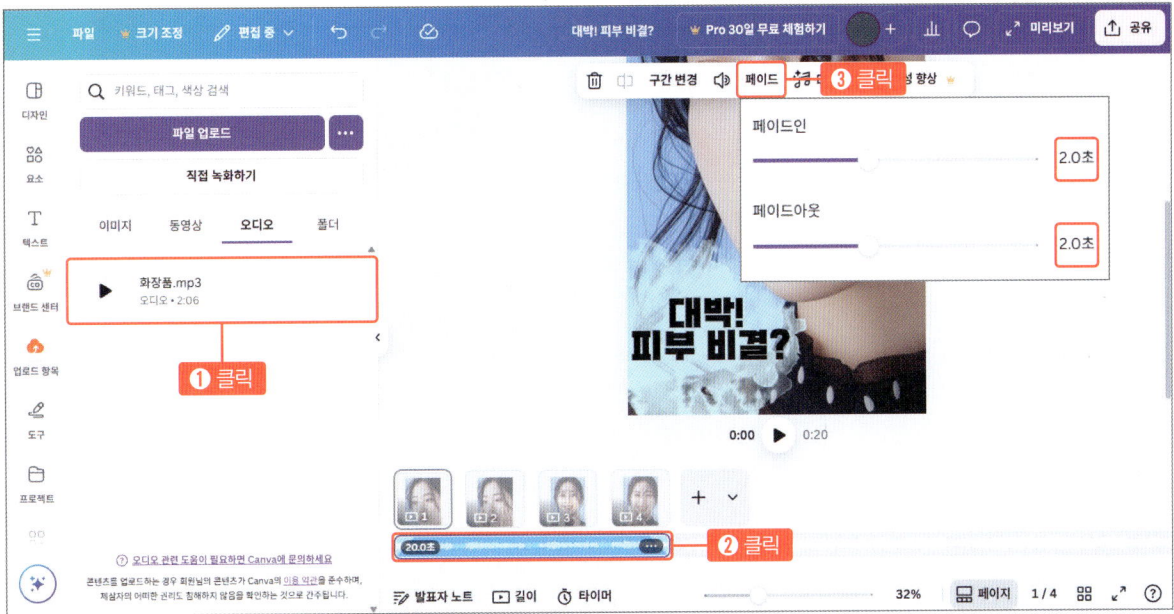

Clip 10 화장품 광고 완성하기

❸ [요소]-[오디오]를 클릭한 후 [음성 해설]-[AI 음성 생성]을 클릭합니다.

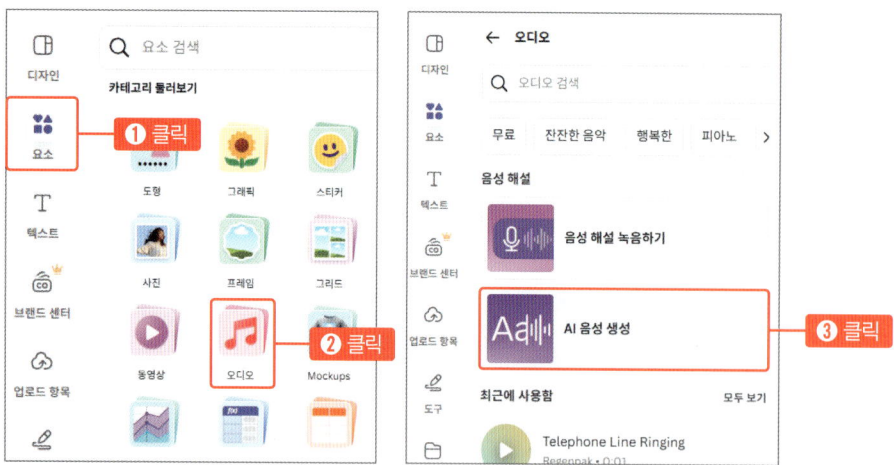

> **PoP PoP! 팁** 앞서 검색했던 '수채화' 텍스트를 삭제한 후 [오디오] 카테고리를 찾아요.

❹ 텍스트 입력창에 "대박! 피부 비결?"을 입력하고 [음성 선택]-[유나]를 클릭한 후 [AI 음성 생성]을 클릭하여 AI 음성을 추가합니다.

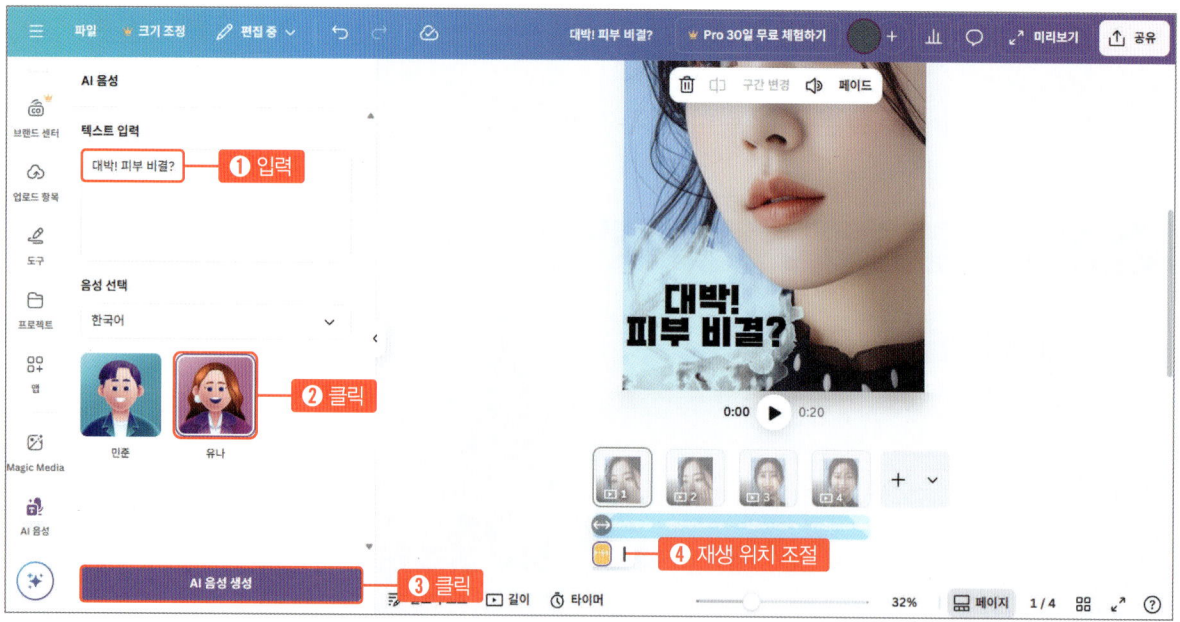

> **PoP PoP! 팁** [업로드 항목]-[파일 업로드]에서 음성 파일을 업로드해 사용해도 돼요.

❺ ❹와 같은 방법으로 '2페이지'~'4페이지'에 AI 음성을 추가해 봅니다.

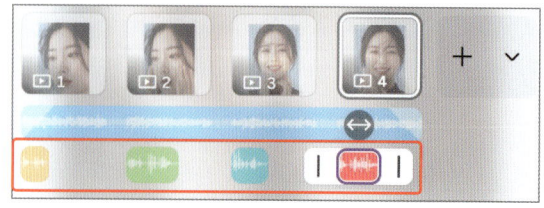

❻ 완성된 화장품 광고 숏폼을 확인한 후 다운로드합니다.

미션! 숏폼 챌린지

▶ 실습 파일 : 10강 실습 파일 폴더   ▶ 완성 파일 : 10강 완성 파일 폴더

01. 캔바를 활용하여 '맛 좋은 베이커리' 광고 숏폼을 완성해 봅니다.

1페이지	2페이지
가장 따뜻한 순간은 새벽에 시작됩니다.	갓 구운 빵의 따뜻한 온기

3페이지	4페이지
가장 행복한 순간을 선물합니다.	갓 구운 행복을 만나다, 맛 좋은 베이커리

챌린지 힌트!
- '베이커리.mp3' 파일을 불러와 배경음악으로 사용해요.
- 이전 시간에 작성한 스토리보드를 바탕으로 텍스트를 입력해요.
- AI 음성을 추가하여 광고에 내레이션을 적용해요.
- 요소, 애니메이션, 텍스트 서식 등은 자유롭게 지정해요.

Clip 10 화장품 광고 완성하기 101

Clip 11 자동차 광고 장면 만들기

- ▶ 제미나이를 활용하여 자동차 광고 스토리보드를 구상합니다.
- ▶ 제미나이를 활용하여 자동차 광고 스토리보드를 작성합니다.
- ▶ 위스크를 활용하여 숏폼 영상에 사용할 광고 장면을 생성합니다.

활용 프로그램 : 제미나이(Gemini), 위스크(Whisk)

오늘의 클립

▶ 실습 파일 : 11강 실습 파일 폴더   ▶ 완성 파일 : 11강 완성 파일 폴더

핫핫! 숏폼 스타되기

오늘은 제미나이를 활용해 자동차 광고의 스토리보드를 작성해 보고, 이미지를 업로드하여 영문 프롬프트를 생성해 봐요. 그리고 위스크에서 영문 프롬프트를 입력해 참조 이미지를 생성하고 참조 이미지를 바탕으로 숏폼 제작에 필요한 장면을 생성해 봐요.

Take 01 자동차 광고 스토리보드 구상하기

❶ 자동차 광고의 스토리보드를 구상하기 위해 제품과 광고 컨셉을 확인하고 자동차 광고의 스토리보드를 구상해 봅니다.

제품 이름	헬로카(자동차)
제품 특징	단순한 이동 수단이 아닌, 새로운 시작을 함께 하는 친구 같은 자동차
메인 컨셉	인생의 첫 차, 헬로카
키워드 활용	'쉬운 구매', '안전한 주행', '경제적 효율', '친근한 디자인' 등 헬로카에 대해 흥미를 유발할 수 있는 키워드 사용
청각적 효과 극대화	차 문이 닫히는 소리, 시동 소리, 방향 지시등 소리 등 실제 자동차 사운드를 깔끔하게 담아내 현실감을 표현
시즐샷(sizzle shot)	도심의 불빛 속에서 헬로카가 세련된 디자인을 뽐내며 멋지게 주행하는 장면을 클로즈업하여 제품의 디자인과 주행감을 생생하게 표현
핵심 정보 강조	'헬로카, 당신의 새로운 시작을 응원합니다.'라는 슬로건으로 제품의 특징과 광고의 메시지를 다시 한 번 강조

❷ 위 내용을 토대로 자동차 광고를 만들기 위한 핵심 내용을 정리해 봅니다.

핵심 내용 예

1. 인생의 첫 차, 헬로카
2. 쉬운 구매, 안전한 주행, 경제적 효율, 친근한 디자인
3. 도심의 불빛 속 헬로카의 세련된 디자인
4. 헬로카가 당신의 새로운 시작을 응원합니다.
5. 차량 사운드를 깨끗하게 담아내기

핵심 내용

❸ 크롬( ) 브라우저를 실행하고 제미나이 사이트('https://gemini.google.com')에 접속한 후 구글 계정으로 로그인합니다.

❹ ❷에서 작성한 핵심 내용을 바탕으로 자동차 광고 스토리보드를 생성합니다.

> 1. 인생의 첫 차, 헬로카
> 2. 쉬운 구매, 안전한 주행, 경제적 효율, 친근한 디자인
> 3. 도심의 불빛 속 헬로카의 세련된 디자인
> 4. 헬로카가 당신의 새로운 시작을 응원합니다.
> 5. 차량 사운드를 깨끗하게 담아내기
> 이 내용으로 헬로카 숏폼 광고 스토리보드 만들어줘.

입력 후 Enter

❺ **자동차 광고 스토리보드 작성하기** 예

'헬로카' 광고 스토리보드		
첫 번째 장면	장면 설명	스마트폰으로 헬로카 웹사이트를 확인하고 있는 젊은 주인공. '구매하기' 버튼을 누르자 헬로카의 키가 손 안에 나타난다.
	대사 및 자막	복잡한 절차 없이, 인생의 첫 차를 만나다.
두 번째 장면	장면 설명	주인공이 헬로카를 운전하여 좁은 골목을 부드럽게 빠져나가는 모습. 차량 주변의 장애물을 감지하는 센서 화면 클로즈업. 주인공이 편안한 미소를 짓는다.
	대사 및 자막	초보 운전도 걱정마세요. 헬로카의 안전한 주행이 당신을 지켜줄 테니까.
세 번째 장면	장면 설명	헬로카를 운전하며 넓고 멋진 도로를 달리고 있는 주인공. 해질녘, 노을빛이 헬로카를 비추고, 주인공은 창문을 열고 바람을 맞으며 웃고 있다.
	대사 및 자막	부담 없는 경제적 효율성. 이제 헬로카와 함께 어디든 떠나세요.
네 번째 장면	장면 설명	밤하늘 아래 주차된 헬로카. 주인공은 헬로카에 기대 서서 하늘을 올려다 본다. 차의 세련된 디자인이 돋보인다.
	대사 및 자막	헬로카가 당신의 새로운 시작을 응원합니다.

❻ **자동차 광고 스토리보드 작성하기**

'헬로카' 광고 스토리보드		
첫 번째 장면	장면 설명	
	대사 및 자막	
두 번째 장면	장면 설명	
	대사 및 자막	
세 번째 장면	장면 설명	
	대사 및 자막	
네 번째 장면	장면 설명	
	대사 및 자막	

Take 02 자동차 광고 장면 생성하기

① [파일 추가(+)]-[파일 업로드]를 클릭하여 '이미지1.jpg' 파일을 불러옵니다.

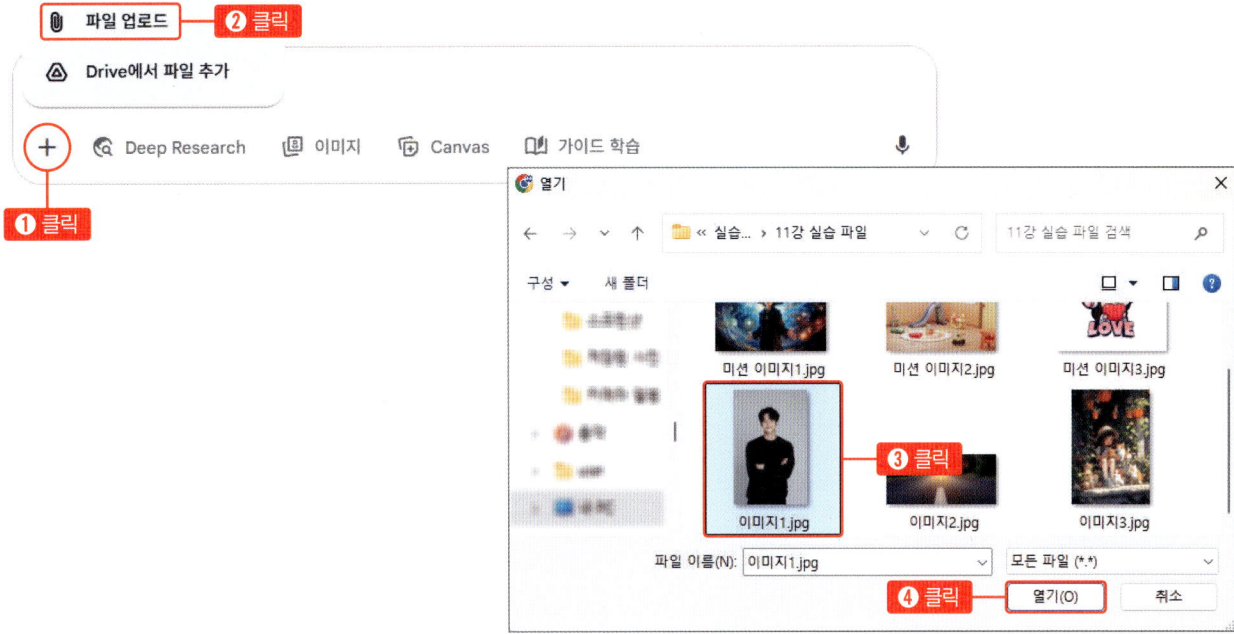

② 프롬프트 입력창에 "사진을 관찰한 후 이 모습 그대로 영어 프롬프트를 작성해줘."를 입력한 후 Enter 키를 누릅니다.

③ 영문 프롬프트가 생성되면 [대답 복사(□)]를 클릭합니다.

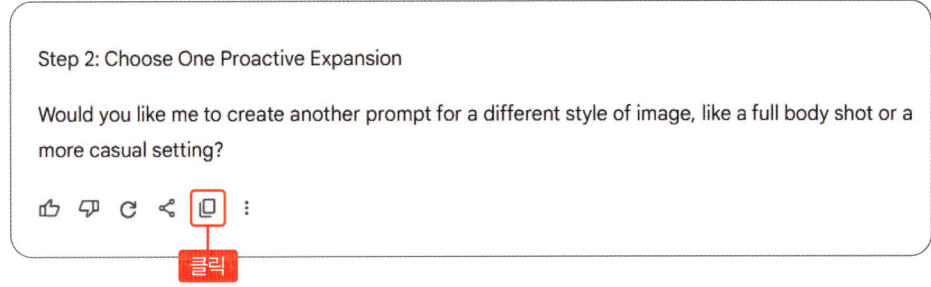

❹ [새 탭(+)]을 추가하고 위스크 사이트('https://labs.google/fx/ko/tools/whisk')에 접속하여 구글 계정으로 로그인한 후 [도구 열기]를 클릭합니다.

❺ 장면의 비율을 숏폼 영상에 맞도록 변경하기 위해 [가로세로 비율( )]-[세로 모드]를 클릭합니다.

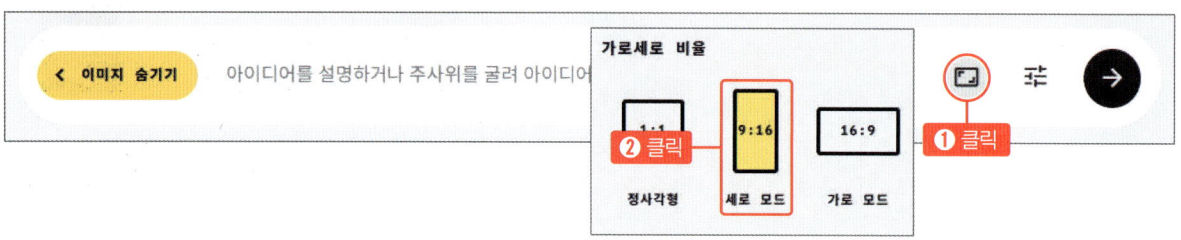

❻ [이미지 추가]를 클릭하여 [피사체]에서 [텍스트 입력]을 클릭하고 복사한 영문 프롬프트를 붙여 넣은 후 [생성]을 클릭합니다.

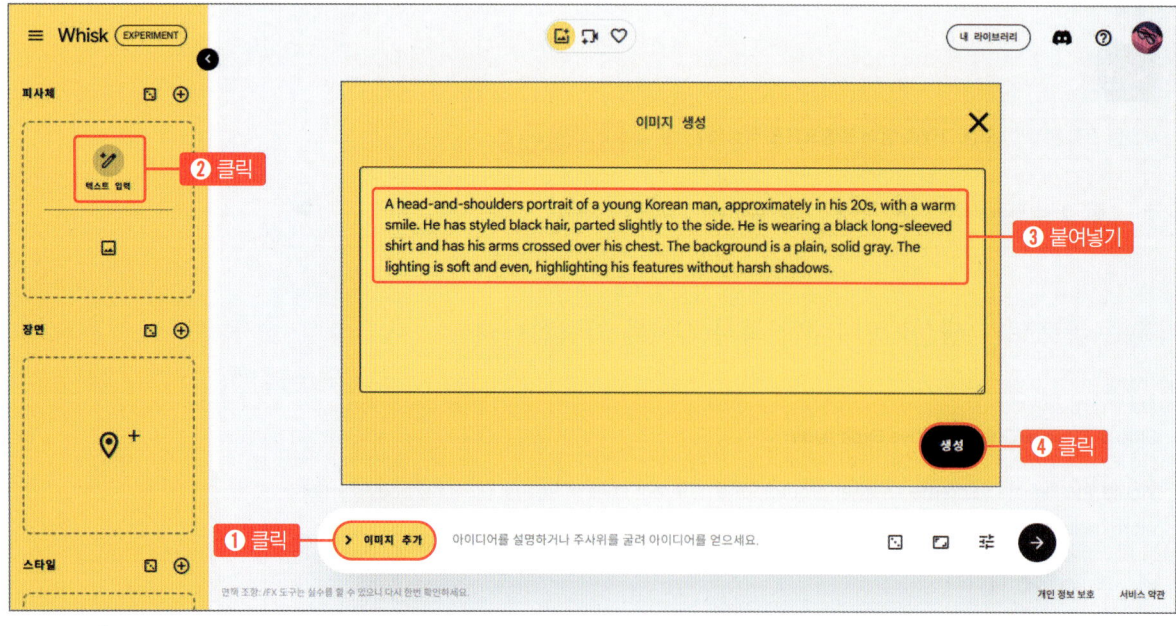

- 프롬프트를 붙여 넣은 후 영문 프롬프트 외 불필요한 내용은 삭제해요.
- 영문 프롬프트를 입력하지 않고 [피사체]에서 [이미지 업로드]를 클릭한 후 '이미지1.jpg' 파일을 업로드하여 참조 이미지로 사용해도 돼요.

❼ ❶~❻과 같은 방법으로 [장면]과 [스타일]에 영문 프롬프트를 입력하여 참조 이미지를 생성하고 [생성]을 클릭하여 이미지를 생성합니다.

PoP PoP! 팁 '이미지2.jpg' 파일로 장면에 대한 영문 프롬프트를 생성하고 '이미지3.jpg' 파일로 스타일에 대한 영문 프롬프트를 생성해요.

❽ 원하는 이미지에 마우스 포인터를 가져다 대고 [세부 조정]을 클릭한 후 프롬프트 입력창에 스토리보드에 작성한 장면 설명을 입력한 후 [생성]을 클릭합니다.

❾ 생성된 이미지에 마우스 포인터를 가져다 대고 [다운로드(⬇)]를 클릭하여 저장합니다.

❿ ❽~❾와 같은 방법으로 '두 번째 장면'~'네 번째 장면'에 해당하는 이미지를 생성한 후 다운로드합니다.

미션! 숏폼 챌린지

▶ 실습 파일 : 11강 실습 파일 폴더   ▶ 완성 파일 : 11강 완성 파일 폴더

01. 광고 제품과 광고 컨셉을 확인하고 제미나이를 활용하여 장난감 광고의 스토리보드를 작성해 봅니다.

제품 이름	조이월드(Joy World)
제품 특징	아이들의 상상력과 창의력을 키우는 고품질 장난감
메인 컨셉	세상에서 가장 재미있는 놀이, Joy World와 함께
키워드 활용	'매직 블록', '마법사가 될 수 있는 마법의 블록' 등 고객들의 호기심을 일으킬 수 있는 키워드 활용
밝은 분위기 강조	밝고 경쾌한 조명, 선명한 색감을 사용하여 장난감을 가지고 노는 아이들의 즐거움과 역동적인 모습을 강조
핵심 정보 강조	신비로운 빛 효과, 반짝이는 연출을 활용해 조이월드 장난감이 아이들의 상상력을 현실로 만들어주는 '마법의 도구'라는 메시지 강조

'조이월드' 광고 스토리보드

첫 번째 장면	장면 설명	
	대사 및 자막	
두 번째 장면	장면 설명	
	대사 및 자막	
세 번째 장면	장면 설명	
	대사 및 자막	
네 번째 장면	장면 설명	
	대사 및 자막	

02. 제미나이와 위스크를 이용하여 각 장면에 사용할 이미지를 생성하고 저장해 봅니다.

챌린지 힌트! 제미나이에서 '미션 이미지1'~'미션 이미지3'을 업로드하여 영문 프롬프트를 생성해 보세요.

Clip 12 자동차 광고 완성하기

- ▶ 브레브 AI를 활용하여 배경음악을 생성합니다.
- ▶ 페이지를 추가하고 이미지 파일을 업로드합니다.
- ▶ 페이지에 애니메이션을 적용하고 요소와 텍스트를 삽입합니다.
- ▶ 배경음악과 음향 효과를 삽입하여 숏폼 영상을 완성합니다.

활용 프로그램 : 캔바(Canva)

오늘의 클립

▶ 실습 파일 : 12강 실습 파일 폴더　▶ 완성 파일 : 12강 완성 파일 폴더

핫핫! 숏폼 스타되기

오늘은 브레브 AI에서 나만의 배경음악을 생성하고 앞서 위스크를 이용해 생성한 이미지를 캔바로 불러와 자동차 광고 숏폼 영상을 완성해 보는 시간이에요. 페이지에 생성한 배경음악과 텍스트, 요소, 애니메이션 등을 적용해 멋진 자동차 광고를 완성해 봐요.

 **Take 01 브레브 AI 활용하여 배경음악 생성하기**

❶ 크롬(🌐) 브라우저를 실행하고 브레브 AI 사이트('https://brev.ai/ko')에 접속하여 나만의 배경음악을 생성합니다.

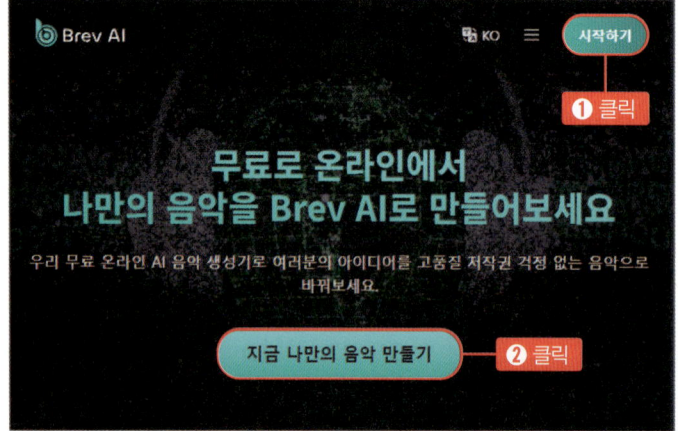

❶ [시작하기] 클릭 후 구글 계정으로 로그인하기
❷ [지금 나만의 음악 만들기] 클릭하기

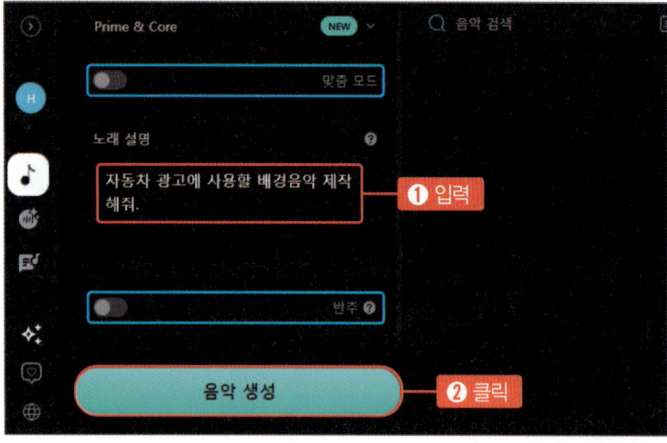

❸ [노래 설명]에 프롬프트 입력하기
❹ [음악 생성] 클릭하기

PoP PoP! 팁
- **맞춤 모드** : 가사, 음악 스타일, 제목 등의 속성을 지정하여 음악을 생성해요.
- **반주** : 가사 없이 음악을 생성해요.

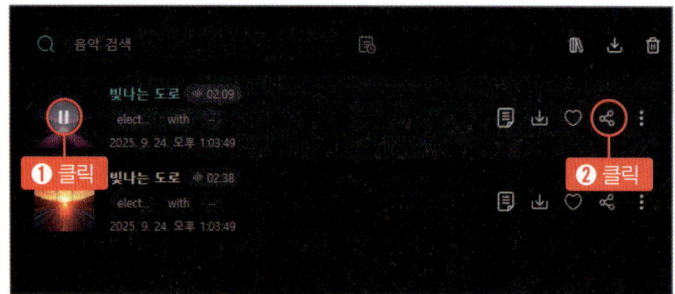

❺ 생성된 음악 확인하기
❻ [공유(🔗)] 클릭하기

 음악 생성이 완료되어야 '공유' 버튼이 나타나요. 음악을 생성하는 데 시간이 오래 걸린다면 제공된 예제 배경음악을 사용해요.

❼ [복사] 클릭하기

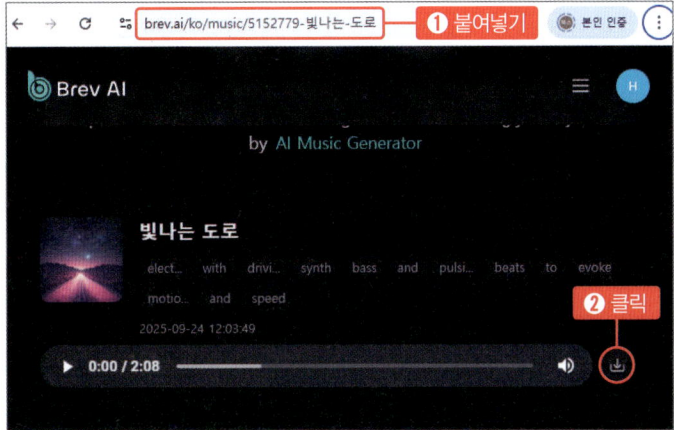

❽ [새 탭(＋)] 실행하기
❾ 주소 표시줄에 복사한 주소 붙여넣기
❿ [다운로드(⬇)] 클릭하기

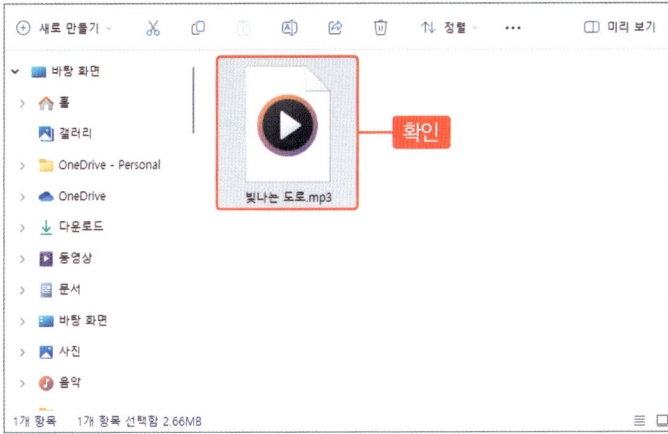

⓫ [다운로드] 폴더 열기
⓬ 다운로드된 배경음악 확인하기

PoP PoP! 팁 파일의 이름과 저장 위치를 수정하여 사용해도 좋아요.

브레브 AI에서 생성한 음악을 바로 다운로드하려면 유료 버전으로 가입해야 해요. 위와 같이 음악을 공유하면 생성한 음악을 무료로 다운로드 할 수 있어요.

Take 02 이미지와 배경음악 업로드하기

① [새 탭(+)]을 실행하고 캔바 사이트('https://www.canva.com/ko_kr')에 접속한 후 구글 계정으로 로그인합니다.

② 숏폼 영상을 제작하기 위해 [SNS]-[스토리]를 클릭합니다.

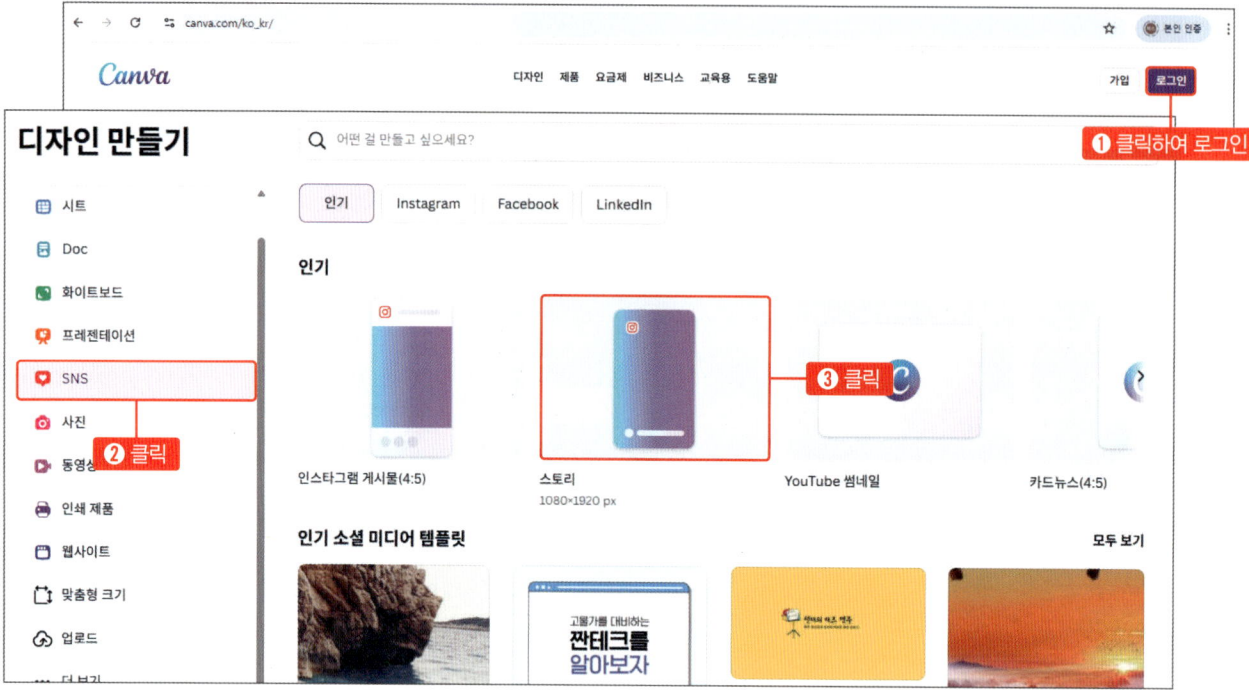

③ 작업 영역에서 [페이지 추가(+)]를 클릭하여 4개의 페이지를 생성합니다.

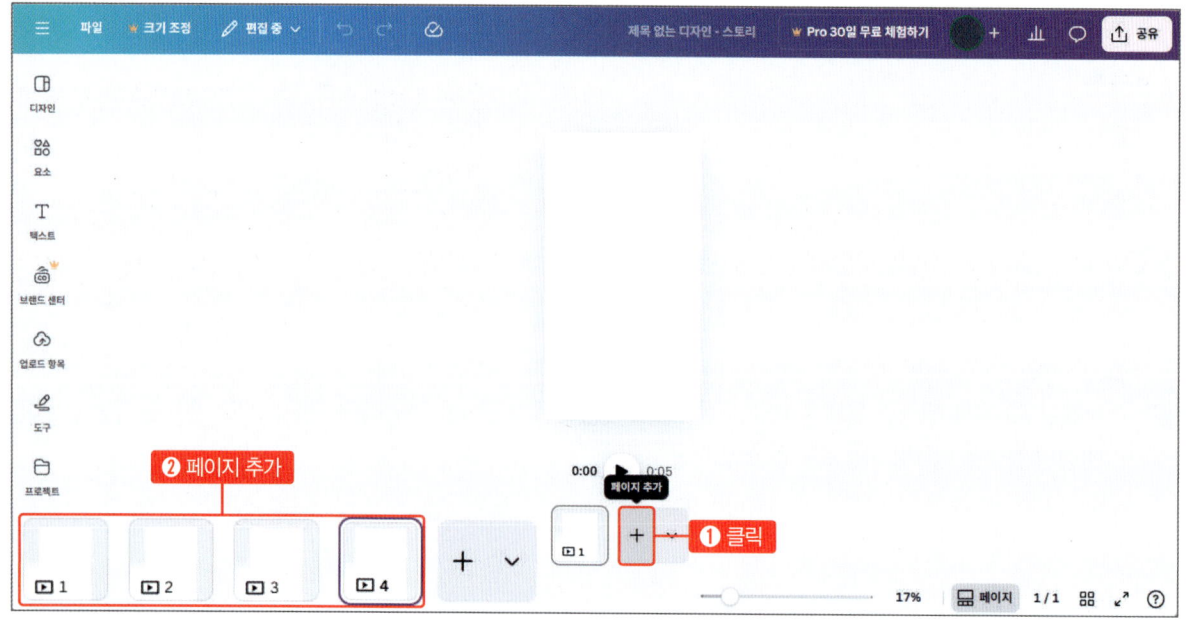

④ [업로드 항목]-[파일 업로드]를 클릭하여 이전 시간에 위스크에서 생성한 이미지를 업로드합니다.

⑤ '1페이지'~'4페이지'에 각각 '1컷'~'4컷' 이미지를 추가한 후 이미지를 배경으로 설정합니다.

PoP PoP! 팁 이전 시간에 위스크에서 생성한 이미지가 없다면 [12강 실습 파일] 폴더에서 '1컷'~'4컷' 이미지를 업로드해요.

⑥ '1페이지'를 선택하고 [업로드 항목]-[파일 업로드]를 클릭하여 앞서 생성한 배경음악을 불러옵니다.

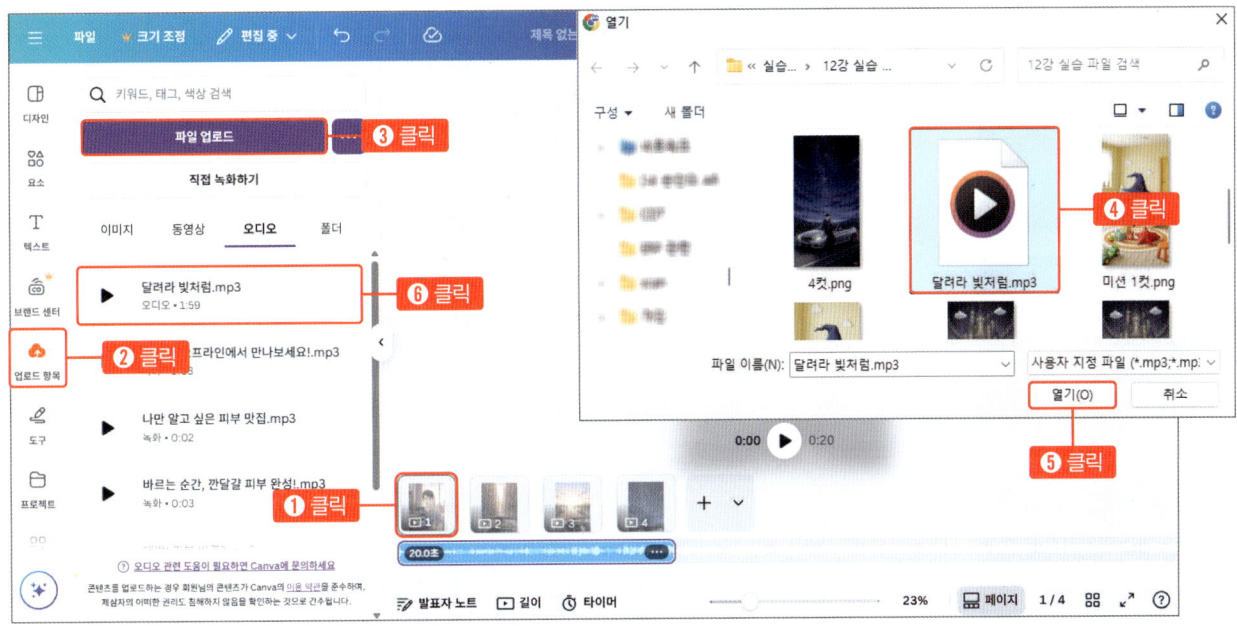

PoP PoP! 팁 브레브 AI에서 생성한 배경음악이 없다면 [12강 실습 파일] 폴더에서 '달려라 빛처럼.mp3' 파일을 업로드해요.

Take 03 자동차 광고 완성하기

❶ 다음 내용을 확인하고 요소, 애니메이션, 음향 효과 등을 적용하여 각 페이지를 꾸며 봅니다.

1페이지

글꼴	210 민들레	글꼴 크기	64pt
텍스트 색상	하얀색	페이지 애니메이션	[일반]-[풀어주기]
텍스트 애니메이션	[추천]-[블록 쓸기]	음향 효과	Door Bell Chimes

2페이지

글꼴	210 민들레	글꼴 크기	57pt
텍스트 색상	하얀색	페이지 애니메이션	[추천]-[올라오기]
텍스트 애니메이션	[일반]-[흐리기]		
AI 음성	초보 운전도 걱정마세요. 헬로카의 안전한 주행이 당신을 지켜줄 테니까.		

3페이지

글꼴	210 민들레	글꼴 크기	62pt
텍스트 색상	하얀색	페이지 애니메이션	[추천]-[올라오기]
텍스트 애니메이션	[추천]-[또렷하게]	음향 효과	Strong Wind Blowing

4페이지

글꼴	210 민들레	글꼴 크기	68pt
텍스트 색상	하얀색	페이지 애니메이션	[추천]-[축소하기]
텍스트 애니메이션	[일반]-[풀어주기]		
AI 음성	헬로카, 당신의 새로운 시작을 응원합니다.		

❷ 완성된 자동차 광고 숏폼을 확인한 후 다운로드합니다.

미션! 숏폼 챌린지

▶ 실습 파일 : 12강 실습 파일 폴더   ▶ 완성 파일 : 12강 완성 파일 폴더

01. 캔바를 활용하여 '조이월드' 장난감 광고 숏폼을 완성해 봅니다.

챌린지 힌트!
- 브레브 AI에서 생성한 음악 또는 '통통 튀는 하루.mp3' 파일을 불러와요.
- 이전 시간에 작성한 스토리보드를 바탕으로 텍스트를 입력해요.
- 음향 효과와 AI 음성을 사용해 광고에 생동감을 더해요.
- 요소, 애니메이션, 텍스트 서식 등은 자유롭게 지정해요.

Stage 03

핫핫! 밈 숏폼 만들기

- **Clip 13** 꼬순내 레슨! 장면 만들기
- **Clip 14** 꼬순내 레슨! 밈 완성하기
- **Clip 15** 급식 서열 장면 만들기
- **Clip 16** 급식 서열 밈 완성하기
- **Clip 17** 한강 고양이 장면 만들기
- **Clip 18** 한강 고양이 밈 완성하기

Clip 13 꼬순내 레슨! 장면 만들기

▶ 꼬순내 레슨 숏폼의 스토리보드를 작성합니다.
▶ 위스크에 참조 이미지를 업로드하여 이미지를 생성합니다.
▶ 이미지에 애니메이션을 적용합니다.
▶ 생성된 동영상을 다운로드합니다.

활용 프로그램 : 위스크(Whisk)

오늘의 클립

▶ 실습 파일 : 13강 실습 파일 폴더   ▶ 완성 파일 : 13강 완성 파일 폴더

핫핫! 숏폼 스타되기

위스크는 정지된 이미지에 애니메이션을 적용하여 동영상을 생성할 수 있어요. 동영상을 생성하여 숏폼을 제작하면 더욱 생동감 넘치는 숏폼 콘텐츠를 만들 수 있어요. 이번 시간에는 참조 이미지를 업로드하여 원하는 이미지를 생성하고 생성된 이미지에 애니메이션을 적용하여 동영상을 만들어 봐요.

Take 01 꼬순내 레슨 스토리보드 작성하기

❶ '꼬순내 레슨' 밈 스토리보드 작성하기 예

첫 번째 장면	
이미지 생성 프롬프트	피사체와 장면을 유지한 채 강아지가 침대에 배를 보이고 누워 쿨쿨 자고 있는 얼굴 클로즈업
자막	첫 번째 레슨, 꼬순내 풍기며 잠자기
두 번째 장면	
이미지 생성 프롬프트	피사체와 장면을 유지한 채 강아지가 침대에 엎드려 작은 인형을 핥고 있는 모습 클로즈업
자막	두 번째 레슨, 애착 인형에 꼬순내 묻히기
세 번째 장면	
이미지 생성 프롬프트	피사체와 장면을 유지한 채 강아지가 두 발로 일어서서 앞발을 코에 가져다 대고 냄새를 맡는 모습 클로즈업
자막	세 번째 레슨, 발가락 꼬순내 점검하기
네 번째 장면	
이미지 생성 프롬프트	피사체와 장면을 유지한 채 강아지가 침대에 앉아 생각에 잠긴 모습 클로즈업
자막	네 번째 레슨, 멍때리며 꼬순내 유지하기

밈(meme)이란?

밈(meme)의 원래 의미는 '모방을 통해서 전해지는 것으로 여겨지는 문화의 요소'예요. 요즘 인터넷에서 사용하는 밈의 의미는 온라인상에서 다양한 형식(글, 이미지, 영상)으로 유행하며 사람들 사이에서 반복적으로 공유되는 문화적 트랜드를 의미해요.

❷ '꼬순내 레슨' 밈 스토리보드 작성하기

첫 번째 장면	
이미지 생성 프롬프트	
자막	
두 번째 장면	
이미지 생성 프롬프트	
자막	
세 번째 장면	
이미지 생성 프롬프트	
자막	
네 번째 장면	
이미지 생성 프롬프트	
자막	

Take 02 꼬순내 레슨 장면 생성하기

❶ 크롬( ) 브라우저를 실행하고 위스크 사이트('https://labs.google/fx/ko/tools/whisk')에 접속하여 구글 계정으로 로그인한 후 [도구 열기]를 클릭합니다.

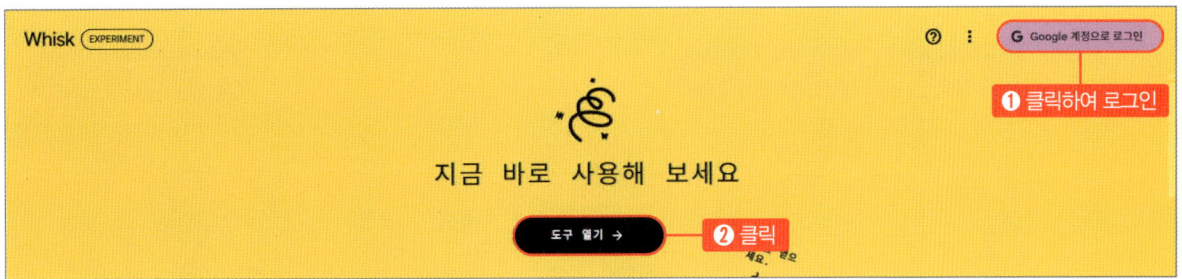

❷ 장면의 비율을 변경하기 위해 [가로세로 비율( )]-[가로 모드]를 클릭합니다.

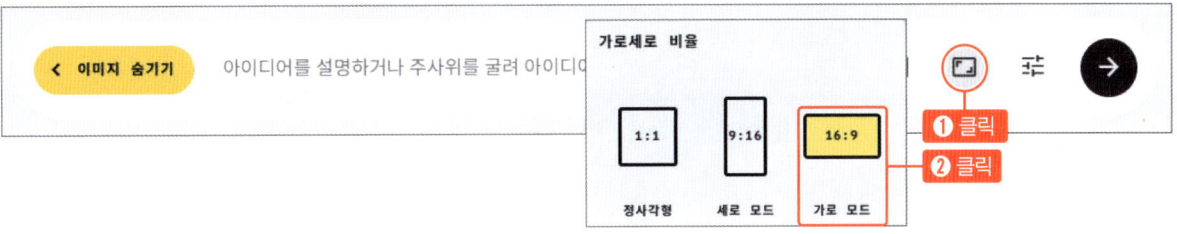

> **PoP PoP! 팁** 위스크에서 이미지에 애니메이션을 적용하려면 비율을 '가로 모드'로 변경해야 해요.

❸ [피사체]에서 [이미지 업로드]를 클릭하여 '푸들.jpg' 파일을 불러옵니다.

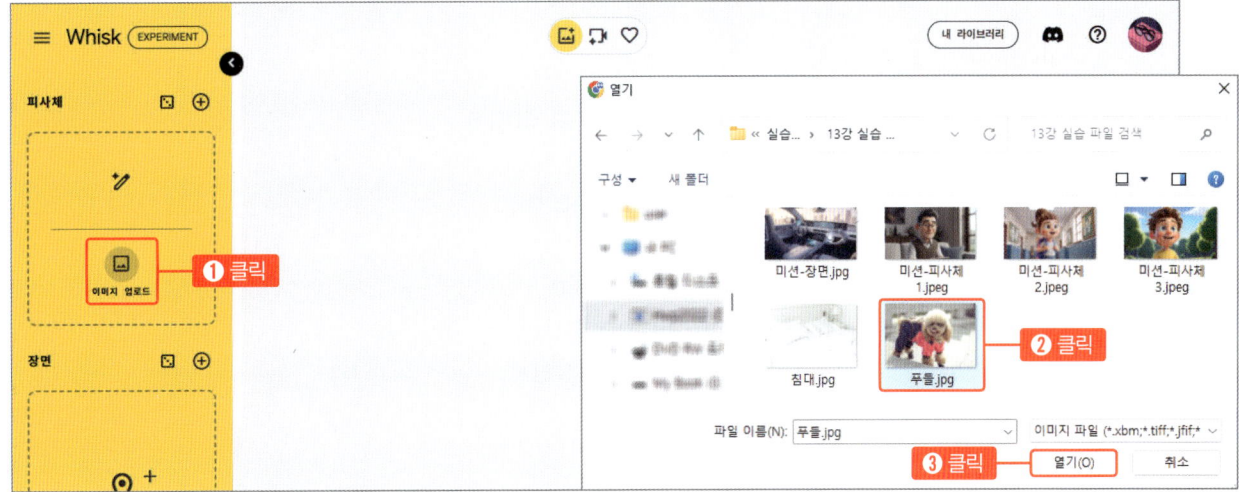

❹ ❸과 같은 방법으로 [장면]에 '침대.jpg' 파일을 불러옵니다.

> **PoP PoP! 팁** 피사체와 장면의 이미지 스타일을 사용할 예정이므로, [스타일]에는 참조 이미지를 불러오지 않아요.

❺ 프롬프트 입력창에 첫 번째 장면의 이미지 생성 프롬프트를 입력한 후 [생성]을 클릭합니다.

❻ 이미지가 생성되면 원하는 이미지에 마우스 포인터를 가져다 대고 [세부 조정]을 클릭합니다.

❼ [새 탭(+)]을 실행하고 번역기를 실행한 후 첫 번째 장면의 이미지 생성 프롬프트 내용을 번역기에 붙여 넣고 프롬프트를 영문으로 번역한 후 복사합니다.

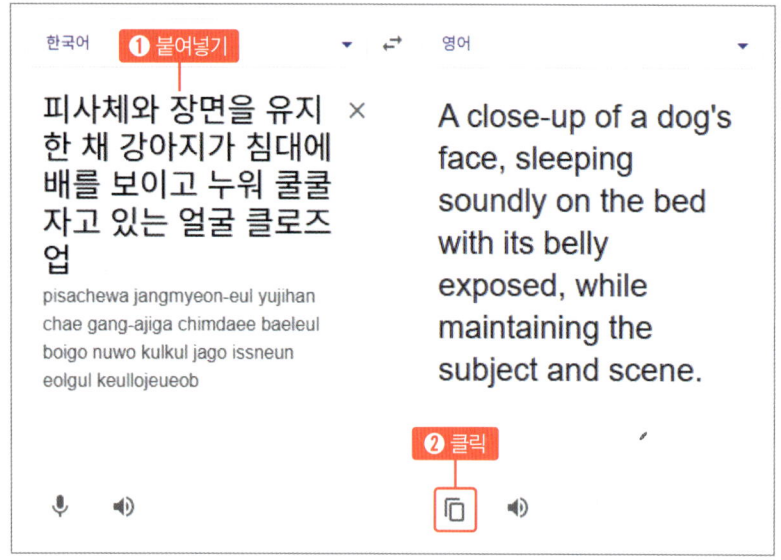

> **PoP PoP! 팁** 한글로 프롬프트를 입력해도 되지만 영문으로 번역하여 프롬프트를 입력하면 원하는 이미지와 더욱 유사한 이미지를 생성할 수 있어요.

❽ 다시 위스크 화면으로 돌아와 프롬프트 입력창에 복사한 프롬프트를 붙여 넣고 [생성]을 클릭합니다.

❾ 생성된 이미지를 확인하고 원하는 이미지를 다운로드합니다.

❿ ❼~❾와 같은 방법으로 '두 번째 장면'~'네 번째 장면'을 생성하고 생성된 이미지를 다운로드합니다.

Take 03 장면에 애니메이션 적용하기

1. 화면 오른쪽 상단의 [닫기(✕)]를 클릭하여 [미세 조정 모드] 창을 닫습니다.

2. 생성된 이미지 중 첫 번째 장면을 찾아 마우스 포인터를 가져다 대고 [애니메이션 적용]을 클릭합니다.

> **알면 유용해요**
> 위스크는 이미지에 애니메이션을 적용하여 동영상을 생성할 수 있어요. 단, 무료 버전에서는 구글 계정 1개당 5개의 동영상만 생성 가능하므로 다음 수업을 위해 동영상은 첫 번째 장면 1개만 생성하거나 이미지만 생성해요.

3. 번역기를 이용해 첫 번째 장면의 이미지 생성 프롬프트를 영문 프롬프트로 번역하여 프롬프트 입력창에 붙여 넣은 후 [생성]을 클릭합니다.

4. 애니메이션이 적용되면 마우스 포인터를 가져다 대고 [다운로드(⬇)]를 클릭하여 동영상을 저장합니다.

미션! 숏폼 챌린지

▶ 실습 파일 : 13강 실습 파일 폴더 ▶ 완성 파일 : 13강 완성 파일 폴더

01. '멍터뷰'를 주제로 밈 숏폼을 만들기 위해 스토리보드를 작성해 봅니다.

첫 번째 장면	
이미지 생성 프롬프트	
자막	
두 번째 장면	
이미지 생성 프롬프트	
자막	
세 번째 장면	
이미지 생성 프롬프트	
자막	
네 번째 장면	
이미지 생성 프롬프트	
자막	

02. 스토리보드를 바탕으로 위스크에서 각 장면에 필요한 이미지를 생성해 봅니다.

Clip 14 꼬순내 레슨! 밈 완성하기

- ▶ 캡컷을 실행하고 화면 구성을 확인합니다.
- ▶ 타임라인에 동영상 파일을 추가합니다.
- ▶ 영상의 비율과 크기를 변경합니다.
- ▶ 영상에 자막과 음성을 추가합니다.

활용 프로그램 : 캡컷(CapCut)

오늘의 클립

▶ 실습 파일 : 14강 실습 파일 폴더   ▶ 완성 파일 : 14강 완성 파일 폴더

첫 번째 레슨,
꼬순내 풍기며 잠자기

두 번째 레슨,
애착 인형에 꼬순내 묻히기

세 번째 레슨,
발가락 꼬순내 점검하기

네 번째 레슨,
멍때리며 꼬순내 유지하기

핫핫! 숏폼 스타되기

이번 시간에는 동영상 편집 프로그램인 캡컷의 화면 구성을 알아보고 지난 시간에 완성한 장면을 불러와 숏폼 영상을 완성해 보는 시간이에요. 숏폼 형식에 맞도록 영상의 비율을 변경하고 자막과 음성을 삽입해 재미있는 꼬순내 레슨 숏폼 영상을 완성해 봐요.

Take 01 캡컷 화면 구성 살펴보기

① 바탕화면의 캡컷을 실행하고 [프로젝트 만들기]를 클릭합니다.

② 캡컷 동영상 편집 화면의 화면 구성을 확인합니다.

❶ **메인 메뉴** : 편집, 오디오, 텍스트, 편집효과, 전환 등 주요 메뉴가 표시됩니다.

❷ **세부 메뉴** : 메인 메뉴에서 선택한 메뉴의 세부적인 내용을 설정할 수 있습니다.

❸ **라이브러리** : 컴퓨터에 저장된 영상, 사진, 오디오 파일을 불러와 관리할 수 있습니다.

❹ **플레이어** : 편집 중인 영상을 확인할 수 있습니다.

❺ **세부 정보** : 영상의 속도, 볼륨, 애니메이션 등 세부적인 편집을 할 수 있습니다.

❻ **세부 설정** : 선택한 클립을 분할하거나 삭제하는 등 수정할 수 있습니다.

❼ **타임라인** : 영상, 오디오, 텍스트 등 여러 트랙으로 구성되어 있어 영상을 편집할 수 있습니다.

❽ **내보내기** : 편집이 완료된 영상을 동영상 파일로 내보냅니다.

Take 02 영상의 비율과 크기 조절하기

❶ 영상을 불러와 영상의 비율과 크기를 조절합니다.

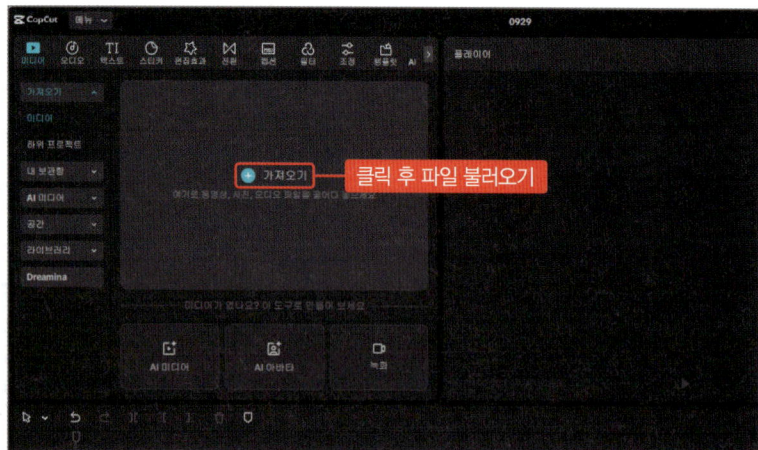

❶ [가져오기] 클릭하기

❷ '1컷 애니메이션'~'4컷 애니메이션' 파일 불러오기

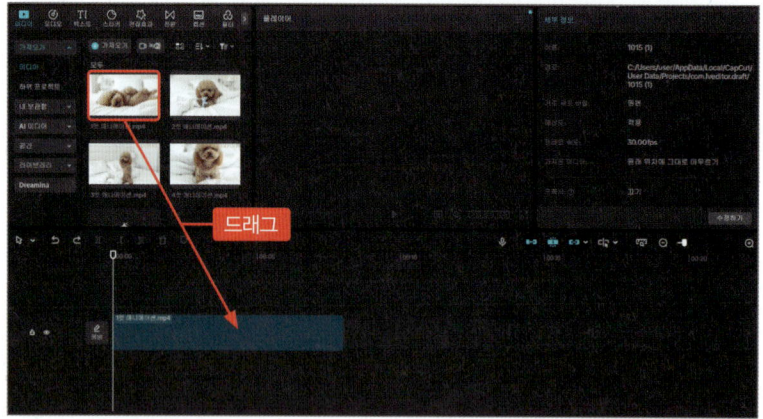

❸ '1컷 애니메이션.mp4' 파일 트랙에 추가하기

> **PoP PoP! 팁** 타임라인에서 Ctrl 키를 누른 상태로 마우스 휠을 밀거나 당기면 타임라인의 크기를 조절할 수 있어요.

❹ [플레이어] 화면에서 [가로 세로 비율] 클릭하기

❺ [9:16] 클릭하기

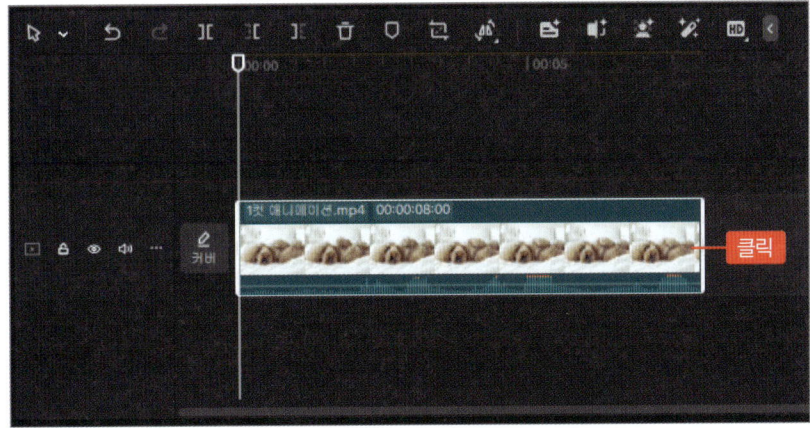

❻ 트랙에서 '1컷 애니메이션.mp4' 영상 선택하기

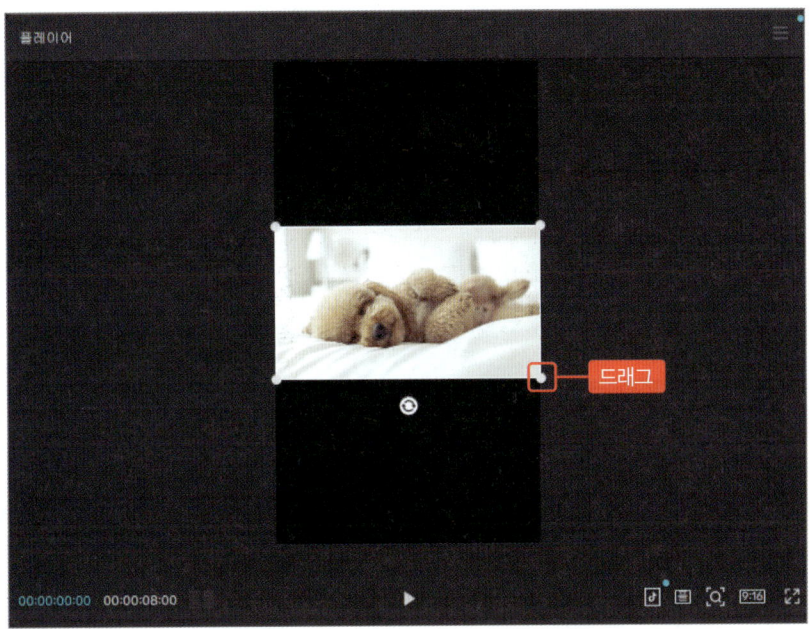

❼ [플레이어] 화면에서 크기 조절하기

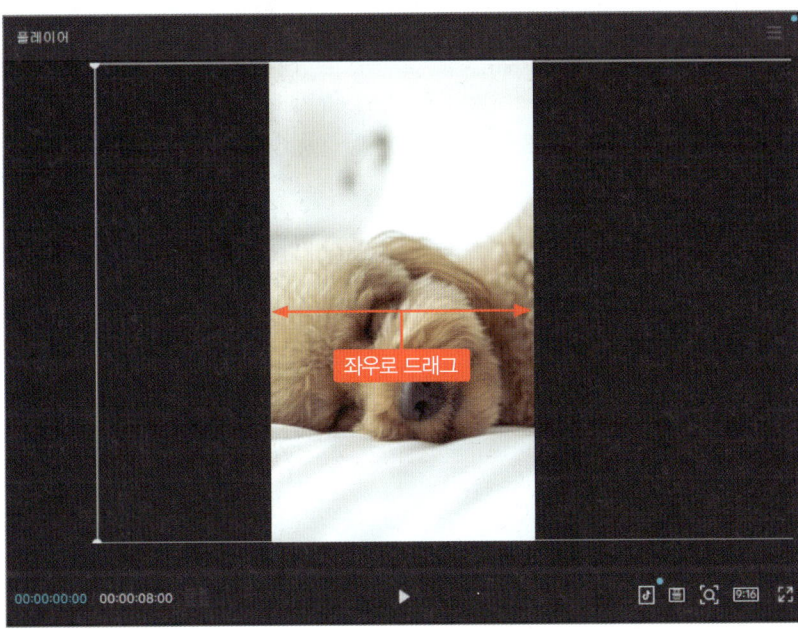

❽ 확대한 화면을 좌우로 드래그하여 구도 변경하기

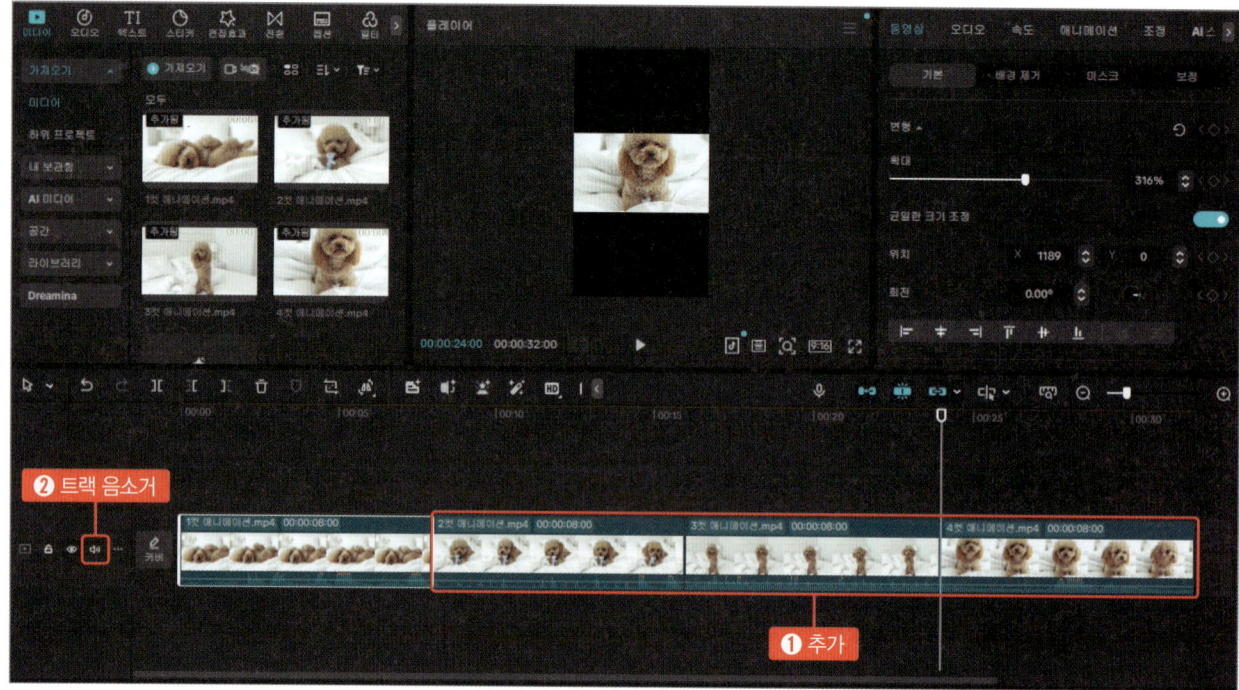

❾ '2컷 애니메이션'~'4컷 애니메이션' 트랙에 추가하기

❿ 트랙 음소거하기

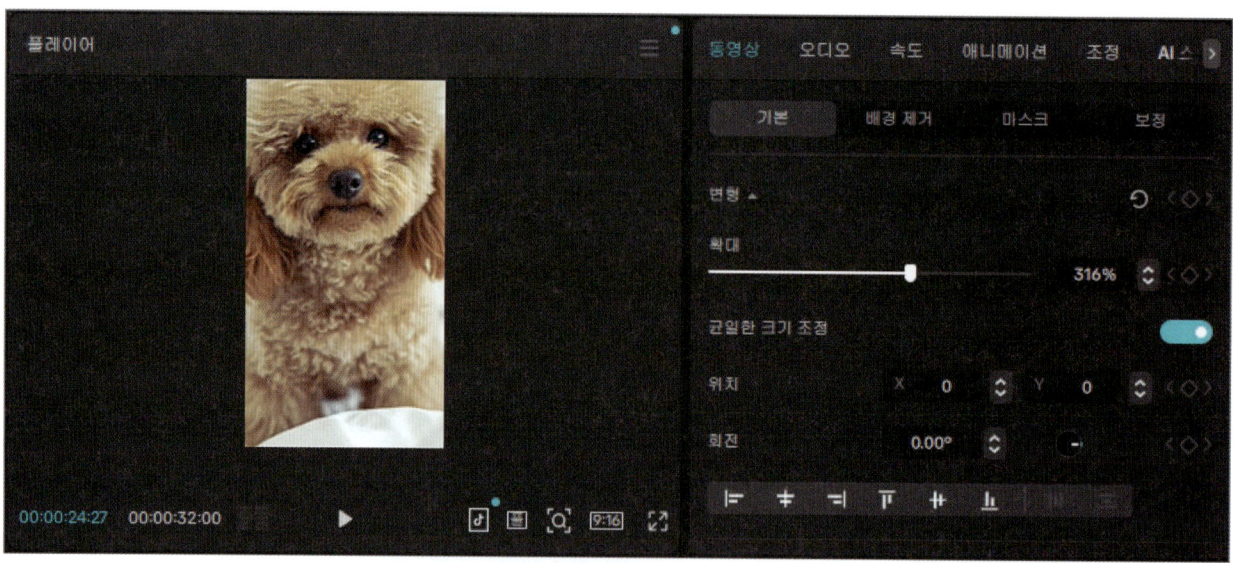

⓫ [플레이어] 화면에서 '2컷 애니메이션'~'4컷 애니메이션'의 화면 크기와 구도 조절하기

> **PoP PoP! 팁**
> 타임라인에서 인디케이터를 해당 영상으로 드래그한 후 화면의 크기와 구도를 조절해요.
>
>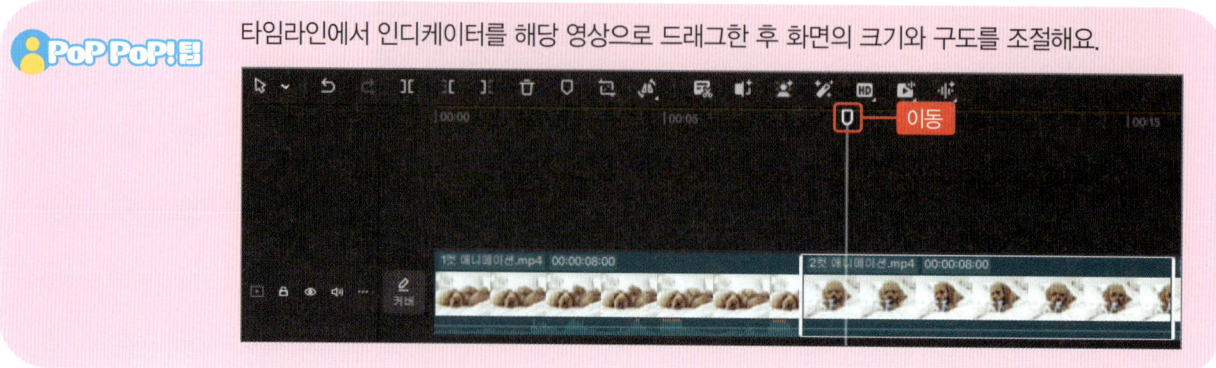

 ## Take 03 영상에 자막과 음성 추가하기

❶ 자막을 추가하기 위해 인디케이터를 자막을 추가할 위치로 이동시키고 [텍스트]-[기본 텍스트]를 트랙으로 드래그합니다.

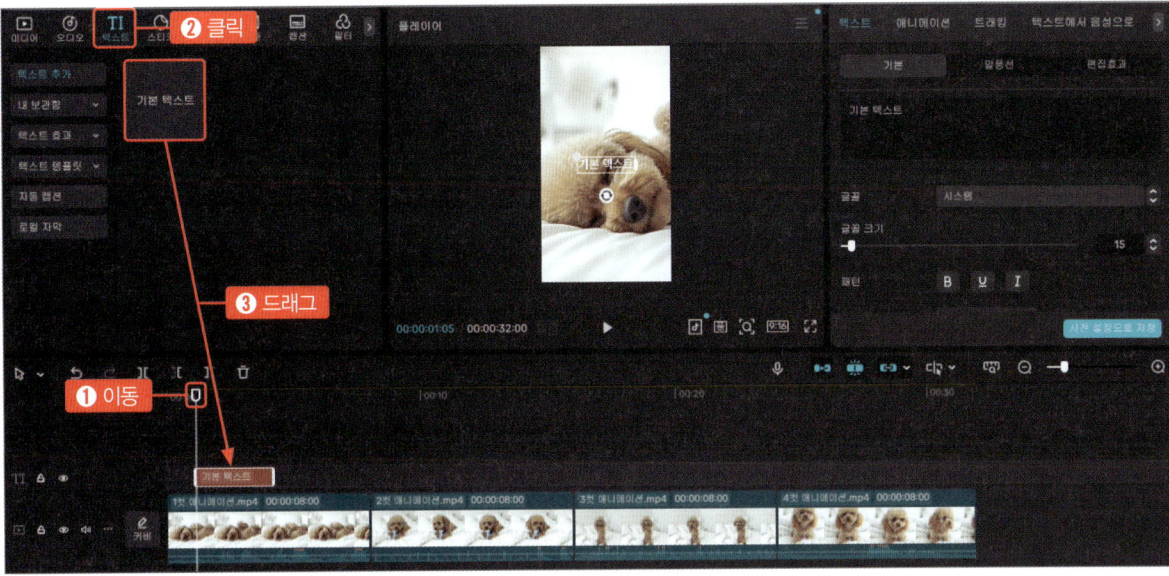

❷ [세부 정보] 창에서 이전 시간에 스토리보드에 작성한 첫 번째 장면의 자막 내용을 입력합니다.

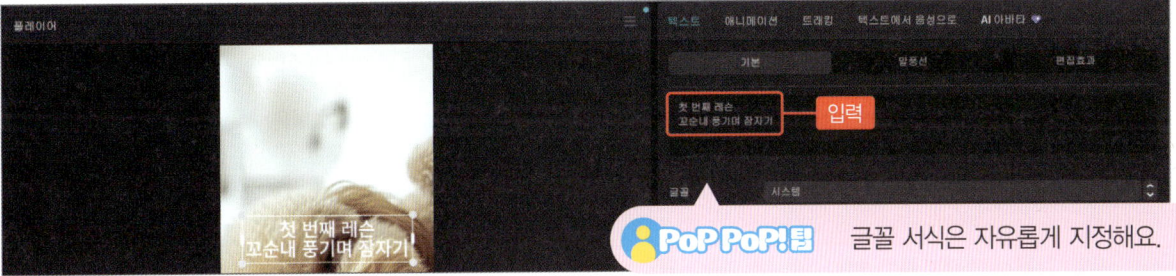

🙂 PoP PoP! 팁 글꼴 서식은 자유롭게 지정해요.

❸ [편집효과]를 클릭하고 원하는 스타일을 선택하여 텍스트를 꾸민 후 위치를 조절합니다.

🙂 PoP PoP! 팁 ✦ 표시가 있는 개체는 프로 버전(유료)에서만 제공되는 개체예요.

④ [텍스트에서 음성으로]-[한국어]를 클릭한 후 원하는 음성을 선택하고 [음성 생성]을 클릭하여 영상에 음성을 적용합니다.

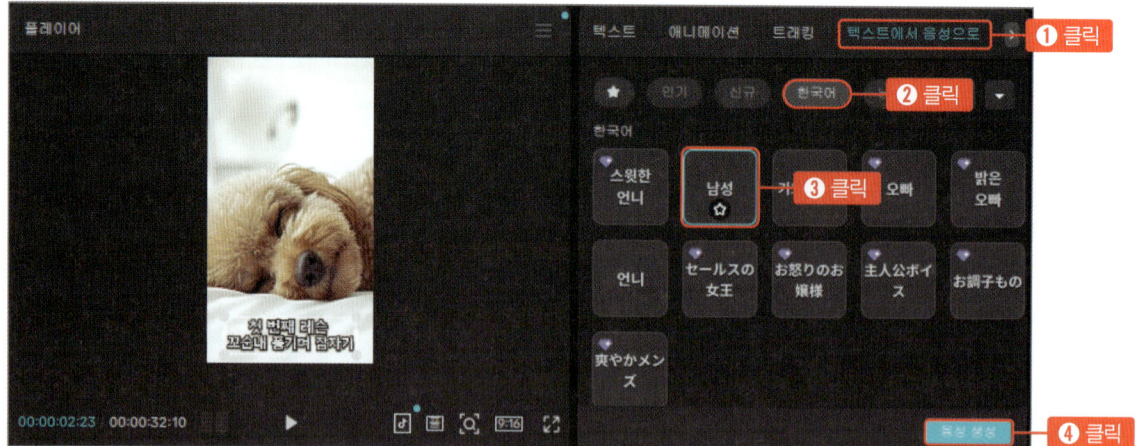

⑤ 트랙에 생성된 음성이 추가되면 자막을 선택하고 끝부분을 드래그하여 음성 길이에 맞춰 길이를 조절합니다.

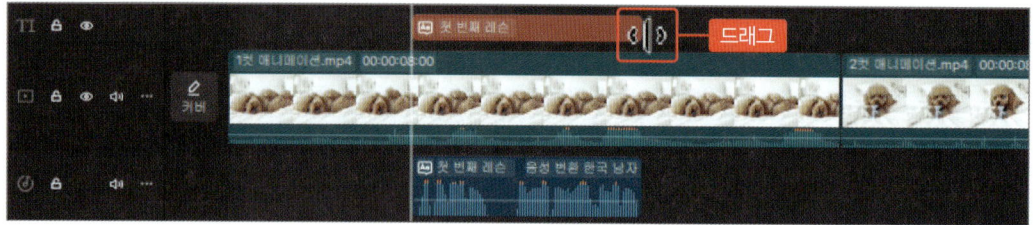

⑥ ❶~❺와 같은 방법으로 '2컷 애니메이션'~'4컷 애니메이션'에도 자막과 음성을 추가합니다.

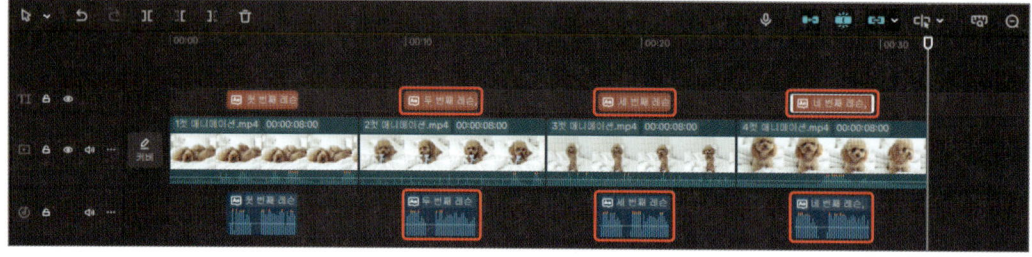

> **PoP PoP! 팁** 음성을 생성하는 대신, [미디어]-[가져오기]-[14강 실습 파일] 폴더에서 다양한 음성 파일을 트랙에 추가해도 좋아요.

⑦ ❶~❸과 같은 방법으로 자막을 1개 더 추가하고 글꼴 서식과 스타일, 위치를 지정한 후 길이를 조절합니다.

Take 04 영상에 배경음악 추가하기

❶ [오디오]를 클릭하여 다양한 배경음악을 확인합니다.

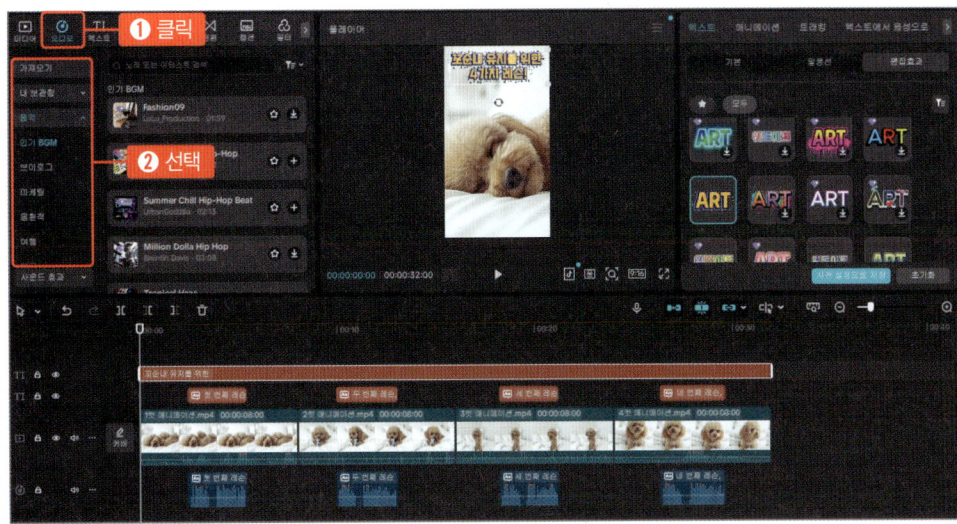

❷ 인디케이터를 맨 처음 위치로 이동시킨 후 원하는 음악을 선택하고 [트랙에 추가(+)]를 클릭하여 배경음악을 추가합니다.

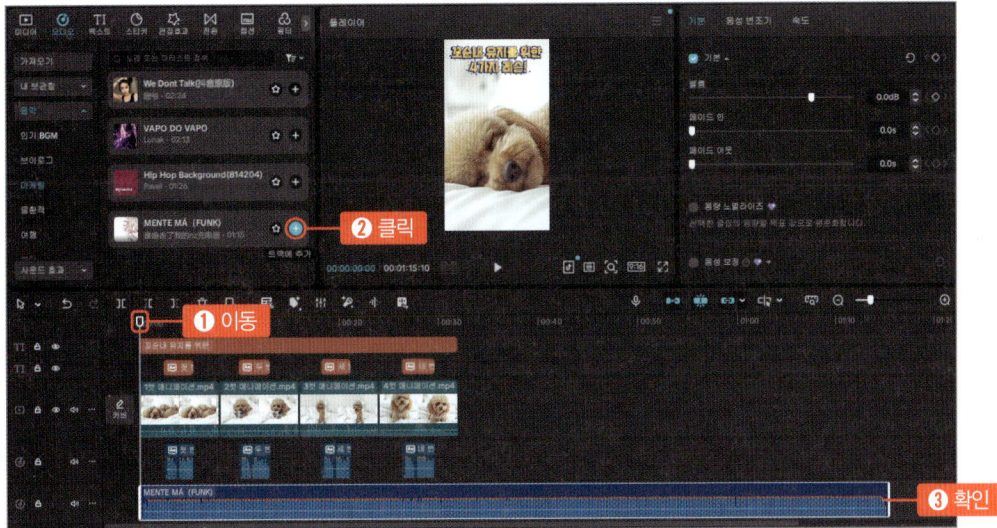

❸ Ctrl 키를 누른 상태로 마우스 휠을 당겨 타임라인을 축소하고 인디케이터를 영상 끝으로 이동시킨 후 [오른쪽 삭제(])]를 클릭하여 불필요한 배경음악을 삭제합니다.

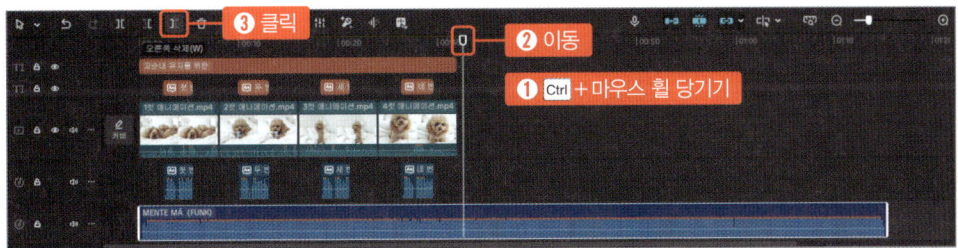

④ 트랙에서 배경음악을 선택하고 [세부 정보] 창에서 볼륨('-10.0dB'), 페이드 인('0.5s'), 페이드 아웃('0.5s') 값을 지정한 후 [내보내기]를 클릭합니다.

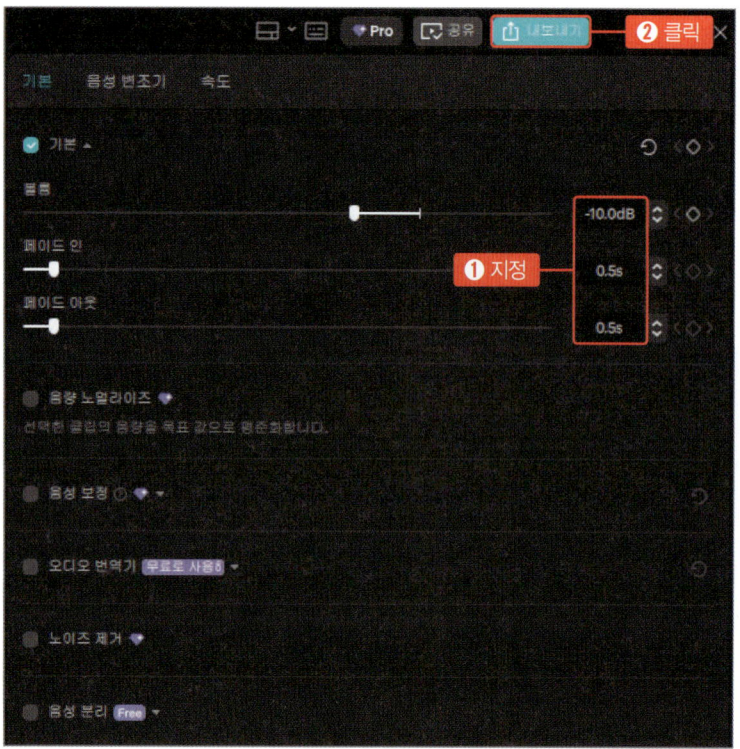

⑤ [내보내기] 창이 나타나면 [내보내기]를 클릭하여 꼬순내 레슨! 숏폼 영상을 동영상 파일로 저장합니다.

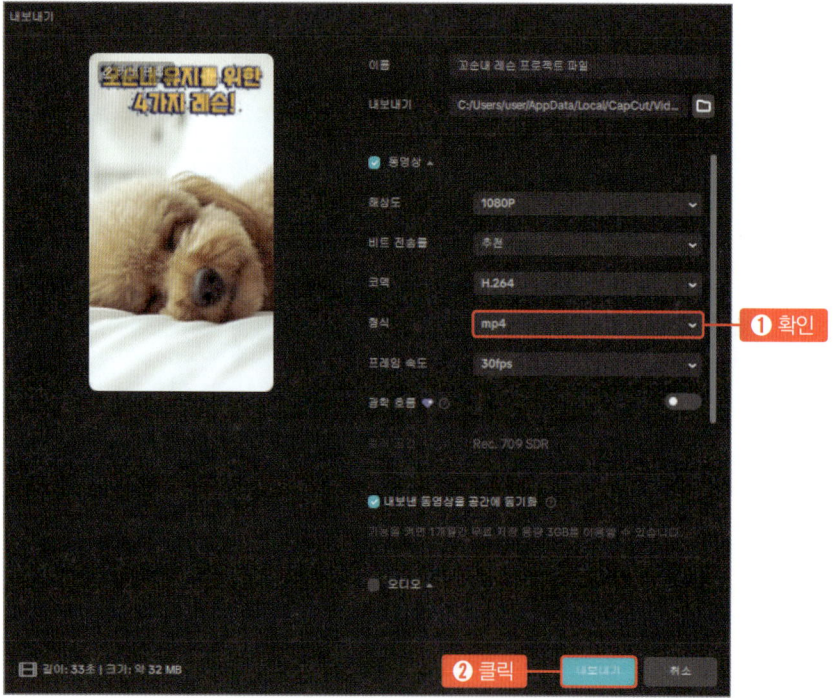

⑥ 내보내기가 완료되면 완성된 꼬순내 레슨! 숏폼 영상을 확인해 봅니다.

미션! 숏폼 챌린지

▶ 실습 파일 : 14강 실습 파일 폴더   ▶ 완성 파일 : 14강 완성 파일 폴더

01. 캡컷을 이용하여 '멍터뷰'를 주제로 밈 숏폼 영상을 완성해 봅니다.

챌린지 힌트!
- '미션-1컷 애니메이션'~'미션-4컷 애니메이션' 파일을 불러와요.
- 화면의 크기와 구도를 조절하고 자막, 음성, 배경음악을 추가해요.

# 급식 서열 장면 만들기

▶ 급식 서열 숏폼의 스토리보드를 작성합니다.
▶ 여러 개의 참조 이미지를 업로드하여 이미지를 생성합니다.
▶ 이미지에 애니메이션을 적용합니다.
▶ 생성된 동영상을 다운로드합니다.

활용 프로그램 : 위스크(Whisk)

오늘의 클립

▶ 실습 파일 : 15강 실습 파일 폴더 ▶ 완성 파일 : 15강 완성 파일 폴더

핫핫! 숏폼 스타되기

오늘은 재미로 보는 급식 서열 밈 숏폼 영상을 만들기 위한 장면을 생성해 보는 날이에요. 다양한 급식 메뉴 중 가장 인기가 많은 급식 메뉴 4개를 선정하고 위스크에 여러 개의 참조 이미지를 업로드하여 원하는 이미지를 생성해 봐요.

Take 01 재미로 보는 급식 서열 스토리보드 작성하기

① '재미로 보는 급식 서열' 밈 스토리보드 작성하기 예

첫 번째 장면	
이미지 생성 프롬프트	장면, 비둘기 모습을 유지한 채 비둘기 친구들이 양쪽 의자에 앉아 흥얼흥얼 콧노래를 부르고 있다.
자막	닭강정
두 번째 장면	
이미지 생성 프롬프트	장면, 비둘기, 닭 모습을 유지한 채 닭이 등장해 두 비둘기 중 한 마리의 어깨에 손을 올려 위협적인 포스와 표정을 취한다. 두 비둘기는 닭 아래를 바라보며 겁을 낸다.
자막	자장면
세 번째 장면	
이미지 생성 프롬프트	장면, 닭, 도베르만 모습을 유지한 채 닭이 춤을 추고 있다가 도베르만이 나타나 무서운 표정으로 닭 어깨에 손을 올린다. 닭은 도베르만을 바라보고 놀라는 표정을 짓는다.
자막	스파게티
네 번째 장면	
이미지 생성 프롬프트	장면, 도베르만, 사자 모습을 유지한 채 도베르만은 의자 위에 옆으로 누워 잠을 자다 사자를 보고 깜짝 놀란다. 사자가 나타나 도베르만을 바라보며 위협적인 포즈와 표정을 취한다.
자막	돈까스

 다양한 급식 메뉴 중 인기 메뉴 4개를 선정해 각 메뉴를 비둘기, 닭, 도베르만, 사자의 모습으로 표현해 어떤 메뉴가 가장 인기 있는지 재미있게 표현하는 숏폼 콘텐츠를 제작할 거예요.

❷ '재미로 보는 급식 서열' 밈 스토리보드 작성하기

첫 번째 장면	
이미지 생성 프롬프트	
자막	
두 번째 장면	
이미지 생성 프롬프트	
자막	
세 번째 장면	
이미지 생성 프롬프트	
자막	
네 번째 장면	
이미지 생성 프롬프트	
자막	

> **PoP PoP! 팁** 본인이 좋아하는 급식 메뉴를 4개 선정하여 순위를 정하고 각 메뉴를 어떤 동물로, 어떻게 표현할지 생각하여 프롬프트를 작성해 보세요.

Take 02 재미로 보는 급식 서열 장면 생성하기

❶ 크롬(🌐) 브라우저를 실행하고 위스크 사이트('https://labs.google/fx/ko/tools/whisk')에 접속하여 구글 계정으로 로그인한 후 [도구 열기]를 클릭합니다.

❷ 장면의 비율을 변경하기 위해 [가로세로 비율(□)]-[가로 모드]를 클릭합니다.

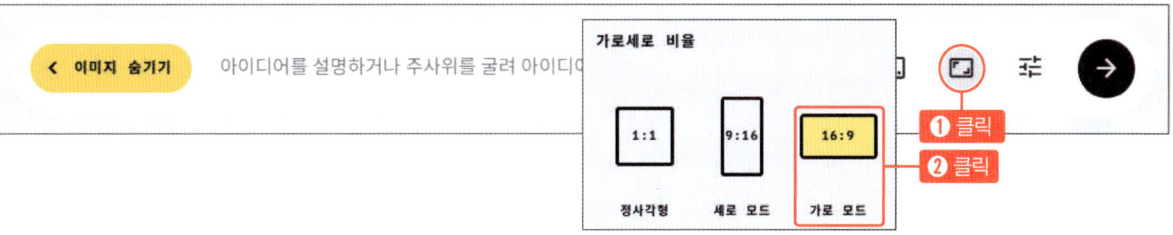

❸ [피사체]에 참조 이미지 4개를 추가하기 위해 ⊕를 3번 클릭하고 [이미지 업로드]를 클릭하여 '피사체-비둘기.jpeg' 파일을 불러옵니다.

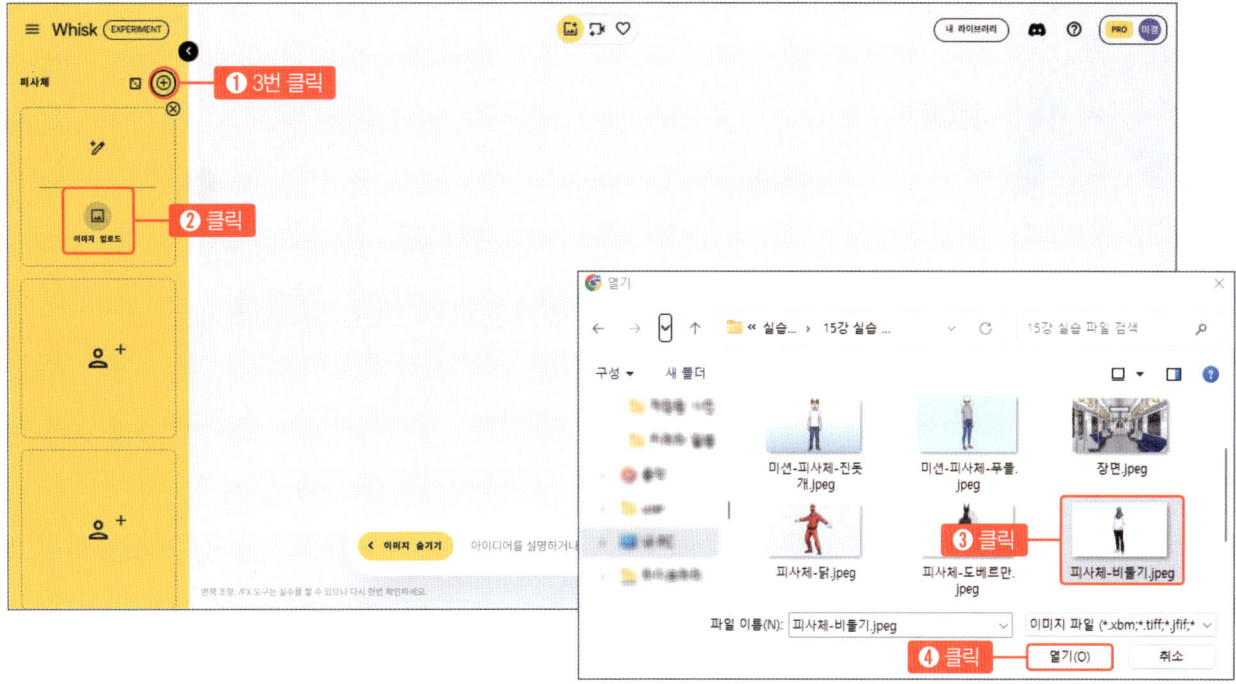

❹ ❸과 같은 방법으로 [피사체] 참조 이미지에 '피사체-닭'~'피사체-사자' 파일을 추가합니다.

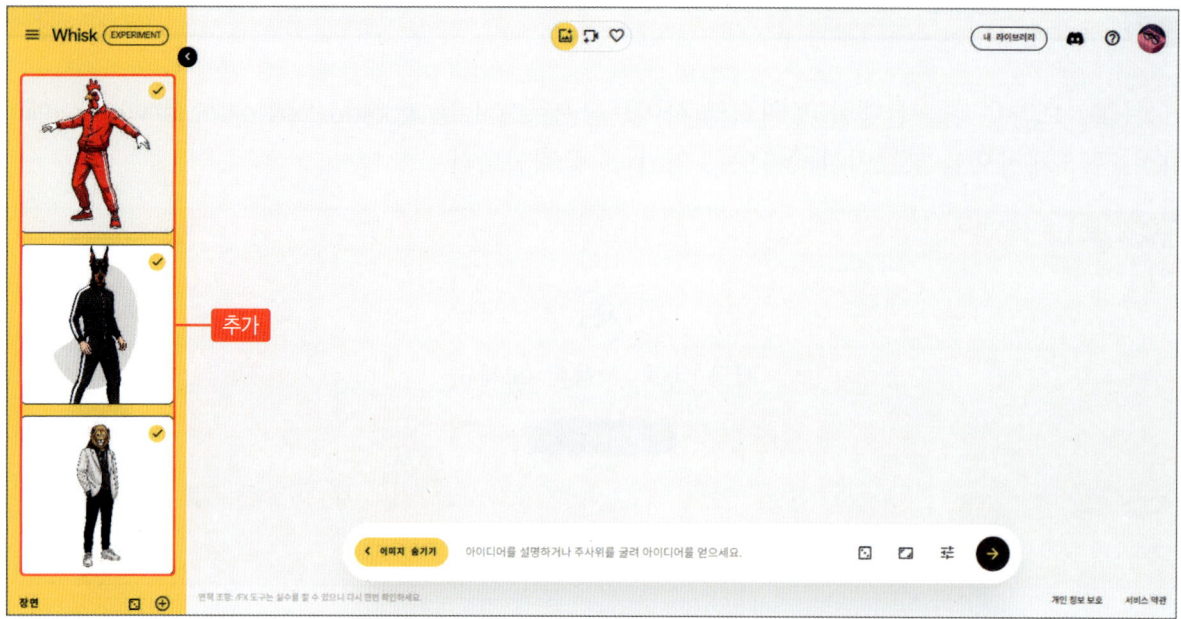

❺ 같은 방법으로 [장면] 참조 이미지에 '장면.jpeg' 파일을 추가합니다.

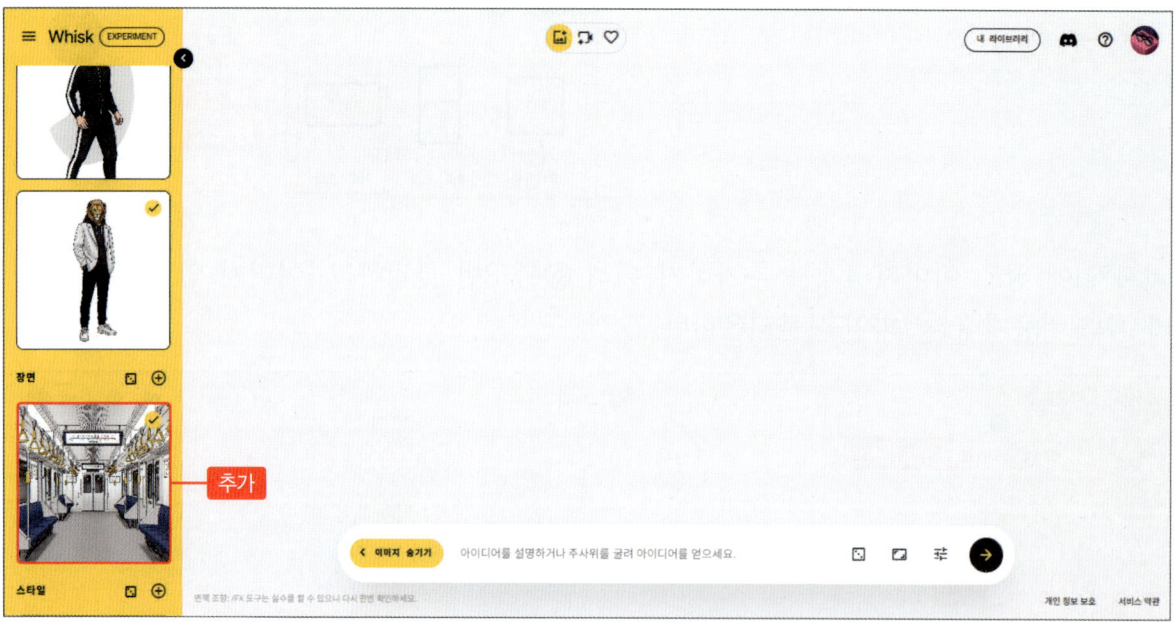

PoP PoP! 팁 [피사체]와 [장면] 참조 이미지에 스타일이 적용되어 있으므로, [스타일]에 별도로 참조 이미지를 추가하지 않아도 돼요.

❻ [피사체]에서 '피사체-비둘기' 참조 이미지를 제외한 나머지 참조 이미지에 체크를 해제하고 프롬프트 입력창에 앞서 스토리보드에 작성한 첫 번째 장면의 이미지 생성 프롬프트를 입력한 후 [생성]을 클릭합니다.

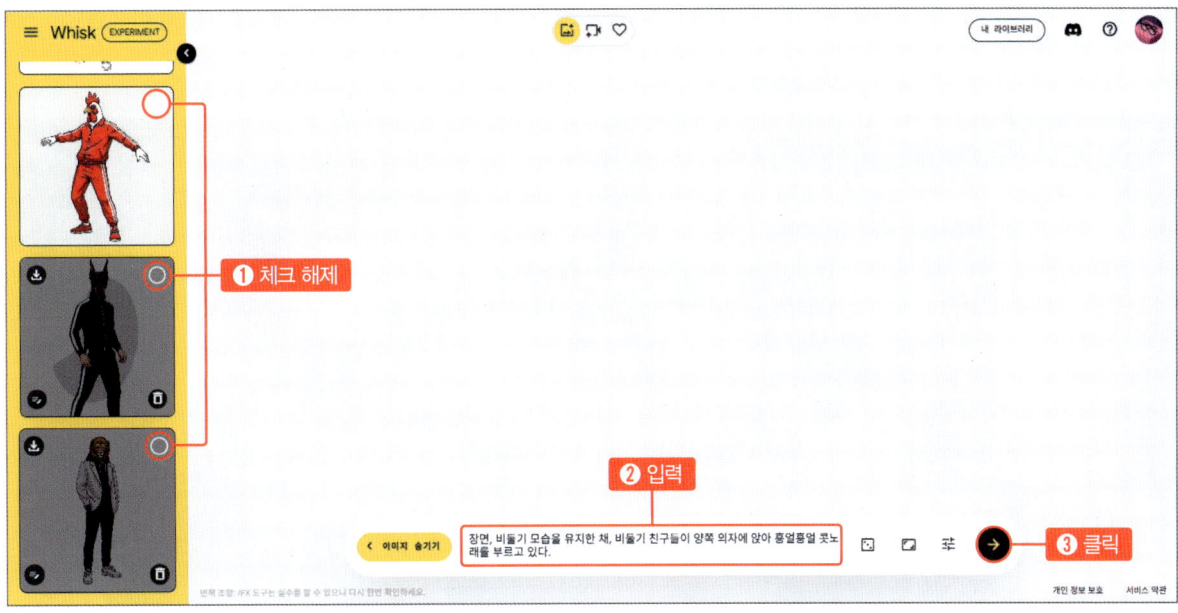

❼ 이미지가 생성되면 원하는 이미지에 마우스 포인터를 가져다 대고 [다운로드(⬇)]를 클릭하여 이미지를 다운로드합니다.

PoP PoP! 팁
[피사체]에서 각 장면의 이미지 생성에 필요한 참조 이미지에만 체크한 후 이미지를 생성해요.
• 두 번째 장면 : 비둘기, 닭
• 세 번째 장면 : 닭, 도베르만
• 네 번째 장면 : 도베르만, 사자

❽ ❻~❼과 같은 방법으로 '두 번째 장면'~'네 번째 장면'을 생성한 후 원하는 이미지를 다운로드합니다.

Take 03 장면에 애니메이션 적용하기

① 생성된 이미지 중 첫 번째 장면을 찾아 마우스 포인터를 가져다 대고 [애니메이션 적용]을 클릭합니다.

② 번역기를 이용해 첫 번째 장면의 이미지 생성 프롬프트를 영문 프롬프트로 번역하여 프롬프트 입력창에 붙여 넣은 후 [생성]을 클릭합니다.

③ 애니메이션이 적용되면 마우스 포인터를 가져다 대고 [다운로드(⬇)]를 클릭하여 동영상을 저장합니다.

미션! 숏폼 챌린지

▶ 실습 파일 : 15강 실습 파일 폴더   ▶ 완성 파일 : 15강 완성 파일 폴더

01. '재미로 보는 교과 서열'을 주제로 밈 숏폼을 만들기 위해 스토리보드를 작성해 봅니다.

첫 번째 장면	
이미지 생성 프롬프트	
자막	
두 번째 장면	
이미지 생성 프롬프트	
자막	
세 번째 장면	
이미지 생성 프롬프트	
자막	
네 번째 장면	
이미지 생성 프롬프트	
자막	

02. 스토리보드를 바탕으로 위스크에서 각 장면에 필요한 이미지를 생성해 봅니다.

> **챌린지 힌트!** '미션-피사체-불독'~'미션-피사체-푸들', '미션-장면' 참조 이미지를 확인하고 스토리보드를 작성해 보세요.

Clip 15 급식 서열 장면 만들기

Clip 16 - 급식 서열 밈 완성하기

- ▶ 캡컷 타임라인에 동영상 파일을 추가합니다.
- ▶ 영상에 전환 효과를 추가합니다.
- ▶ 영상에 자막과 사운드 효과를 추가합니다.
- ▶ 외부 파일을 불러와 영상에 배경음악을 추가합니다.

활용 프로그램 : 캡컷(CapCut)

오늘의 클립

▶ 실습 파일 : 16강 실습 파일 폴더　▶ 완성 파일 : 16강 완성 파일 폴더

핫핫! 숏폼 스타되기

이번 시간에는 지난 시간에 완성한 장면을 캡컷 타임라인에 추가하고 다양한 화면 전환 효과와 자막, 사운드 효과, 배경음악을 적용하여 재미로 보는 급식 서열 밈 숏폼 영상을 완성해 보는 시간이에요. 숏폼 주제에 어울리는 사운드 효과를 적용해 더욱 재미있는 밈 숏폼 영상을 완성해 봐요.

Stage 03 핫핫! 밈 숏폼 만들기

Take 01 영상에 전환 효과 추가하기

❶ 캡컷을 실행한 후 [프로젝트 만들기]를 클릭하여 새 프로젝트를 실행하고 [가져오기]를 클릭하여 '1컷 애니메이션'~'4컷 애니메이션' 파일을 불러옵니다.

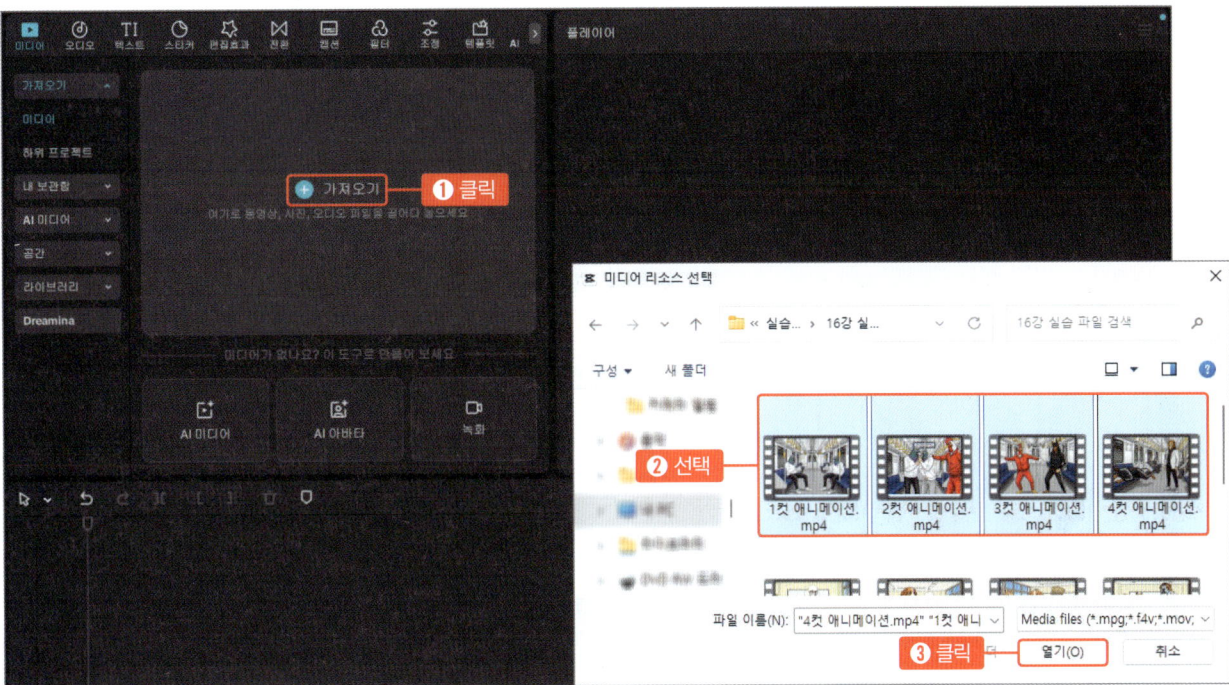

❷ 영상이 [라이브러리] 창에 추가되면 '1컷 애니메이션.mp4' 파일을 트랙으로 드래그하여 추가합니다.

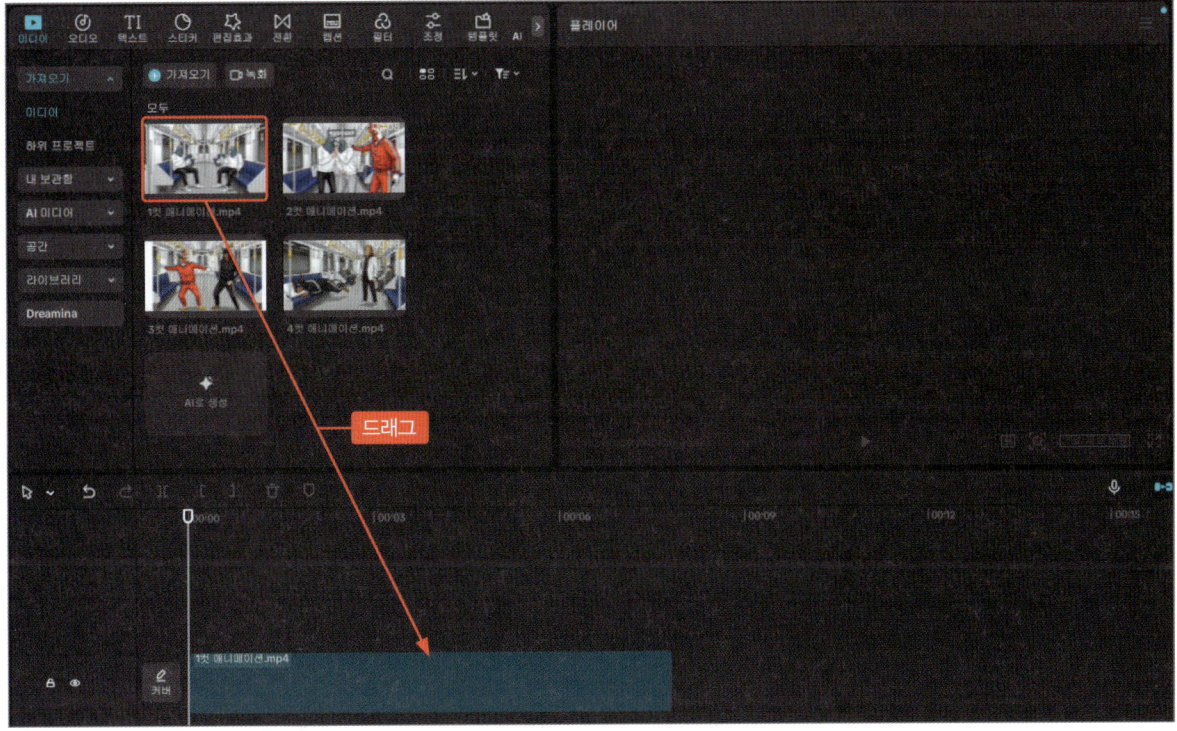

Clip 16 급식 서열 밈 완성하기

③ 타임라인에서 Ctrl 키를 누른 상태로 마우스 휠을 당겨 타임라인을 축소한 후 ❷와 같은 방법으로 '2컷 애니메이션'~'4컷 애니메이션' 파일을 트랙에 순서대로 추가합니다.

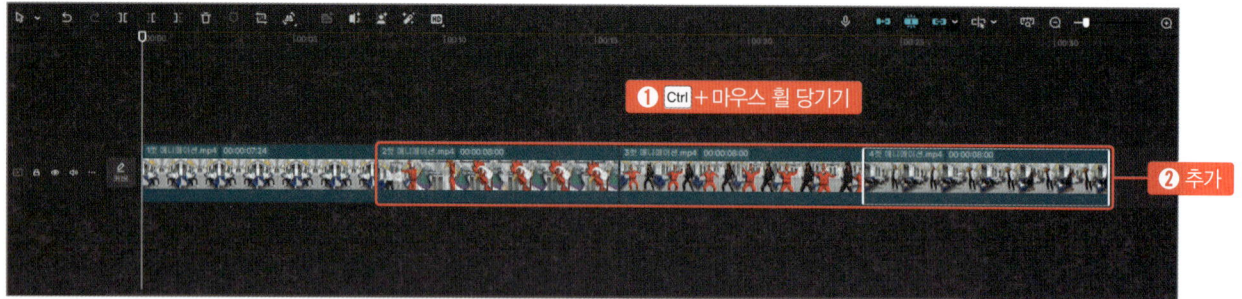

④ 화면의 비율을 변경하기 위해 [플레이어] 화면에서 [가로 세로 비율]-[9:16]을 클릭합니다.

⑤ [전환]을 클릭하여 [라이브러리] 창에서 원하는 전환 효과('포털 버닝')를 선택한 후 '1컷 애니메이션'과 '2컷 애니메이션' 영상 사이로 드래그하여 전환 효과를 추가합니다.

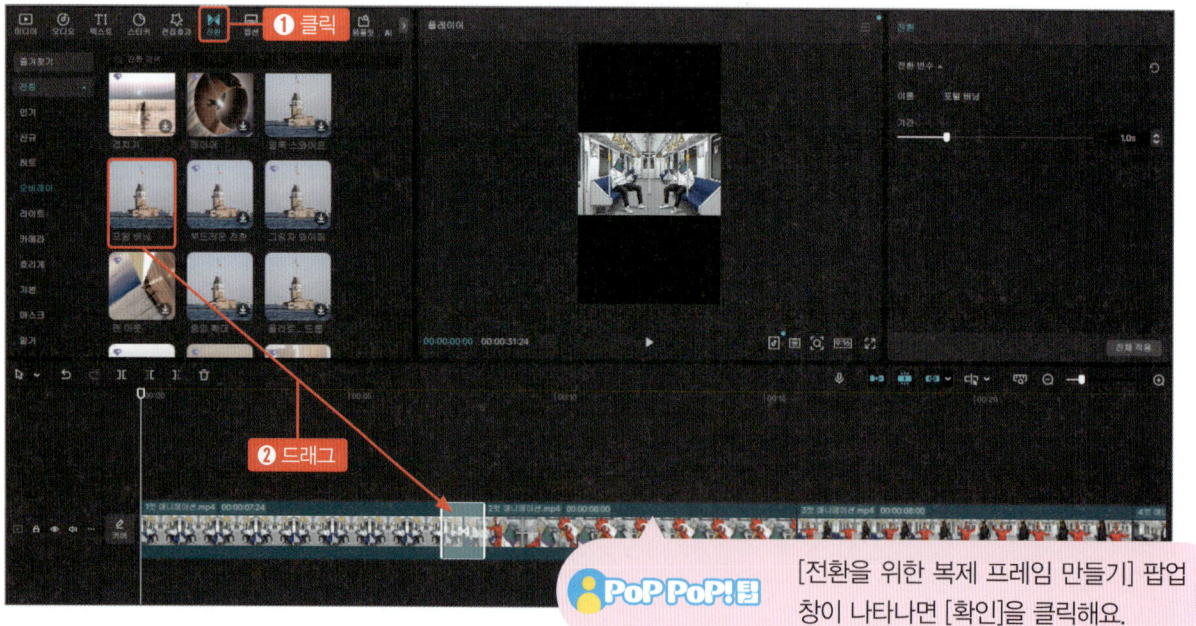

PoP PoP! 팁 [전환을 위한 복제 프레임 만들기] 팝업 창이 나타나면 [확인]을 클릭해요.

⑥ ⑤와 같은 방법으로 영상과 영상 사이에 전환 효과를 추가해 봅니다.

Take 02 영상에 자막과 사운드 효과 추가하기

❶ 인디케이터를 맨 처음 위치로 이동시킨 후 [텍스트]-[기본 텍스트]를 트랙으로 드래그하여 그림과 같이 추가합니다.

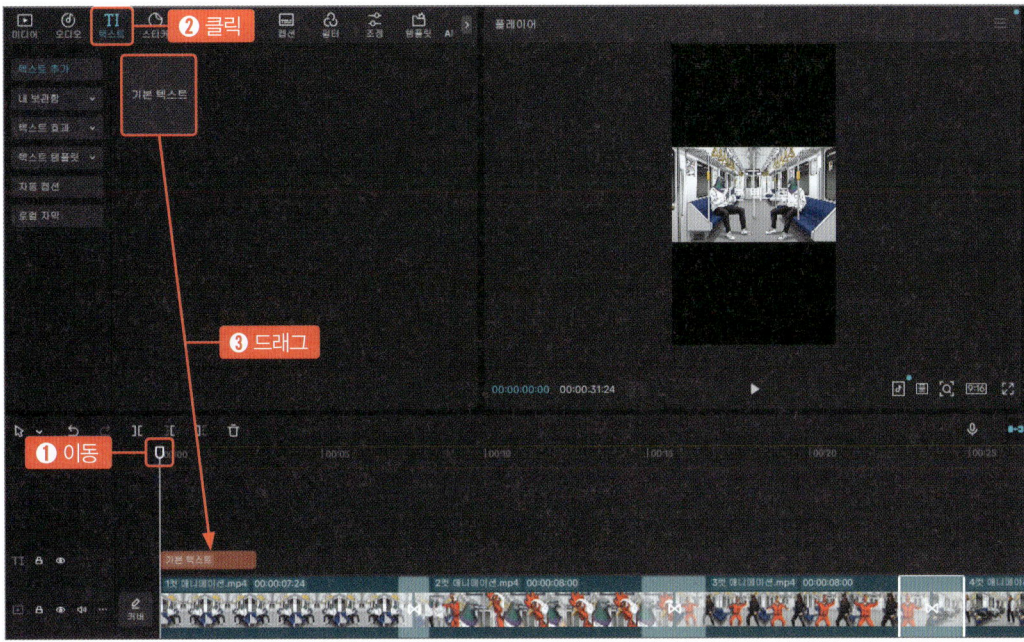

❷ [세부 정보] 창에서 [텍스트]-[기본]을 클릭하고 텍스트 입력창에 "재미로 보는 급식 서열 순위"를 입력한 후 글꼴 서식을 지정하고 자막의 위치를 조절합니다.

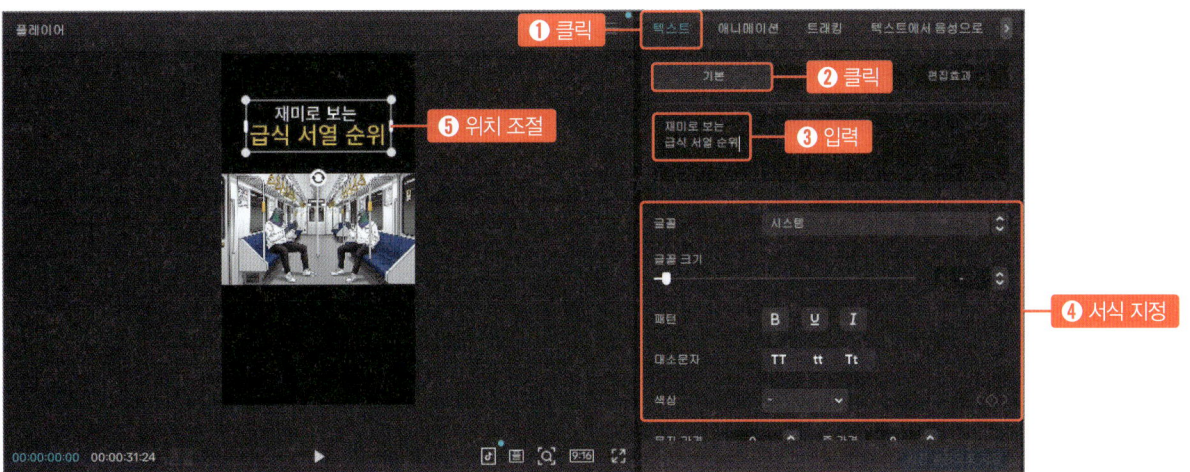

❸ 트랙에서 자막의 끝을 드래그하여 영상이 끝날 때까지 자막이 나타나도록 합니다.

④ ❶~❸과 같은 방법으로 "구독/좋아요 눌러주세요" 자막을 영상 하단에 추가합니다.

⑤ 같은 방법으로 '비둘기'~'사자'가 등장하는 위치에 자막을 추가하고 급식 메뉴의 이름을 입력한 후 자막의 길이를 조절합니다.

⑥ 인디케이터를 맨 처음 위치로 이동시킨 후 [오디오]-[사운드 효과]-[재미]를 클릭하고 원하는 사운드 효과를 선택한 후 트랙에 추가합니다.

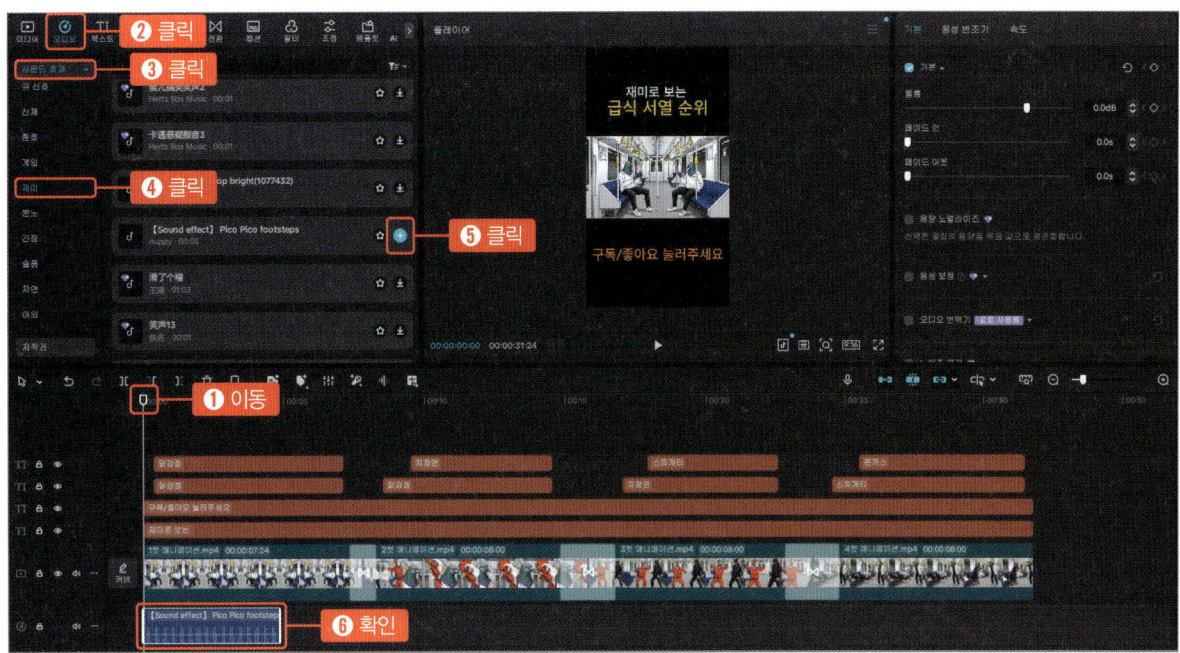

⑦ ⑥과 같은 방법으로 각 장면마다 어울리는 사운드 효과를 추가합니다.

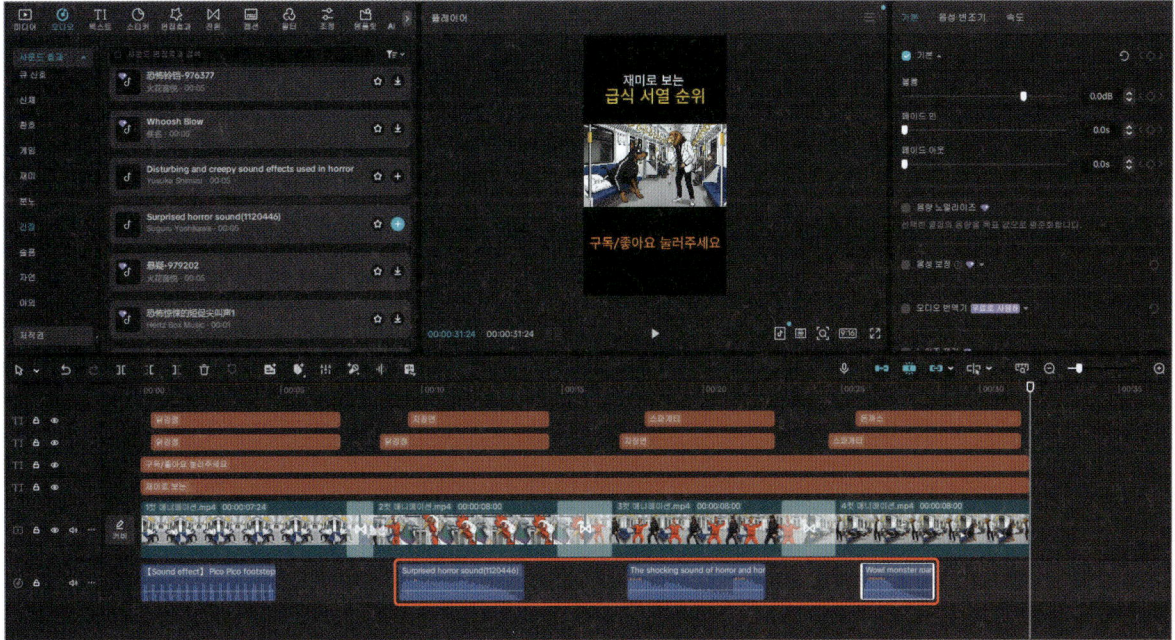

PoP PoPi팁 인디케이터를 이동해 가며 각 장면에 어울리는 사운드 효과를 자유롭게 추가하고 길이를 조절해 보세요.

Take 03 영상에 배경음악 추가하기

① 인디케이터를 맨 처음 위치로 이동시킨 후 [미디어]-[가져오기]를 클릭하여 '힙합 음악.mp3' 파일을 불러옵니다.

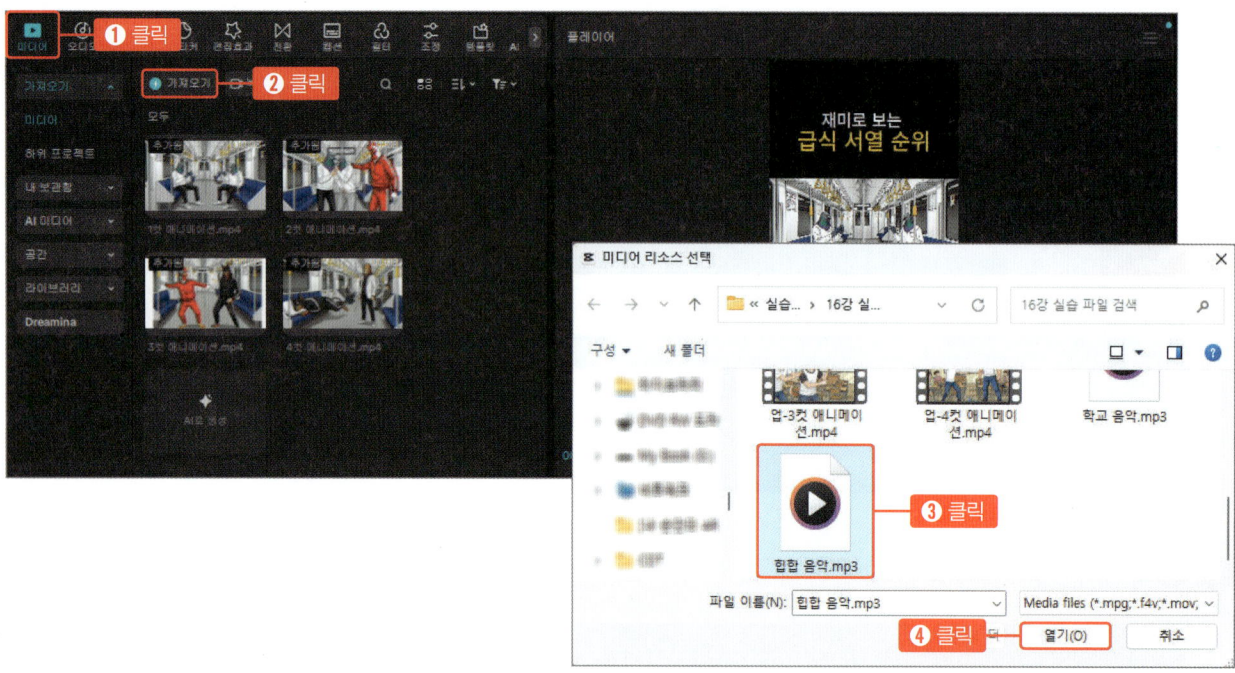

② [라이브러리] 창에 '힙합 음악.mp3' 파일이 추가되면 트랙으로 드래그하여 배경음악을 추가합니다.

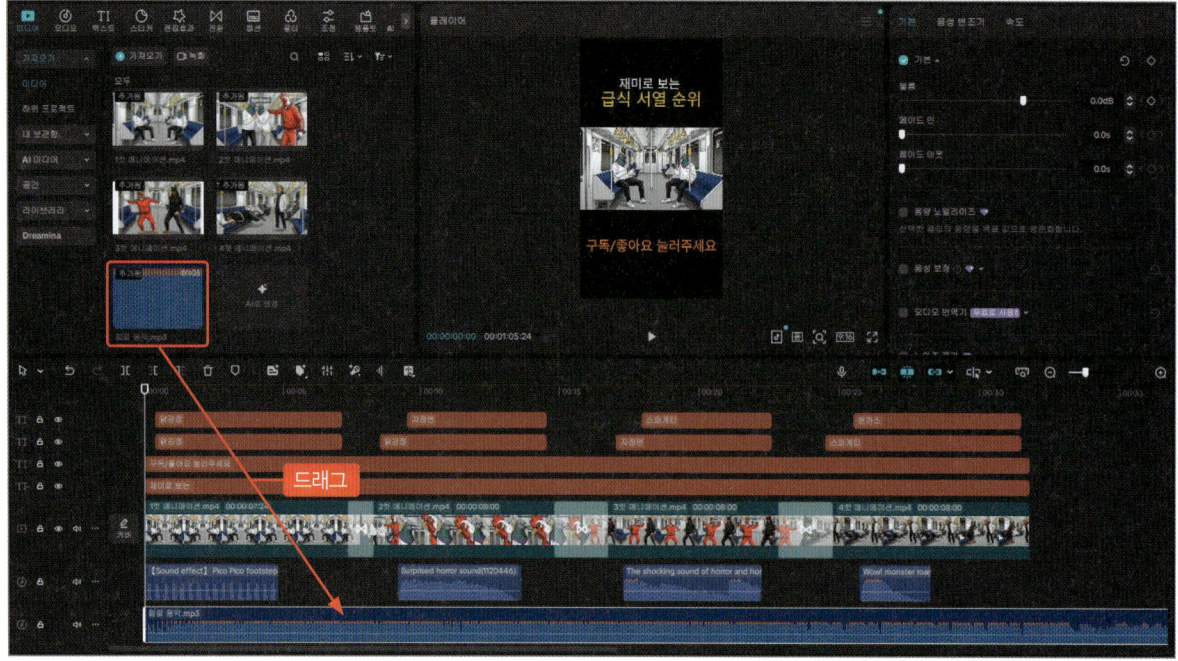

> **PoP PoP! 팁** 파일(영상, 음악, 자막 등)을 추가할 위치로 인디케이터를 이동시키고 [라이브러리] 창에서 파일을 선택한 후 [트랙에 추가(+)]를 클릭하여 파일을 트랙에 추가할 수도 있어요.

❸ Ctrl 키를 누른 상태로 마우스 휠을 당겨 타임라인을 축소하고 인디케이터를 영상 끝으로 이동시킨 후 [오른쪽 삭제( )]를 클릭하여 불필요한 배경음악을 삭제합니다.

❹ 트랙에서 '힙합 음악'을 선택하고 [세부 정보] 창에서 볼륨('-10.0dB'), 페이드 인('0.5s'), 페이드 아웃('0.5s') 값을 지정한 후 [내보내기]를 클릭합니다.

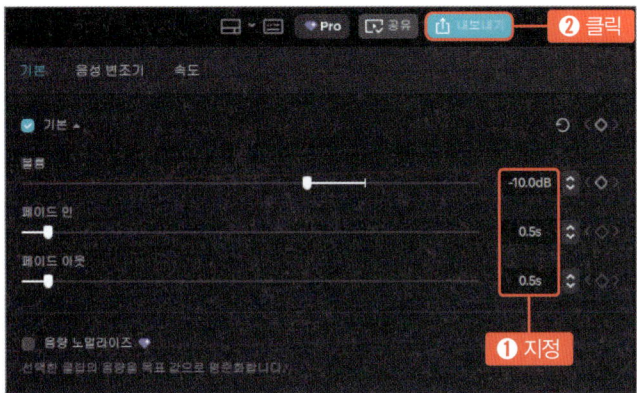

❺ [내보내기] 창이 나타나면 [내보내기]를 클릭하여 '재미로 보는 급식 서열' 숏폼 영상을 동영상 파일로 저장합니다.

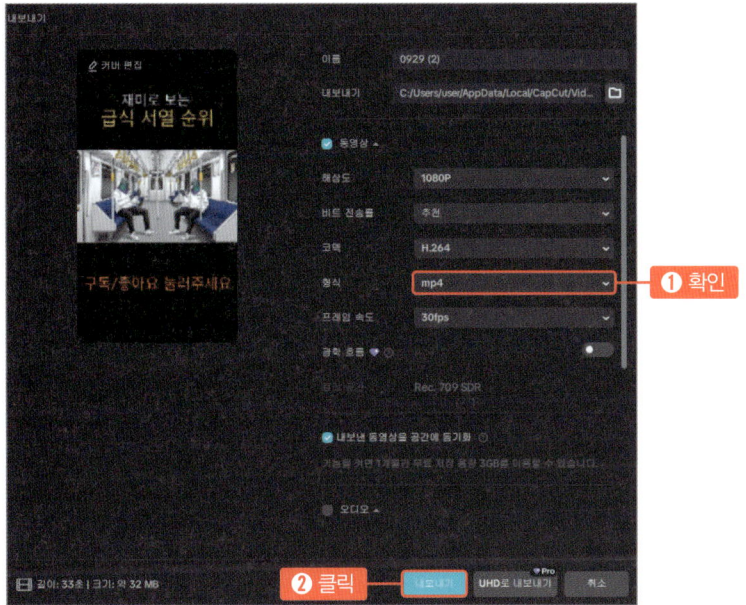

❻ 내보내기가 완료되면 완성된 '재미로 보는 급식 서열' 숏폼 영상을 확인해 봅니다.

미션! 숏폼 챌린지

▶ 실습 파일 : 16강 실습 파일 폴더   ▶ 완성 파일 : 16강 완성 파일 폴더

01. 캡컷을 이용하여 '재미로 보는 학교 교과'를 주제로 밈 숏폼 영상을 완성해 봅니다.

챌린지 힌트!
- '미션-1컷 애니메이션'~'미션-4컷 애니메이션' 파일을 불러와요.
- '학교 음악.mp3' 파일을 불러와 배경음악으로 사용해요.

한강 고양이 장면 만들기

▶ 한강 고양이 숏폼의 스토리보드를 작성합니다.
▶ 여러 개의 참조 이미지를 업로드하여 이미지를 생성합니다.
▶ 이미지에 애니메이션을 적용합니다.
▶ 생성된 동영상을 다운로드합니다.

활용 프로그램 : 위스크(Whisk)

▶ **실습 파일 :** 17강 실습 파일 폴더   ▶ **완성 파일 :** 17강 완성 파일 폴더

핫핫! 숏폼 스타되기

오늘은 '꽁꽁 얼어붙은 한강 위로 고양이가 걸어다닙니다' 밈 숏폼 영상을 만들기 위한 장면을 생성해 보는 날이에요. 위스크에 참조 이미지를 업로드하여 여러 마리의 고양이들이 한 장면에 있는 이미지를 생성해 봐요. 그리고 생성된 이미지에 애니메이션을 적용하여 동영상을 만들어 봐요.

Take 01 한강 고양이 스토리보드 작성하기

❶ '꽁꽁 얼어붙은 한강 위로 고양이가 걸어다닙니다.' 밈 스토리보드 작성하기 예

첫 번째 장면	
이미지 생성 프롬프트	피사체를 유지한 채 고양이가 얼어붙은 강을 살금살금 걸어가는 모습
자막	꽁꽁 얼어붙은 한강 위로 고양이가 걸어다닙니다.
두 번째 장면	
이미지 생성 프롬프트	피사체를 모두 유지한 채 뚱뚱한 고양이가 살금살금 걸어가는 고양이 옆에서 빠르게 달려가는 모습
자막	꽁꽁 얼어붙은 한강 위로 고양이가 걸어다닙니다.
세 번째 장면	
이미지 생성 프롬프트	피사체를 모두 유지한 채 두 고양이 옆에 얼어붙은 강 위에 누워 있는 흰색 새끼 고양이 모습
자막	꽁꽁 얼어붙은 한강 위로 고양이가 걸어다닙니다.
네 번째 장면	
이미지 생성 프롬프트	피사체를 모두 유지한 채 뚱뚱한 고양이와 흰색 고양이가 점프하는 모습
자막	꽁꽁 얼어붙은 한강 위로 고양이가 걸어다닙니다.

꽁꽁 얼어붙은 한강 위로 고양이가 걸어다닙니다.

2021년 겨울, 한파 당시 얼어붙은 한강 위를 걸어다니는 고양이의 모습이 촬영된 뉴스 장면이 인터넷 밈으로 확산되면서 유명해진 영상이에요. 해당 영상은 반복되는 문구와 중독성 있는 멜로디로 다양하게 패러디되었어요.

❷ '꽁꽁 얼어붙은 한강 위로 고양이가 걸어다닙니다.' 밈 스토리보드 작성하기

첫 번째 장면	
이미지 생성 프롬프트	
자막	
두 번째 장면	
이미지 생성 프롬프트	
자막	
세 번째 장면	
이미지 생성 프롬프트	
자막	
네 번째 장면	
이미지 생성 프롬프트	
자막	

 '꽁꽁 얼어붙은 한강 위로 고양이가 걸어다닙니다.' 숏폼을 어떤 식으로 재구성할지 생각하여 이미지 생성 프롬프트와 자막을 작성해 보세요.

Take 02 한강 고양이 장면 생성하기

❶ 크롬( ) 브라우저를 실행하고 위스크 사이트('https://labs.google/fx/ko/tools/whisk')에 접속하여 구글 계정으로 로그인한 후 [도구 열기]를 클릭합니다.

❷ 장면의 비율을 변경하기 위해 [가로세로 비율( )]-[가로 모드]를 클릭합니다.

❸ [피사체]에 참조 이미지를 추가하기 위해 ⊕를 클릭하고 [이미지 업로드]를 클릭하여 '피사체-고양이.jpeg' 파일을 불러옵니다.

❹ ❸과 같은 방법으로 [피사체], [장면]에 '피사체-뚱뚱한 고양이.jpeg' 파일과 '장면.jpeg' 파일을 각각 불러옵니다.

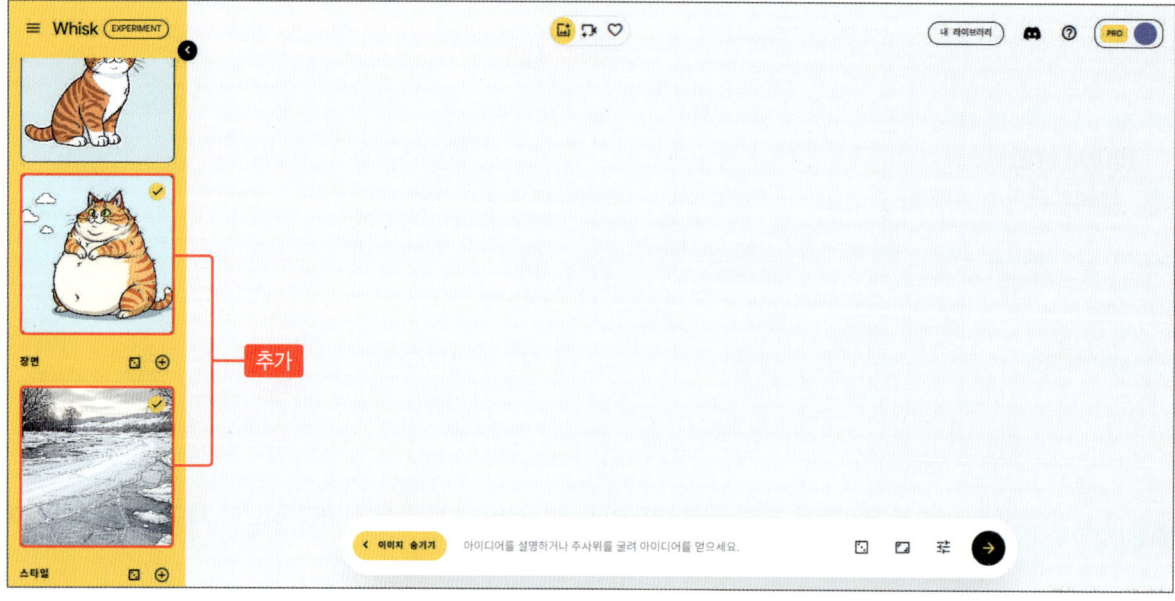

❺ '피사체-뚱뚱한 고양이' 참조 이미지에 체크를 해제하고 프롬프트 입력창에 앞서 스토리보드에 작성한 첫 번째 장면의 이미지 생성 프롬프트를 입력한 후 [생성]을 클릭합니다.

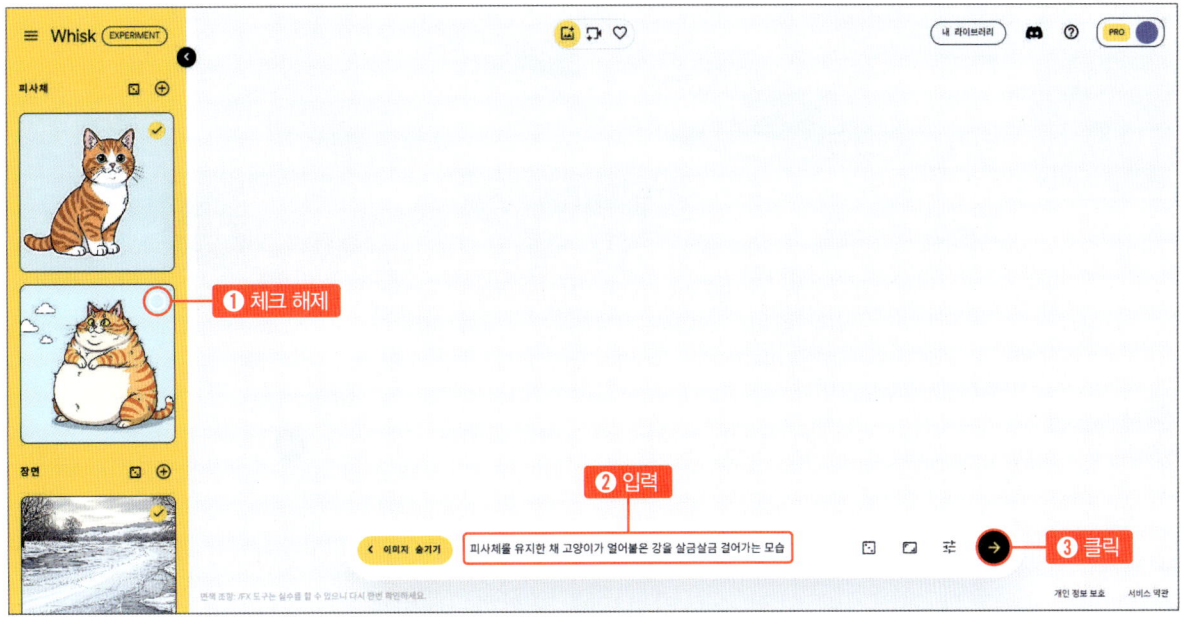

❻ 이미지가 생성되면 원하는 이미지를 다운로드하고 '피사체-뚱뚱한 고양이' 참조 이미지에 체크합니다. 프롬프트 입력창에 앞서 스토리보드에 작성한 두 번째 장면의 이미지 생성 프롬프트를 입력한 후 [생성]을 클릭합니다.

> **PoP PoP! 팁**
> 이미지 생성 시 참조 이미지를 '3'개보다 많이 사용할 수 없기 때문에 고양이 3마리를 한 공간에 추가하고 싶다면 2마리가 함께 있는 이미지를 생성한 후 생성한 이미지를 다시 [피사체]에서 참조 이미지로 사용해야 해요.

❼ 이미지가 생성되면 원하는 이미지를 다운로드하고 [피사체]에서 참조 이미지를 모두 삭제합니다.

❽ ❸과 같은 방법으로 [피사체]에 '피사체-아기 고양이.jpeg'와 앞서 저장한 두 번째 장면 이미지를 추가한 후 프롬프트 입력창에 앞서 스토리보드에 작성한 세 번째 장면의 이미지 생성 프롬프트를 입력한 후 [생성]을 클릭합니다.

❾ ❽과 같은 방법으로 네 번째 장면의 이미지를 생성한 후 원하는 이미지를 다운로드합니다.

Take 03 장면에 애니메이션 적용하기

① 생성된 이미지 중 첫 번째 장면을 찾아 마우스 포인터를 가져다 대고 [애니메이션 적용]을 클릭합니다.

② 번역기를 이용해 첫 번째 장면의 이미지 생성 프롬프트를 영문 프롬프트로 번역하고 프롬프트 입력창에 붙여 넣은 후 [생성]을 클릭합니다.

③ 애니메이션이 적용되면 마우스 포인터를 가져다 대고 [다운로드(⬇)]를 클릭하여 동영상을 저장합니다.

미션! 숏폼 챌린지

▶ 실습 파일 : 17강 실습 파일 폴더　▶ 완성 파일 : 17강 완성 파일 폴더

01. '간식 내놔라'를 주제로 밈 숏폼을 만들기 위해 스토리보드를 작성해 봅니다.

첫 번째 장면	
이미지 생성 프롬프트	
자막	
두 번째 장면	
이미지 생성 프롬프트	
자막	
세 번째 장면	
이미지 생성 프롬프트	
자막	
네 번째 장면	
이미지 생성 프롬프트	
자막	

챌린지 힌트! 유튜브에서 '간식 내놔라'를 검색하여 다양한 숏폼 콘텐츠를 확인해 보세요.

02. 스토리보드를 바탕으로 위스크에서 각 장면에 필요한 이미지를 생성해 봅니다.

한강 고양이 밈 완성하기

▶ 캡컷 타임라인에 동영상 파일을 추가합니다.
▶ 영상을 분할하고 자막을 추가합니다.
▶ 외부 파일을 불러와 영상에 음성을 추가합니다.
▶ 음성의 속도를 변경합니다.

활용 프로그램 : 캡컷(CapCut)

오늘의 클립

▶ 실습 파일 : 18강 실습 파일 폴더 ▶ 완성 파일 : 18강 완성 파일 폴더

꽁꽁 얼어붙은 한강 위로 / 고양이가 걸어다닙니다. / 꽁꽁 얼어붙은 한강 위로 / 고양이가 걸어다닙니다.

핫핫! 숏폼 스타되기

이번 시간에는 지난 시간에 완성한 장면을 캡컷 타임라인에 추가한 후 자막을 삽입하고 꾸며 보는 시간이에요. 제공된 음성 파일을 추가해 보고 숏폼 주제와 어울리는 배경음악도 추가해 '꽁꽁 얼어붙은 한강 위로 고양이 걸어다닙니다.' 밈 숏폼 영상을 완성해 봐요.

Take 01 영상 추가하고 분할하기

1. 캡컷을 실행한 후 [프로젝트 만들기]를 클릭하여 새 프로젝트를 실행하고 [가져오기]를 클릭하여 '1컷 애니메이션'~'4컷 애니메이션' 파일을 불러옵니다.

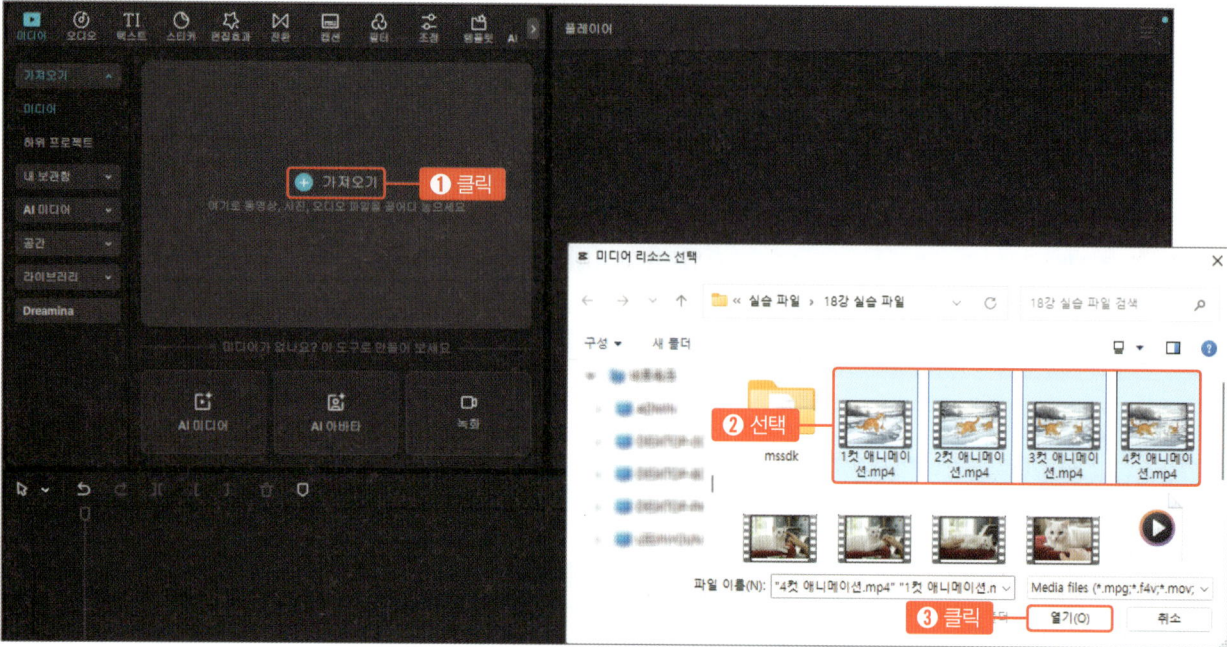

2. 영상이 [라이브러리] 창에 추가되면 '1컷 애니메이션'~'4컷 애니메이션' 파일을 각각 트랙으로 드래그하여 순서대로 추가합니다.

> **PoP PoP! 팁** 타임라인에서 Ctrl 키를 누른 상태로 마우스 휠을 당겨 타임라인을 축소한 후 작업해 보세요.

❸ 화면의 비율을 변경하기 위해 [플레이어] 화면에서 [가로 세로 비율]-[9:16]을 클릭합니다.

❹ 트랙에서 '1컷 애니메이션'을 선택하고 [플레이어] 화면에서 크기 조절점을 드래그하여 영상의 크기를 조절하고 화면을 좌우로 드래그하여 구도를 조절합니다.

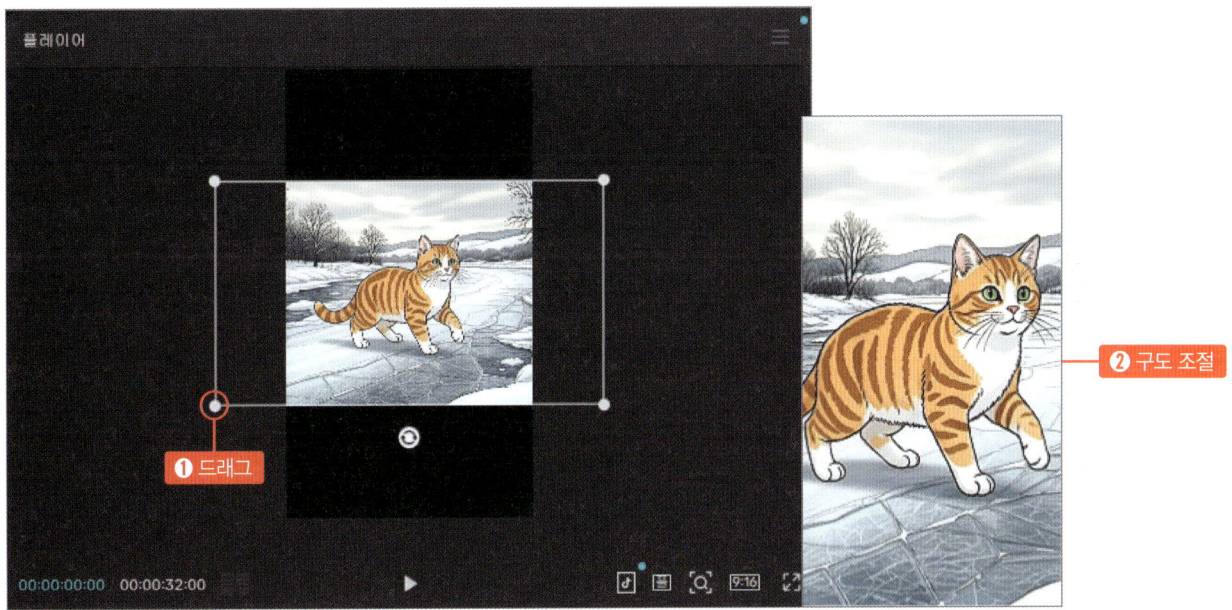

❺ 인디케이터를 '1컷 애니메이션' 영상의 가운데로 이동시킨 후 [분할(▯)]을 클릭합니다.

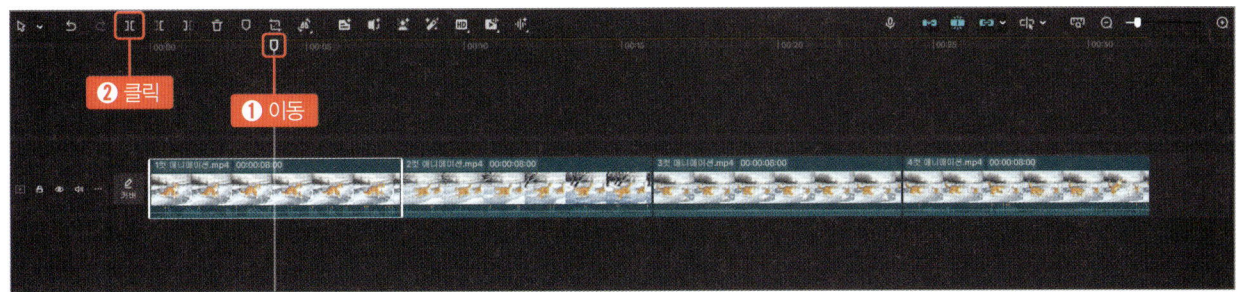

Clip 18 한강 고양이 밈 완성하기 **163**

❻ 분할된 영상 중 첫 번째 영상을 선택하고 인디케이터를 맨 처음 위치로 이동시킨 후 [플레이어] 화면에서 마우스를 좌우로 드래그하여 원하는 구도로 조절합니다.

🍭 PoP PoP! 팁　고양이가 왼쪽에서 나타나 걸어가는 모습을 표현하기 위해 화면을 왼쪽으로 이동시켰어요.

❼ ❹~❻과 같은 방법으로 '2컷 애니메이션'~'4컷 애니메이션'의 크기를 조절하고 영상을 분할한 후 구도를 변경해 봅니다.

🍭 PoP PoP! 팁　화면을 확대하면 여러 마리의 고양이가 한 화면에 들어갈 수 없어요. 이때 영상을 분할하고 화면 구도를 조절하여 고양이들이 각 장면마다 나타날 수 있도록 해요.

Take 02 영상에 자막과 음성 추가하기

❶ 인디케이터를 맨 처음 위치로 이동시킨 후 [텍스트]-[기본 텍스트]를 트랙으로 드래그하여 그림과 같이 추가합니다.

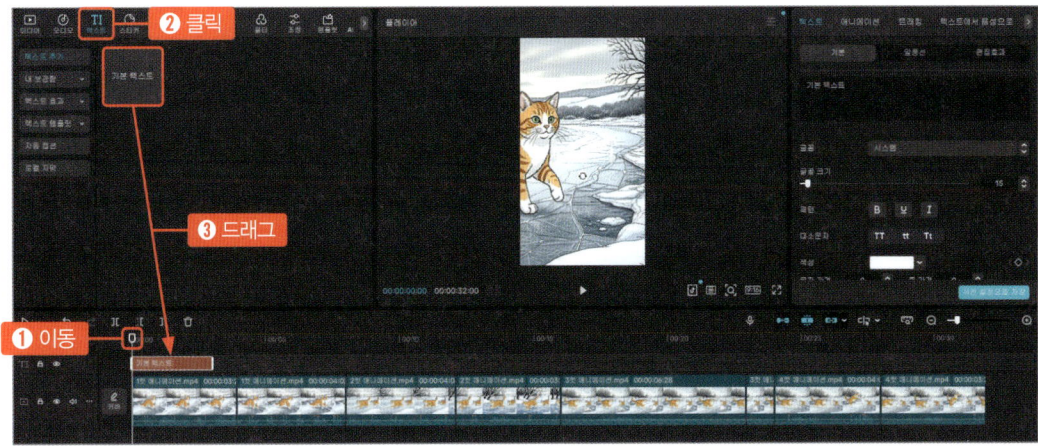

❷ [세부 정보] 창에서 [텍스트]-[기본]을 클릭하고 텍스트 입력창에 "꽁꽁 얼어붙은 한강 위로"를 입력한 후 글꼴 서식을 지정하고 자막의 위치를 조절합니다.

❸ [사전 설정 스타일]에서 원하는 스타일을 선택합니다.

PoP PoP!팁 [텍스트]-[기본]-[사전 설정 스타일]에서 자막의 스타일을 지정해도 되고, [텍스트]-[편집효과]에서 자막의 스타일을 지정해도 돼요.

Clip 18 한강 고양이 밈 완성하기

④ [미디어]-[가져오기]를 클릭하고 [음성 파일] 폴더에서 원하는 음성 파일을 불러옵니다.

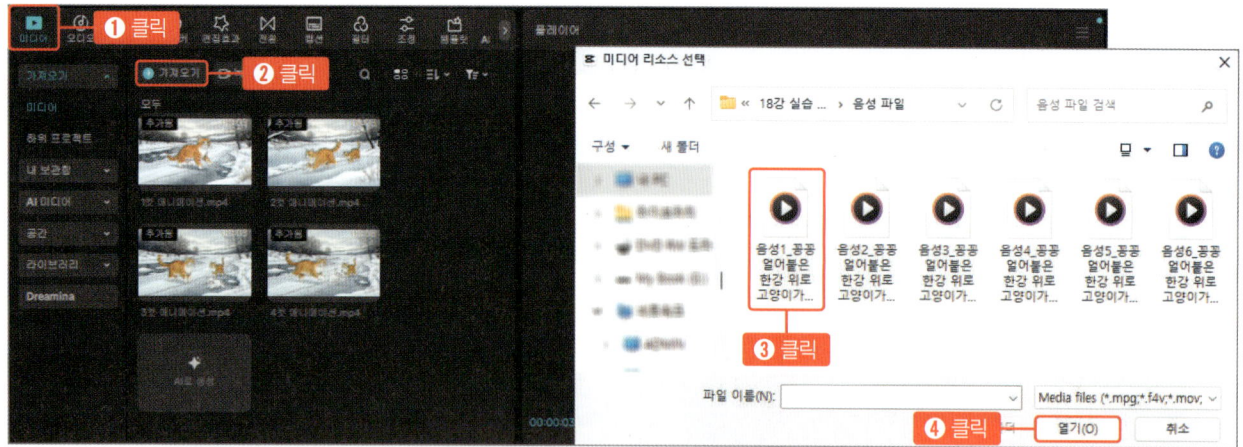

⑤ [라이브러리] 창에 음성 파일이 추가되면 트랙으로 드래그하여 추가합니다.

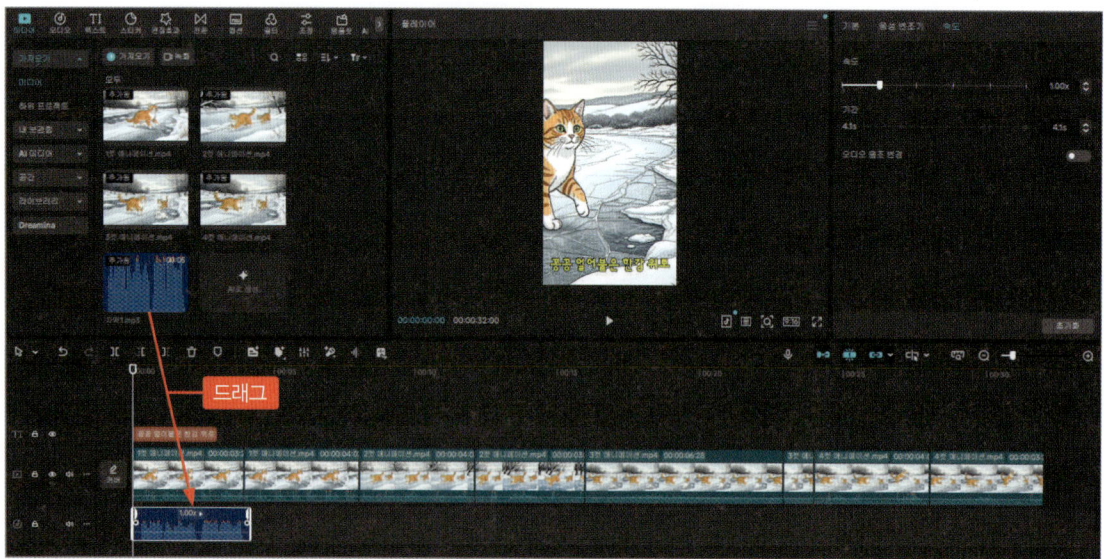

⑥ 트랙에서 음성 파일을 선택한 후 [세부 조정] 창에서 속도를 조절합니다.

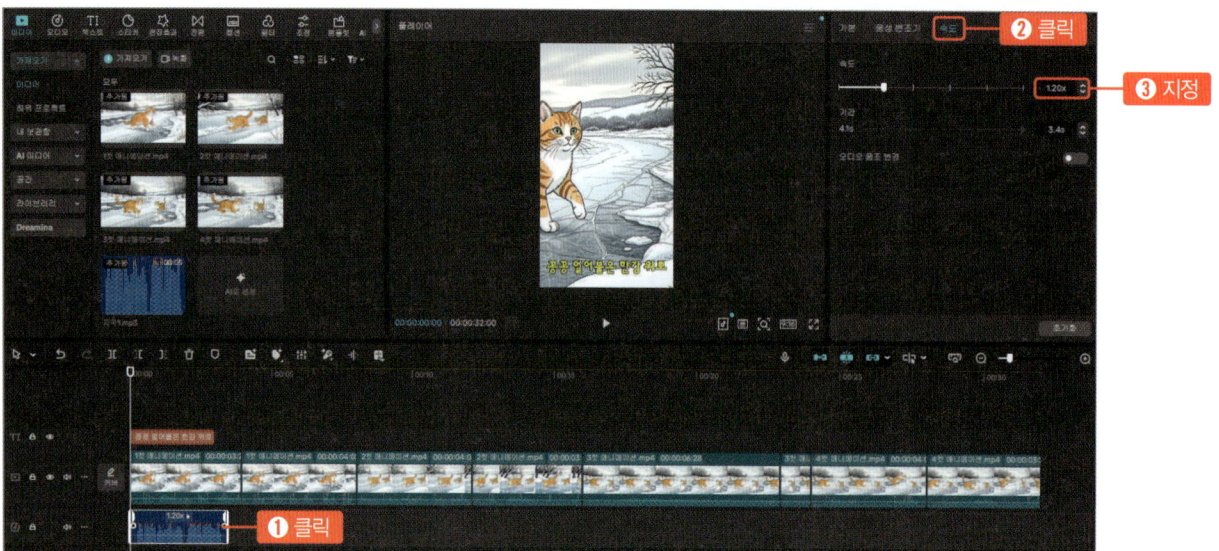

❼ [플레이어] 화면에서 [재생(▶)]을 클릭하여 음성을 확인하고 음성에 맞게 자막의 길이를 조절합니다.

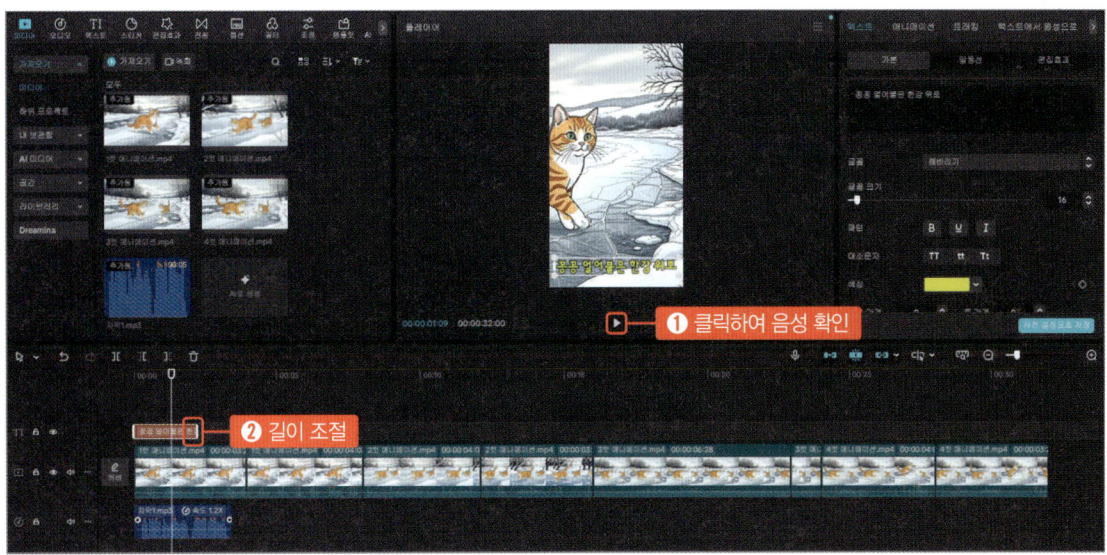

❽ 트랙에서 자막을 선택하고 Ctrl + C , Ctrl + V 키를 눌러 복제한 후 자막의 내용과 위치, 길이를 그림과 같이 조절합니다.

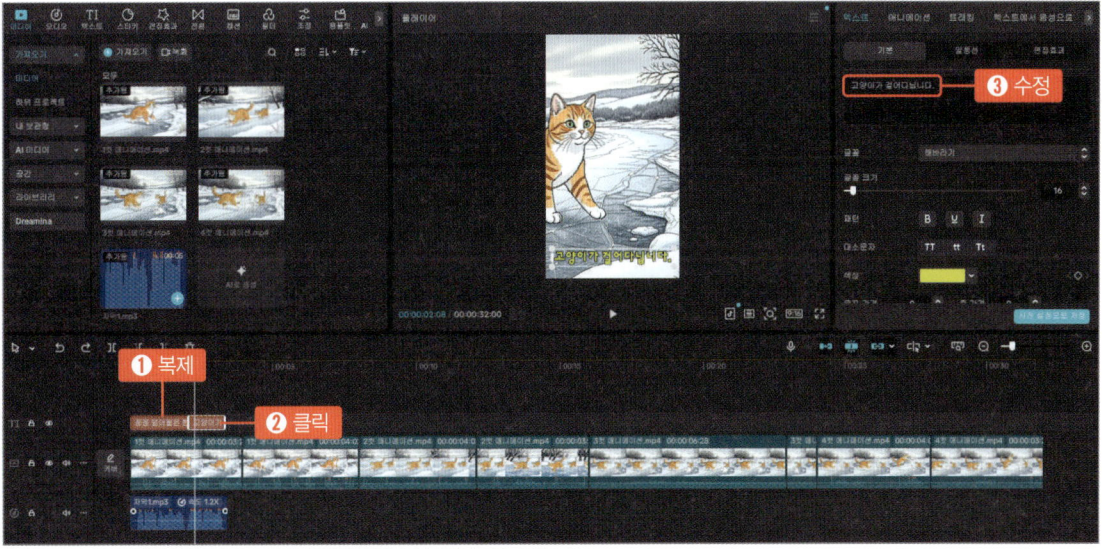

❾ 같은 방법으로 자막과 음성을 추가해 봅니다.

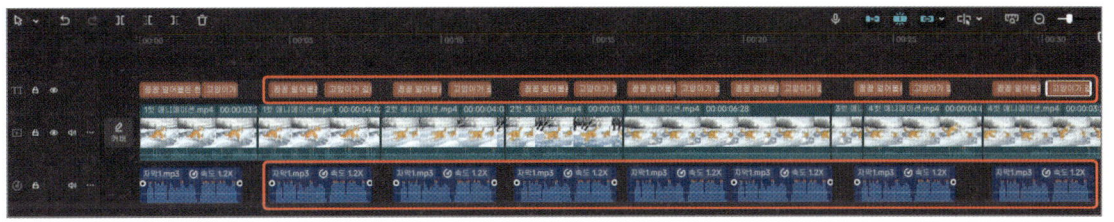

PoP PoP! 팁
- 트랙의 음성 파일을 복제하여 계속해서 같은 음성이 반복되도록 설정해 보세요.
- [텍스트에서 음성으로] 기능을 이용해 다른 내용의 음성을 추가해도 좋아요.

Take 03 영상에 배경음악 추가하기

❶ 인디케이터를 맨 처음 위치로 이동시킨 후 [오디오]-[음악]을 클릭합니다.

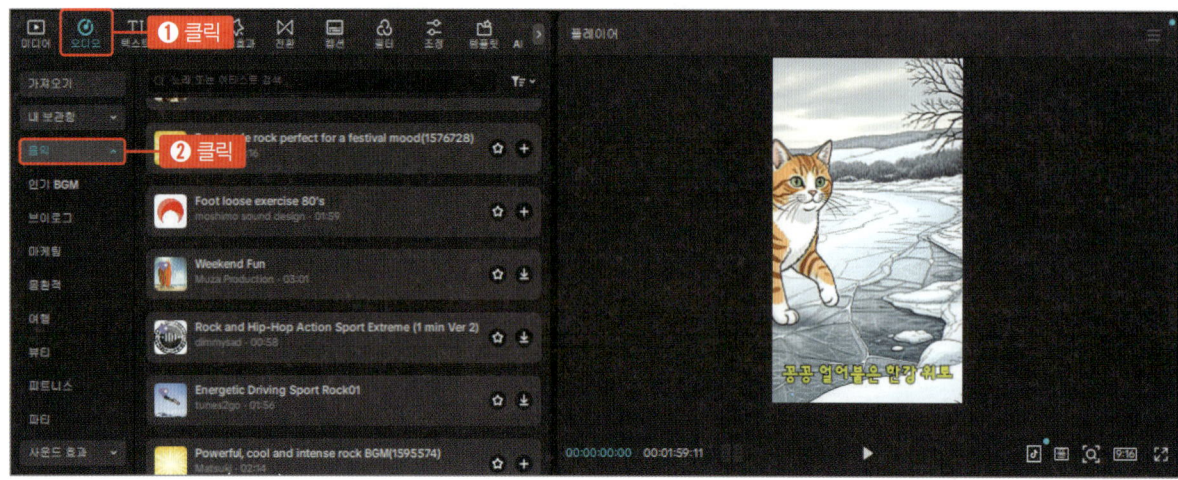

❷ [신나는]을 클릭하고 [라이브러리] 창에서 원하는 배경음악을 선택하여 트랙에 추가합니다.

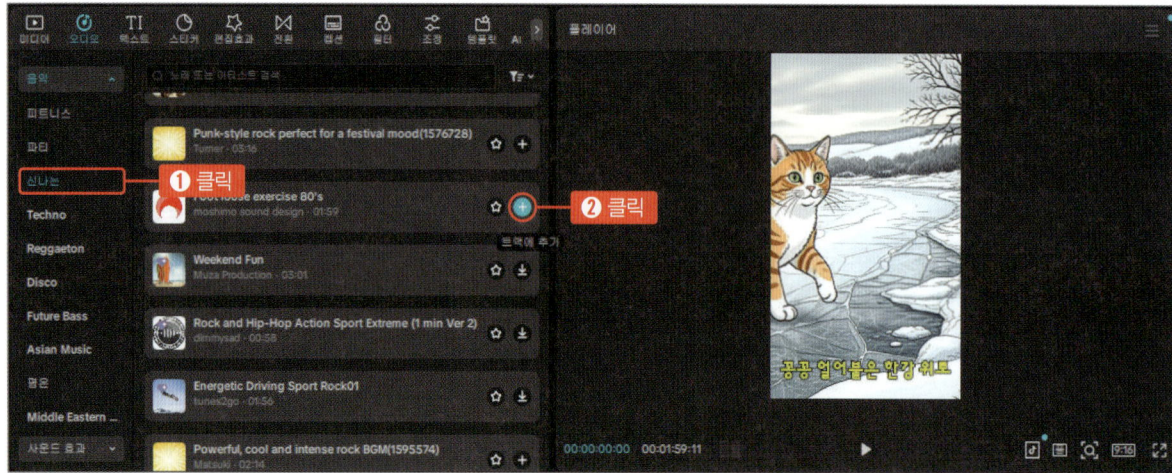

❸ Ctrl 키를 누른 상태로 마우스 휠을 당겨 타임라인을 축소하고 인디케이터를 영상 끝으로 이동시킨 후 [오른쪽 삭제(▯)]를 클릭하여 불필요한 배경음악을 삭제합니다.

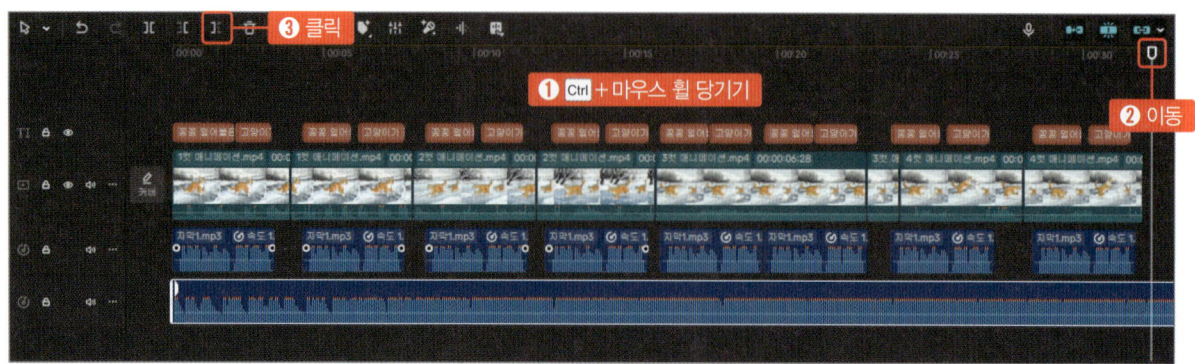

4 트랙에서 배경음악을 선택하고 [세부 정보] 창-[기본]에서 볼륨('-10.0dB'), 페이드 인('0.5s'), 페이드 아웃('0.5s') 값을 지정한 후 [내보내기]를 클릭합니다.

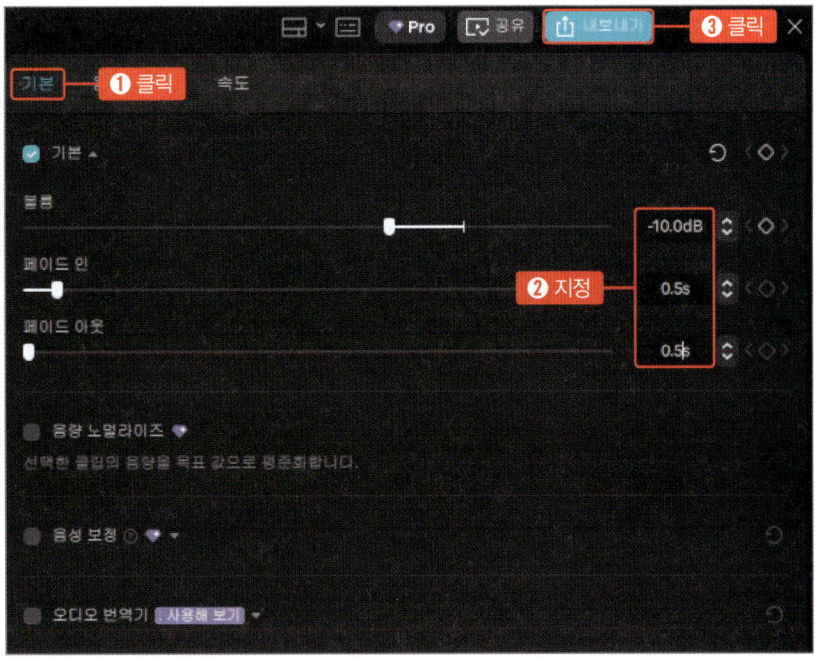

5 [내보내기] 창이 나타나면 [내보내기]를 클릭하여 '꽁꽁 얼어붙은 한강 위로 고양이가 걸어다닙니다.' 숏폼 영상을 동영상 파일로 저장합니다.

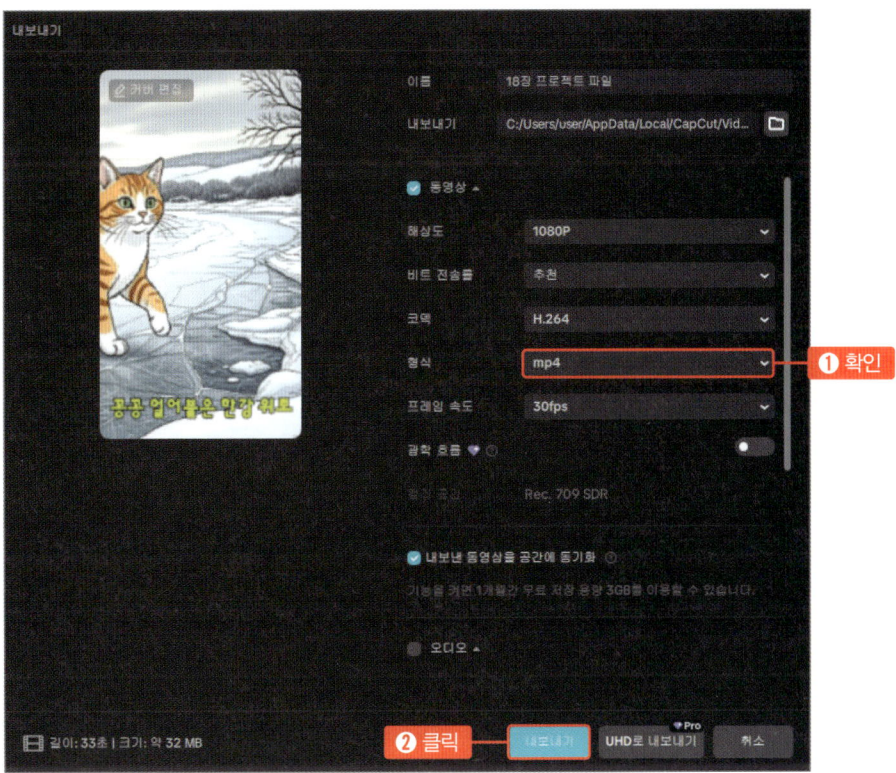

6 내보내기가 완료되면 완성된 '꽁꽁 얼어붙은 한강 위로 고양이가 걸어다닙니다.' 숏폼 영상을 확인해 봅니다.

미션! 숏폼 챌린지

▶ 실습 파일 : 18강 실습 파일 폴더　▶ 완성 파일 : 18강 완성 파일 폴더

01. 캡컷을 이용하여 '간식 내놔라!' 밈 숏폼 영상을 완성해 봅니다.

| 챌린지 힌트! | • '미션-1컷 애니메이션'~'미션-4컷 애니메이션' 파일을 불러와요.
• [미션 음성 파일] 폴더에서 음성 파일을 불러와 음성을 추가해요. |

Stage 04

도전! 챌린지 숏폼 만들기

- Clip 19 뛰어! 챌린지 장면 만들기
- Clip 20 뛰어! 챌린지 완성하기
- Clip 21 No Roots! 챌린지 장면 만들기
- Clip 22 No Roots! 챌린지 완성하기
- Clip 23 Transition 챌린지 장면 만들기
- Clip 24 Transition 챌린지 완성하기

뛰어! 챌린지 장면 만들기

▶ 피사체와 장면에 사용할 참조 이미지를 확인합니다.
▶ 필요한 장면을 생성하기 위한 프롬프트를 작성합니다.
▶ 위스크에서 필요한 장면을 생성하고 저장합니다.
▶ 장면에 어울리는 대사를 작성합니다.

활용 프로그램 : 위스크(Whisk)

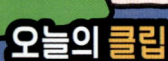 **오늘의 클립**　　　▶ 실습 파일 : 19강 실습 파일 폴더　▶ 완성 파일 : 19강 완성 파일 폴더

핫핫! 숏폼 스타되기

 오늘은 뛰어! 챌린지 숏폼 영상을 만들기 위한 장면을 생성해 보는 날이에요. 필요한 장면을 확인하고 장면을 생성하기 위해 필요한 프롬프트를 정리해 본 후 계속해서 프롬프트를 수정해 가며 원하는 장면을 생성해 봐요.

Take 01 뛰어! 챌린지 장면 생성하기

1. 장면을 생성하기 위해 주어진 피사체와 장면을 확인합니다.

[피사체]

| 헌터 | 저승사자 |

[장면]

| 용암길 | 가시밭길 |
| 얼음길 | 불길 |

뛰어! 챌린지는 블랙핑크의 '뛰어' 음악에 맞추어 춤을 따라추거나 코믹한 모습으로 달려나가는 모습을 표현한 숏폼 콘텐츠예요. 교재에서는 뛰어! 음악에 맞춰 헌터가 다양한 길들을 헤쳐나가는 챌린지 영상을 만들 예정이에요.

❷ 필요한 장면을 확인하고 장면을 생성하기 위해 필요한 프롬프트를 작성해 봅니다.

용암길 장면	이미지 생성 프롬프트
	예) 피사체와 장면을 유지한 채 도망가는 남자를 3명의 여자 헌터가 잡으러 가는 모습
가시밭길 장면	이미지 생성 프롬프트
	예) 피사체와 장면을 유지한 채 날아가는 남자를 3명의 여자 헌터가 잡으러 가는 뒷모습
얼음길 장면	이미지 생성 프롬프트
	예) 피사체와 장면을 유지한 채 스케이트를 타고 도망가는 남자를 3명의 여자 헌터가 잡으러 가다가 넘어진 모습
불길 장면	이미지 생성 프롬프트
	예) 피사체와 장면을 유지한 채 남자와 전투를 하는 3명의 여자 헌터의 모습

❸ 크롬(🌐) 브라우저를 실행하고 위스크 사이트('https://labs.google/fx/ko/tools/whisk')에 접속하여 구글 계정으로 로그인한 후 [도구 열기]를 클릭합니다.

❹ 장면의 비율을 변경하기 위해 [가로세로 비율(⬜)]-[가로 모드]를 클릭합니다.

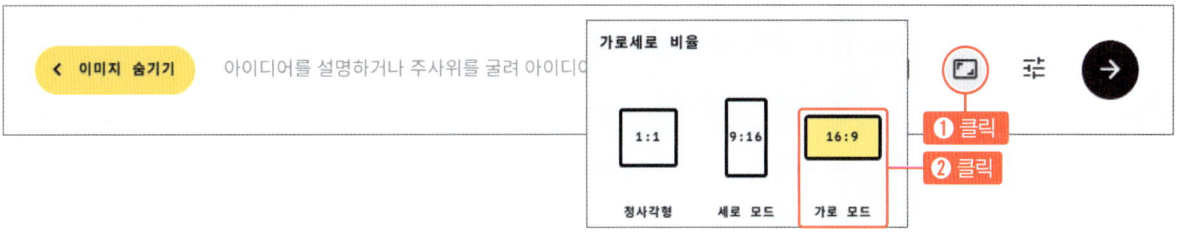

❺ [피사체]에 참조 이미지 2개('헌터', '저승사자')와 [장면]에 참조 이미지('용암길')를 추가한 후 앞서 작성한 프롬프트를 입력하여 이미지를 생성합니다.

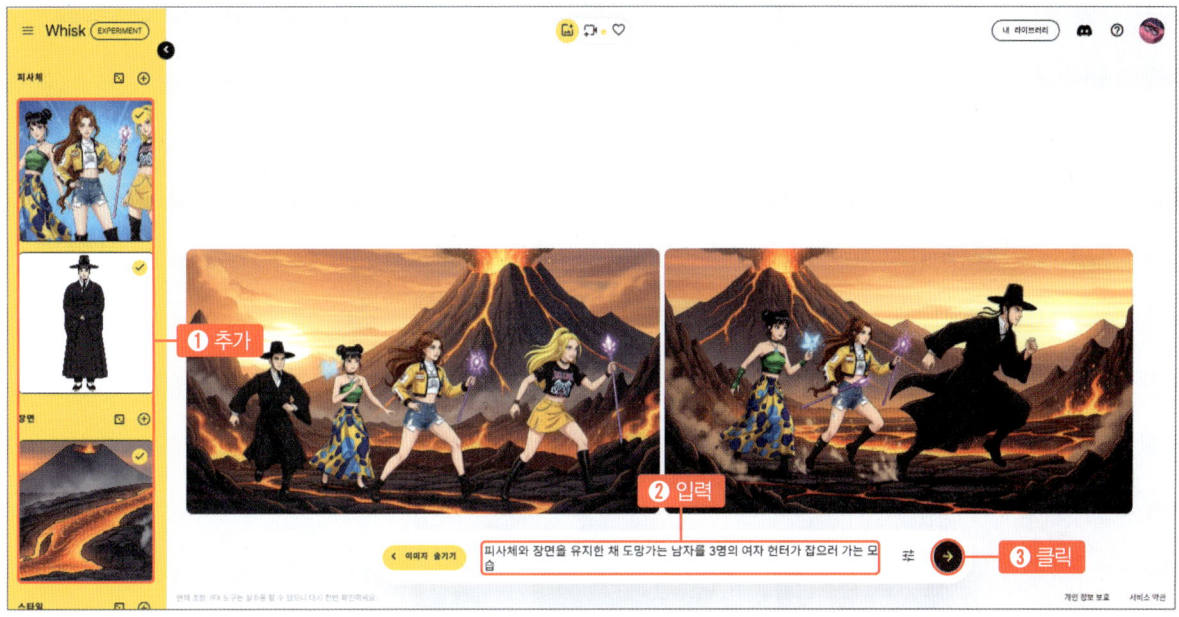

> PoP PoP! 팁   프롬프트를 계속 수정하여 필요한 장면과 비슷한 장면을 생성해 보세요.

❻ 필요한 장면이 생성되면 [세부 조정]을 클릭하여 장면의 구체적인 부분을 수정한 후 완성된 이미지를 다운로드하고 [미세 조정 모드]를 종료합니다.

❼ [장면]에서 '용암길' 참조 이미지를 삭제하고 '가시밭길' 참조 이미지를 추가한 후 ❺~❻과 같은 방법으로 장면을 생성하고 완성된 이미지를 다운로드합니다.

❽ ❼과 같은 방법으로 [장면]에 '얼음길', '불길' 참조 이미지를 추가하고 앞서 작성한 프롬프트를 입력하여 장면을 생성한 후 완성된 이미지를 다운로드합니다.

> **PoP PoP! 팁** 생성된 이미지에 애니메이션을 적용해 동영상 파일로 다운로드해도 좋아요. 애니메이션 생성 개수가 모두 소진되었다면 다음 시간에 예제 파일을 제공할 예정이므로, 이미지만 생성하도록 해요.

Take 02 뛰어! 챌린지 대사 작성하기

❶ 유튜브 사이트('https://www.youtube.com')에 접속한 후 '뛰어 챌린지'를 검색하여 챌린지 내용과 음악을 확인해 봅니다.

> **PoP PoP! 팁**
> 챌린지 내용이 반드시 똑같을 필요는 없어요. 앞서 생성한 이미지를 바탕으로 나만의 개성을 살린 챌린지를 완성하면 돼요.

❷ 각 장면에 어울리는 대사를 작성해 봅니다.

용암길 장면	대사
	예) 헌터 : 하나! 둘! 셋! 잡아!

가시밭길 장면	대사
	예) 저승사자 : 하하하하! 헌터, 뛰어라!

얼음길 장면	대사
	예) 저승사자 : 미끄러지진 말고!

불길 장면	대사
	예) 저승사자 : 언제 여기까지 달려왔지?

대사로 음성 생성하기

제공되는 파일을 사용하여 숏폼 영상을 만들어도 되지만, 본인이 작성한 대사를 음성으로 변환하여 사용하면 본인의 개성이 담긴 숏폼 영상을 만들 수 있어요.

❶ **TTSMAKER에서 텍스트 음성으로 변환하기**

  ① TTSMAKER 사이트('https://ttsmaker.com/ko') 접속 후 대사 입력하기

  ② 언어 및 목소리 선택하기

  ③ [추가 설정] 클릭하고 음성 속성 설정하기

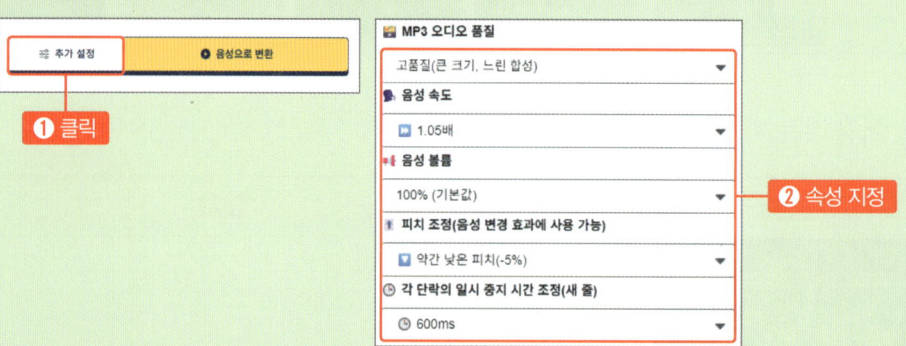

  ④ 보안 문자 코드 입력하고 [음성으로 변환] 클릭하기

  ⑤ [음성 파일 다운로드] 클릭하여 생성된 음성 저장하기

❷ **캡컷에서 텍스트 음성으로 변환하기** : 캡컷에서 [텍스트]-[기본 텍스트]를 추가하고 대사를 입력한 후 [텍스트에서 음성으로]를 클릭하여 음성으로 변환합니다.

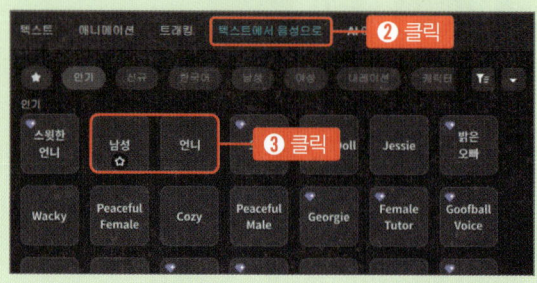

미션! 숏폼 챌린지

▶ 실습 파일 : 19강 실습 파일 폴더　▶ 완성 파일 : 19강 완성 파일 폴더

01. '선사시대부터 근현대시대까지 뛰어! 챌린지' 영상을 만들기 위해 위스크에서 필요한 장면을 생성하고 각 장면에 어울리는 대사를 작성해 봅니다.

선사시대 장면	대사
	예) 하나 둘 셋! 선사시대! 뛰어!

고대 문명시대 장면	대사
	예) 고대 문명시대! 뛰어!

중세·근세시대 장면	대사
	예) 중세~근세시대! 뛰어!

근현대시대 장면	대사
	예) 근현대시대! 뛰어!

챌린지 힌트! '원시인-선사시대', '소크라테스-고대 문명시대', '세종대왕-중세근세시대', '아인슈타인-근현대시대' 참조 이미지를 조합하여 장면을 생성해 보세요.

 **뛰어! 챌린지 완성하기**

▶ 캡컷 타임라인에 동영상 파일을 추가합니다.
▶ 영상에 전환 효과를 추가합니다.
▶ 영상에 자막과 음성을 추가합니다.
▶ 녹화 기능을 활용하여 배경음악을 추가합니다.

활용 프로그램 : 캡컷(CapCut)

오늘의 클립

▶ 실습 파일 : 20강 실습 파일 폴더   ▶ 완성 파일 : 20강 완성 파일 폴더

하나! 둘! 셋! 잡아!!!

하하하하! 헌터!! 뛰어라!!

미끄러지진 말고!

언제 여기까지 달려왔지?

핫핫! 숏폼 스타되기

이번 시간에는 '뛰어! 챌린지' 숏폼을 완성하기 위해 영상과 음성 파일을 트랙에 추가하고 화면 전환 기능과 자막을 추가한 후 캡컷의 녹화 기능을 활용해 필요한 장면을 녹화하여 영상에 배경음악을 적용해 나만의 '뛰어! 챌린지' 숏폼을 완성해 봐요.

Take 01 영상 추가하고 전환 효과 적용하기

① 캡컷을 실행한 후 [프로젝트 만들기]를 클릭하여 새 프로젝트를 실행하고 [가져오기]를 클릭하여 '1컷 애니메이션'~'4컷 애니메이션'과 음성 파일을 불러옵니다.

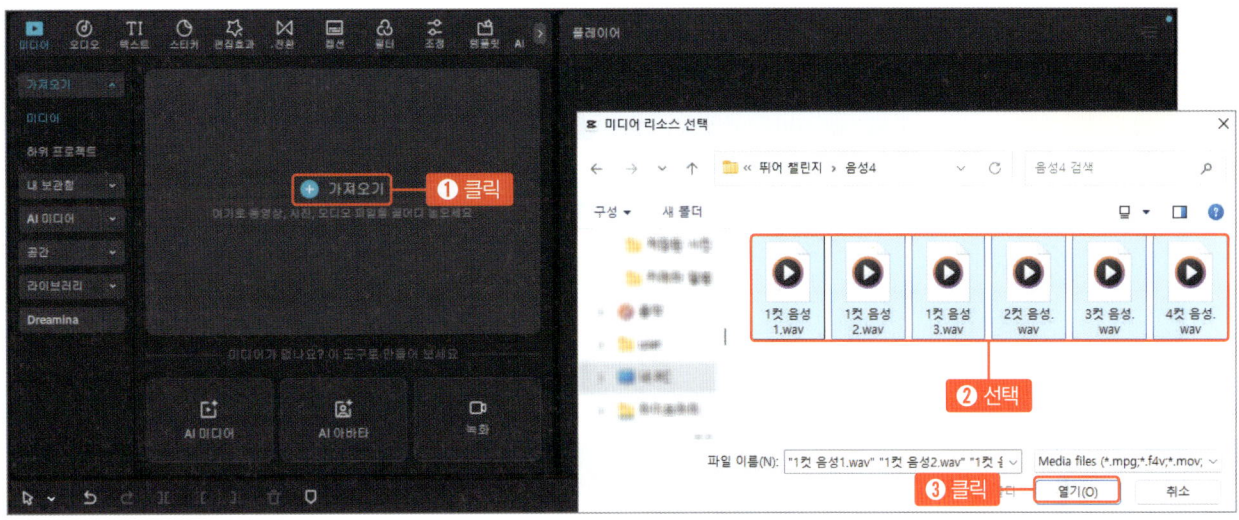

PoP PoP! 팁 [뛰어 챌린지] 폴더에서 영상 파일을 불러온 후 [음성1]~[음성4] 폴더 중 원하는 음성 파일을 불러와요.

② [라이브러리] 창에 추가된 '1컷 애니메이션'~'4컷 애니메이션' 파일을 트랙으로 드래그하여 순서대로 추가한 후 트랙을 음소거합니다.

③ 화면의 비율을 변경하기 위해 [플레이어] 화면에서 [가로 세로 비율]-[9:16]을 클릭합니다.

④ [전환]을 클릭하고 [라이브러리] 창에서 원하는 전환 효과를 선택하여 '1컷 애니메이션'과 '2컷 애니메이션' 영상 사이로 드래그합니다.

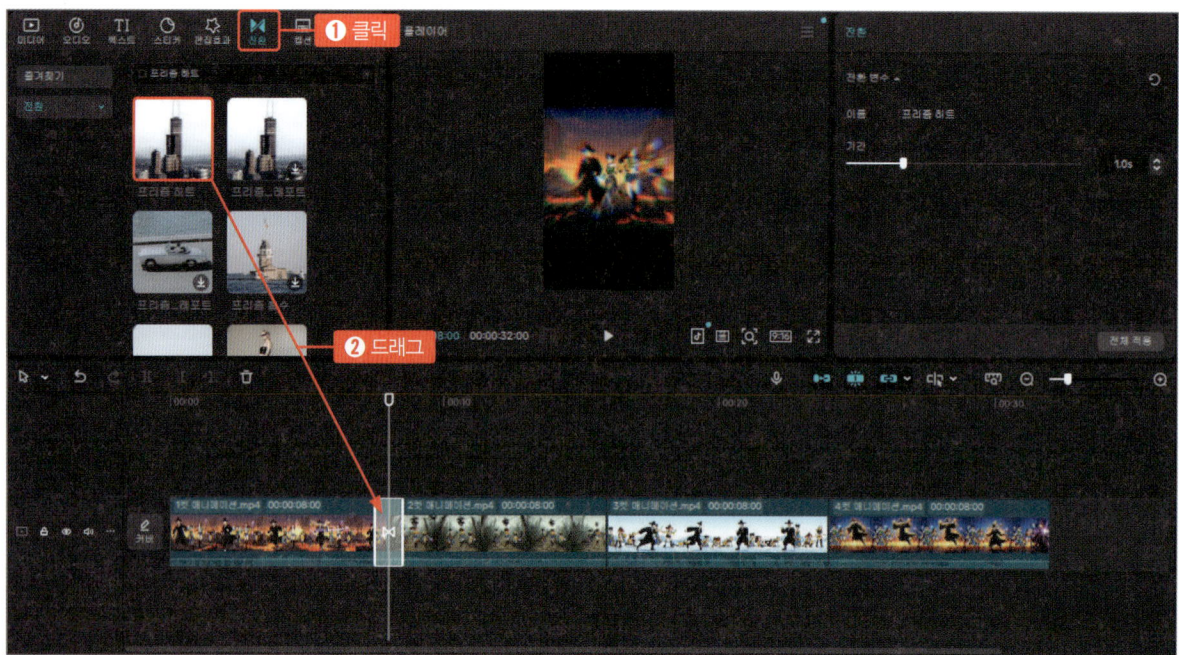

⑤ ④와 같은 방법으로 각 영상 사이에 전환 효과를 적용합니다.

Take 02 영상에 자막과 음성 추가하기

① 인디케이터를 맨 처음 위치로 이동시킨 후 [텍스트]-[기본 텍스트]를 트랙으로 드래그하여 그림과 같이 추가합니다.

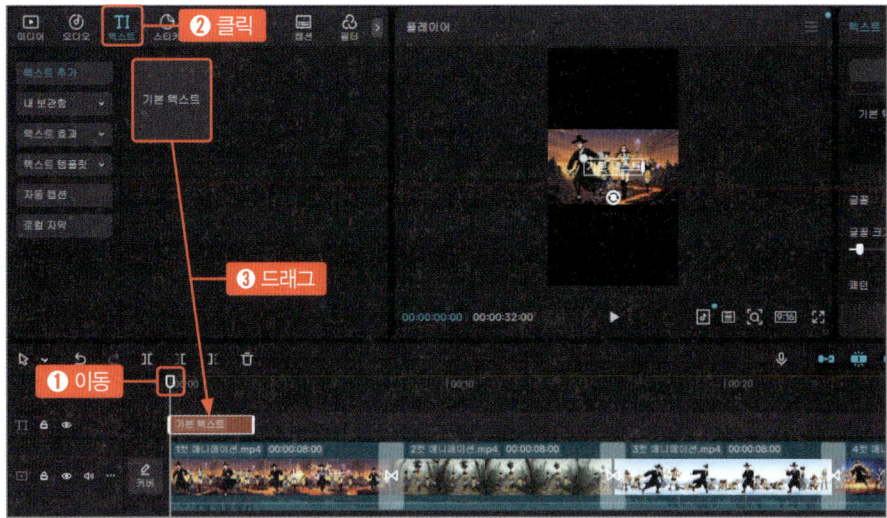

② [세부 정보] 창에서 [텍스트]-[기본]을 클릭하고 텍스트 입력창에 "뛰어! 챌린지"를 입력한 후 글꼴 서식을 지정하고 자막의 위치를 조절합니다.

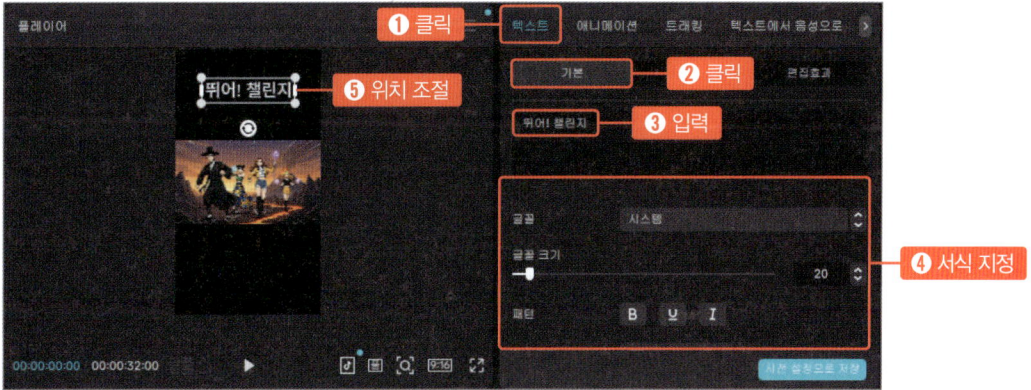

③ [편집효과]를 클릭하고 원하는 자막 스타일을 선택합니다.

④ 자막이 영상이 끝날 때까지 나타나도록 트랙에서 자막을 선택하고 길이를 조절합니다.

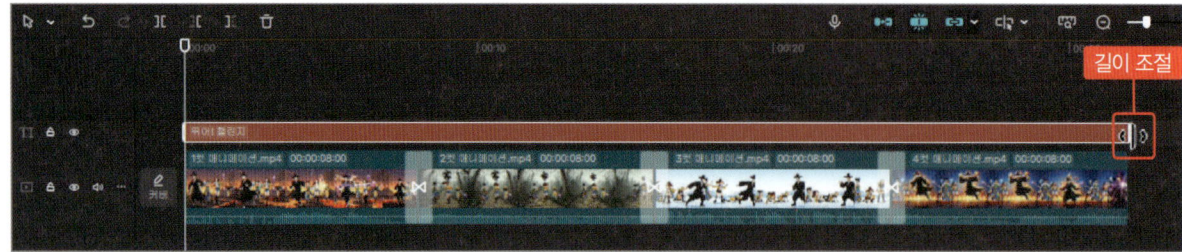

⑤ 인디케이터를 맨 처음 위치로 이동시키고 ❶과 같은 방법으로 자막을 추가한 후 [세부 정보] 창에서 "하나! 둘! 셋! 잡아!"를 입력하고 글꼴 서식을 지정합니다.

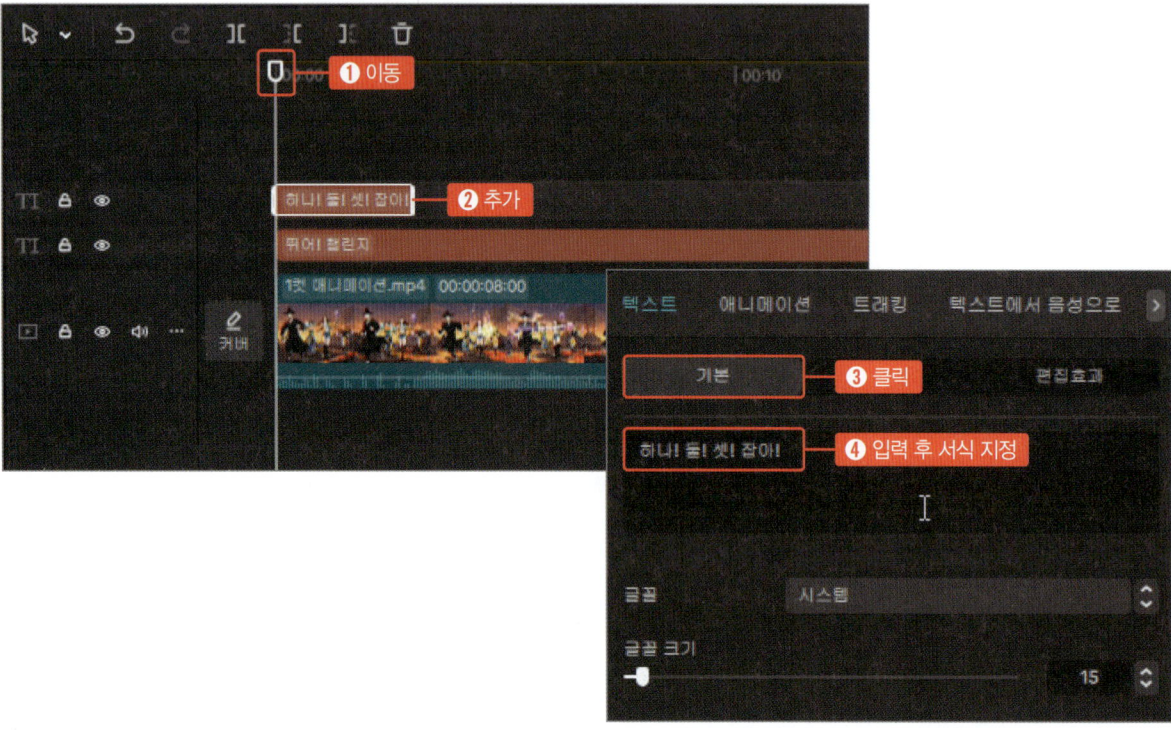

⑥ [편집효과]를 클릭하여 원하는 자막 스타일을 선택하고 자막의 위치를 조절합니다.

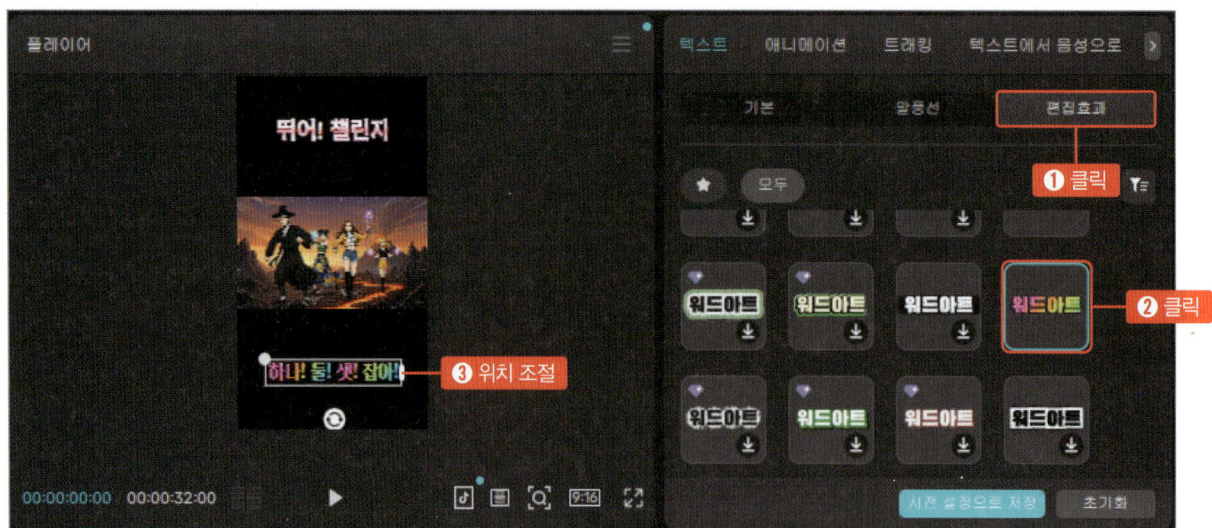

❼ 자막이 '1컷 애니메이션' 영상이 끝날 때까지 나타나도록 트랙에서 자막을 선택하고 길이를 조절합니다.

❽ ❺~❼과 같은 방법으로 각 영상에 자막을 추가하고 서식을 지정한 후 길이를 조절합니다.

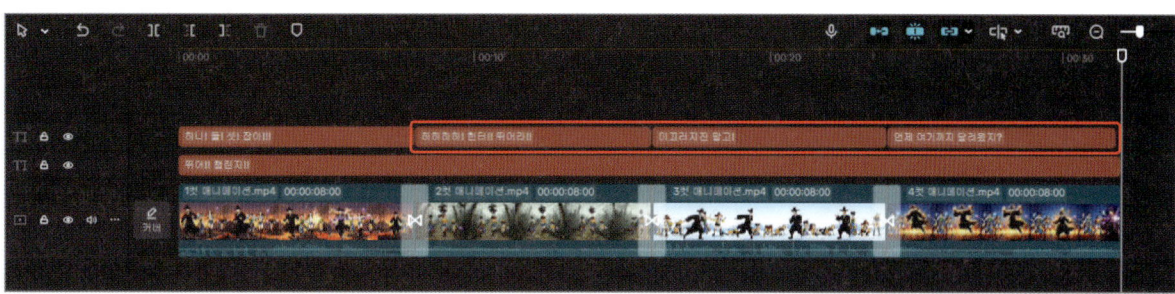

영상	자막
2컷 애니메이션	하하하하! 헌터! 뛰어라!
3컷 애니메이션	미끄러지진 말고!
4컷 애니메이션	언제 여기까지 달려왔지?

❾ [미디어]를 클릭하고 [라이브러리] 창에서 '1컷 음성' 파일을 트랙에 추가합니다.

Clip 20 뛰어! 챌린지 완성하기 **185**

⑩ ❾와 같은 방법으로 '1컷 음성2', '1컷 음성3' 파일을 그림과 같이 트랙에 추가합니다.

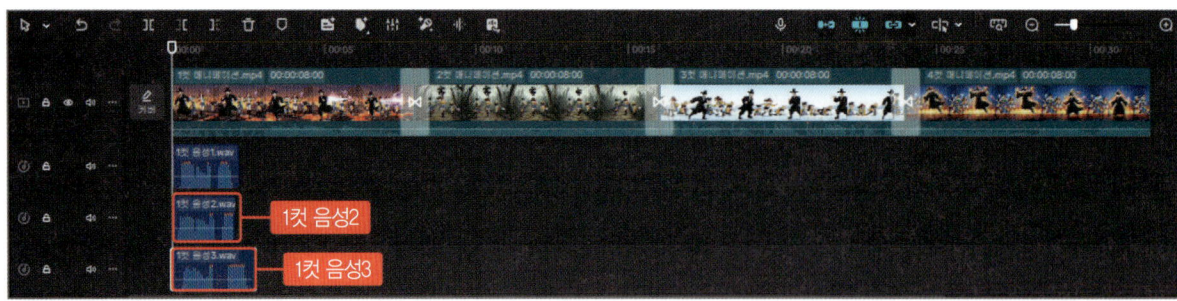

PoP PoP! 팁 여러 개의 음성 파일을 같은 타임라인에 추가하면 여러 명이 말하는듯한 효과를 표현할 수 있어요.

⑪ ❾~⑩과 같은 방법으로 각 영상에 해당하는 음성 파일을 트랙에 추가합니다.

영상	자막
2컷 애니메이션	2컷 음성
3컷 애니메이션	3컷 음성
4컷 애니메이션	4컷 음성

Take 03 영상에 배경음악 추가하기

① 유튜브 사이트('https://www.youtube.com')에 접속한 후 '뛰어 챌린지'를 검색하여 배경음악으로 사용할 영상을 선택합니다.

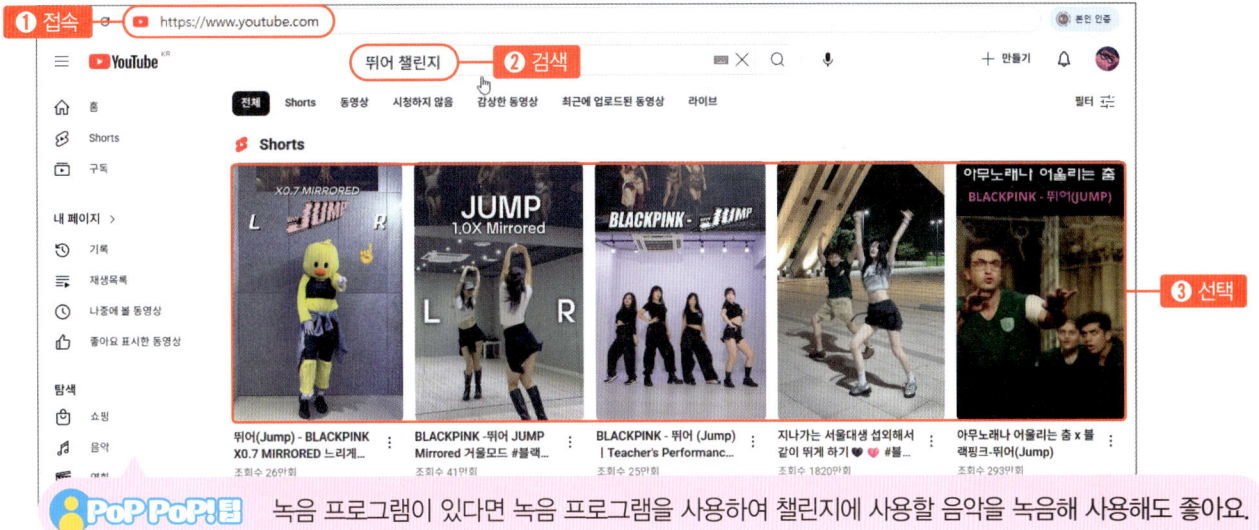

PoP PoP! 팁 녹음 프로그램이 있다면 녹음 프로그램을 사용하여 챌린지에 사용할 음악을 녹음해 사용해도 좋아요.

② 영상을 일시 정지한 후 재생 위치를 맨 처음으로 이동시킵니다.

PoP PoP! 팁 캡컷에서 영상을 녹화할 때는 '3'초 후 녹화가 시작되기 때문에 녹화할 영상의 처음 위치에서 잠깐 동안 재생을 중지해야 해요.

③ 유튜브 창의 제목 표시줄을 화면 상단으로 드래그하여 화면 분할 창이 나타나면 캡컷 반대 페이지로 이동시킵니다.

PoP PoP! 팁 캡컷이 전체 화면으로 설정되어 있는 상태에서 유튜브 창의 주소 표시줄을 화면 상단으로 드래그하면 캡컷과 유튜브 화면을 동시에 띄워두고 작업할 수 있어요.

④ [미디어]-[녹화]를 클릭하고 [플레이어] 화면을 클릭하여 크기 조절점이 나타나면 영상 크기에 맞게 영역을 조절한 후 [녹화 시작]을 클릭합니다.

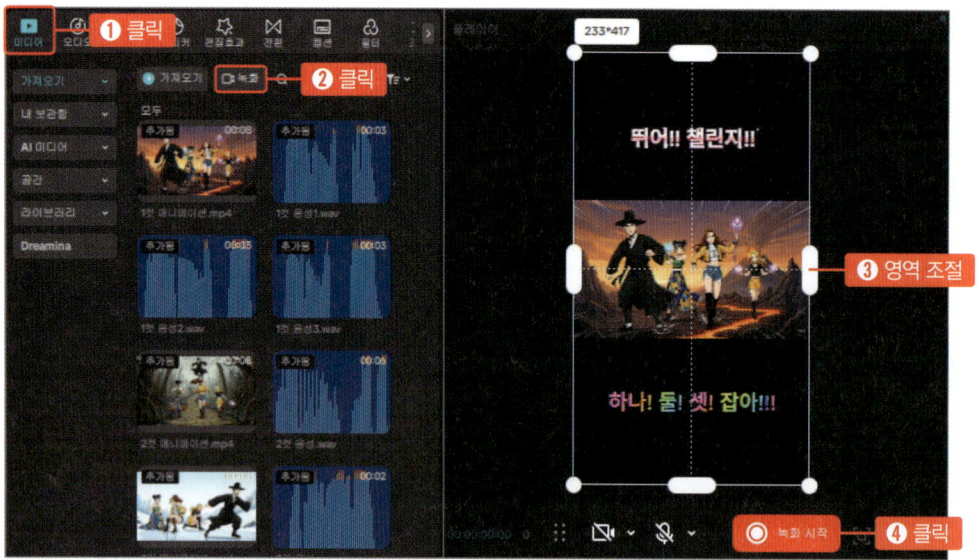

> **PoP PoP! 팁** 챌린지 제작을 위한 배경음악만 필요하기 때문에 유튜브 영상을 녹화할 필요는 없어요.

⑤ 유튜브 창을 클릭하고 다시 영상을 재생하여 녹화를 마친 후 [녹화 중지(■)]를 클릭합니다.

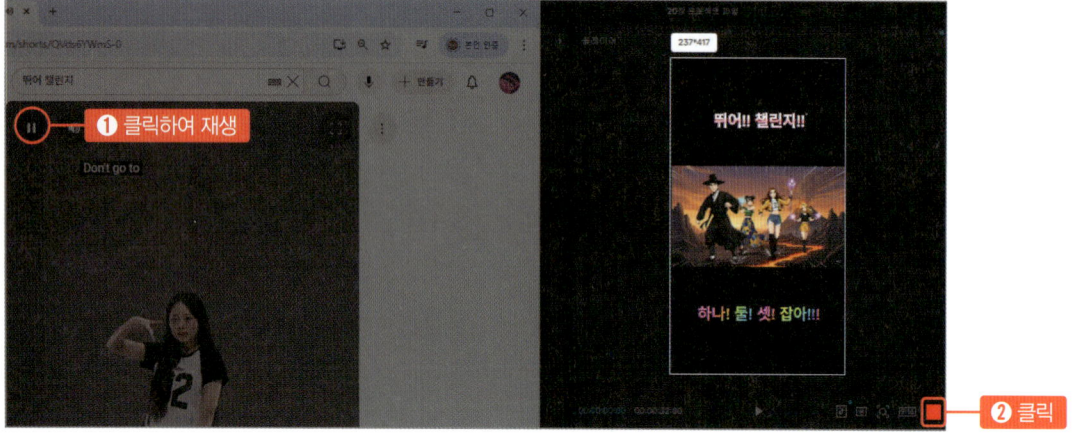

⑥ [화면 녹화] 창이 나타나면 [다운로드]를 클릭하여 녹화한 영상을 저장한 후 [화면 녹화] 창을 닫습니다.

> **PoP PoP! 팁** 녹화한 파일은 [다운로드] 폴더에 저장하고 이름을 '녹화'로 변경해요.

❼ [미디어]-[가져오기]를 클릭하여 앞서 녹화하여 저장한 파일을 불러옵니다.

PoP PoP! 팁 영상을 녹화하지 못했다면 [오디오]-[음악]에서 배경음악을 선택해 사용해요.

❽ 인디케이터를 맨 처음 위치로 이동시킨 후 '1컷 애니케이션' 영상 위쪽 트랙으로 드래그하여 추가합니다.

❾ 트랙에 추가된 '녹화' 영상을 선택하고 [세부 조정] 창에서 [동영상]-[기본]-[혼합]을 클릭한 후 불투명도를 '0'으로 지정합니다.

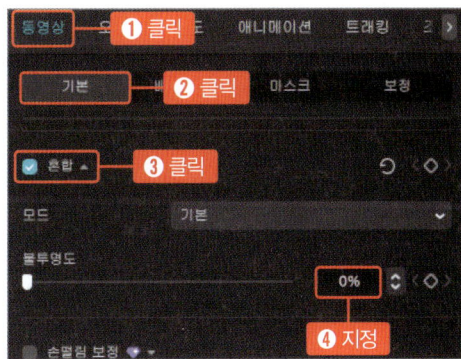

 캡컷 무료 버전에서는 영상과 음성을 분리할 수 없기 때문에 녹화한 영상은 불투명하게 처리하여 화면에서 숨겨요.

⑩ 트랙에서 '녹화' 영상을 선택하고 Ctrl + C , Ctrl + V 키를 눌러 복제한 후 그림과 같이 위치를 조절합니다.

⑪ 인디케이터를 영상 끝 위치로 이동시킨 후 복제된 '녹화' 영상을 클릭하고 [오른쪽 삭제(▯)]를 클릭합니다.

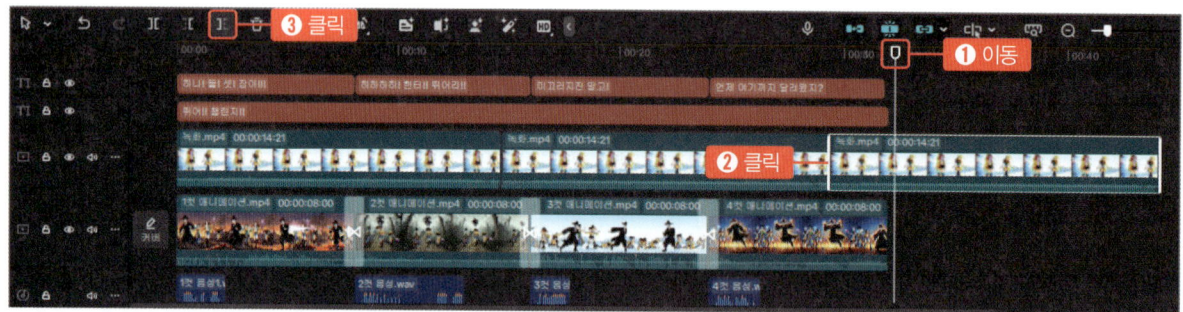

⑫ [내보내기]를 클릭한 후 [내보내기] 창이 나타나면 [내보내기]를 클릭하여 '뛰어! 챌린지' 숏폼 영상을 동영상 파일로 저장합니다.

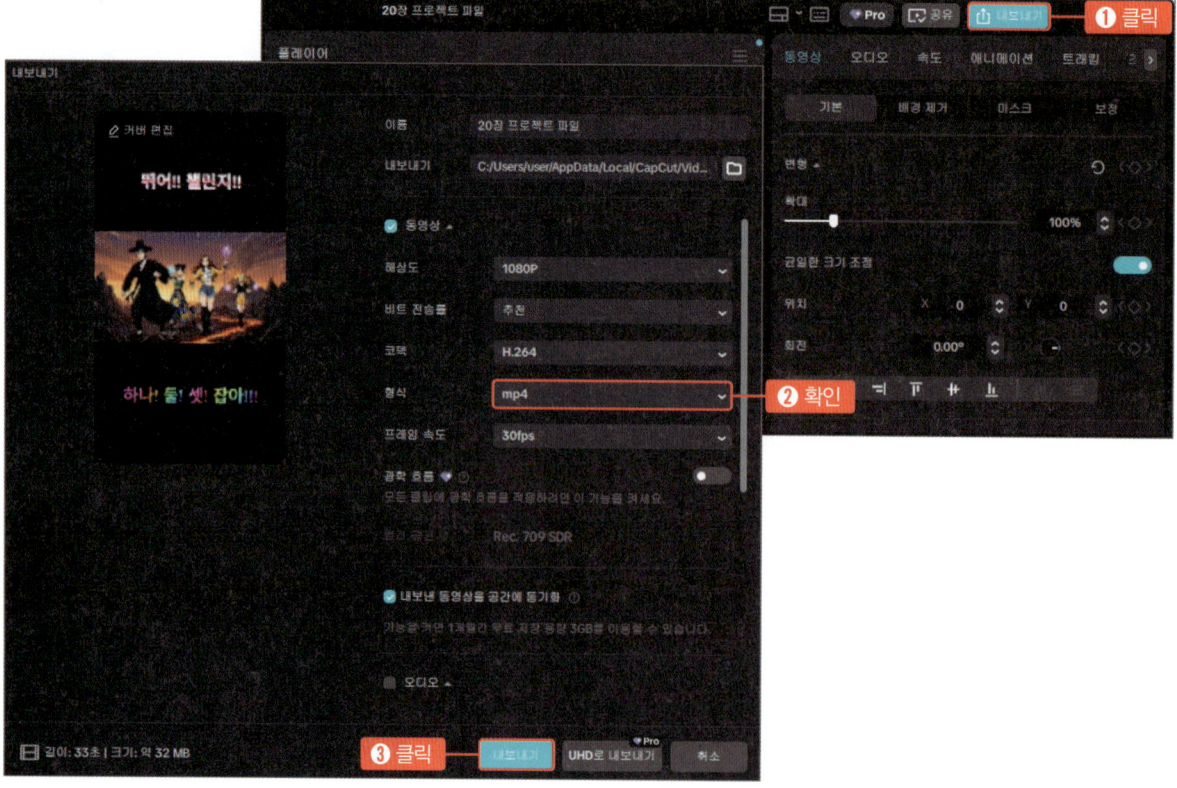

미션! 숏폼 챌린지

▶ 실습 파일 : 20강 실습 파일 폴더   ▶ 완성 파일 : 20강 완성 파일 폴더

01. 캡컷을 이용하여 '선사시대부터 근현대시대까지 뛰어! 챌린지' 영상을 완성해 봅니다.

챌린지 힌트!
- [20강 실습 파일]–[미션 챌린지] 폴더에서 파일을 불러와요.
- 유튜브에서 필요한 음악을 녹화한 후 불투명도를 조절해 배경음악으로 사용해요.

No Roots! 챌린지 장면 만들기

▶ 피사체와 장면에 사용할 참조 이미지를 확인합니다.
▶ 필요한 장면을 생성하기 위한 프롬프트를 작성합니다.
▶ 위스크에서 필요한 장면을 생성하고 저장합니다.
▶ 생성한 장면을 흑백으로 변경합니다.

활용 프로그램 : 위스크(Whisk)

오늘의 클립

▶ 실습 파일 : 21강 실습 파일 폴더   ▶ 완성 파일 : 21강 완성 파일 폴더

핫핫! 숏폼 스타되기

오늘은 No Roots! 챌린지 숏폼 영상을 만들기 위한 장면을 생성해 보는 날이에요. 필요한 장면을 확인하고 장면을 생성하기 위해 필요한 프롬프트를 정리해 본 후 계속해서 프롬프트를 수정해 가며 원하는 장면을 생성해 봐요.

Take 01 No Roots! 챌린지 장면 생성하기

1. 장면을 생성하기 위해 주어진 피사체와 장면을 확인합니다.

[피사체]

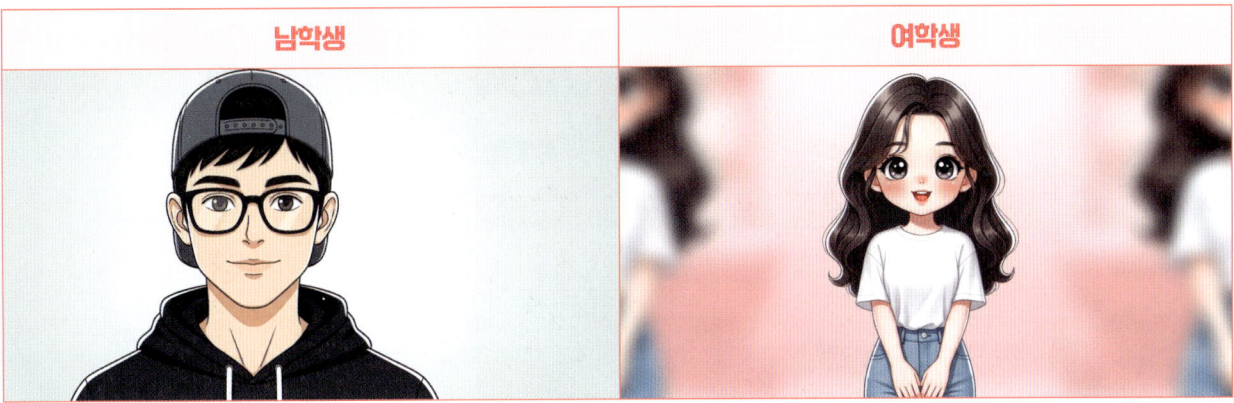

[장면]

 No Roots! 챌린지는 음악에 맞춰 'OO가 되고 나서 이룬 것들'을 주제로 한 챌린지 숏폼(예 고양이 집사가 되고 나서 이룬 것들, 견생 4년차에 이룬 것들 등)이에요. 우리는 초등학생이 되고 나서 이룬 것들을 주제로 No Roots! 챌린지 숏폼을 만들 예정이에요.

❷ 필요한 장면을 확인하고 장면을 생성하기 위해 필요한 프롬프트를 작성해 봅니다.

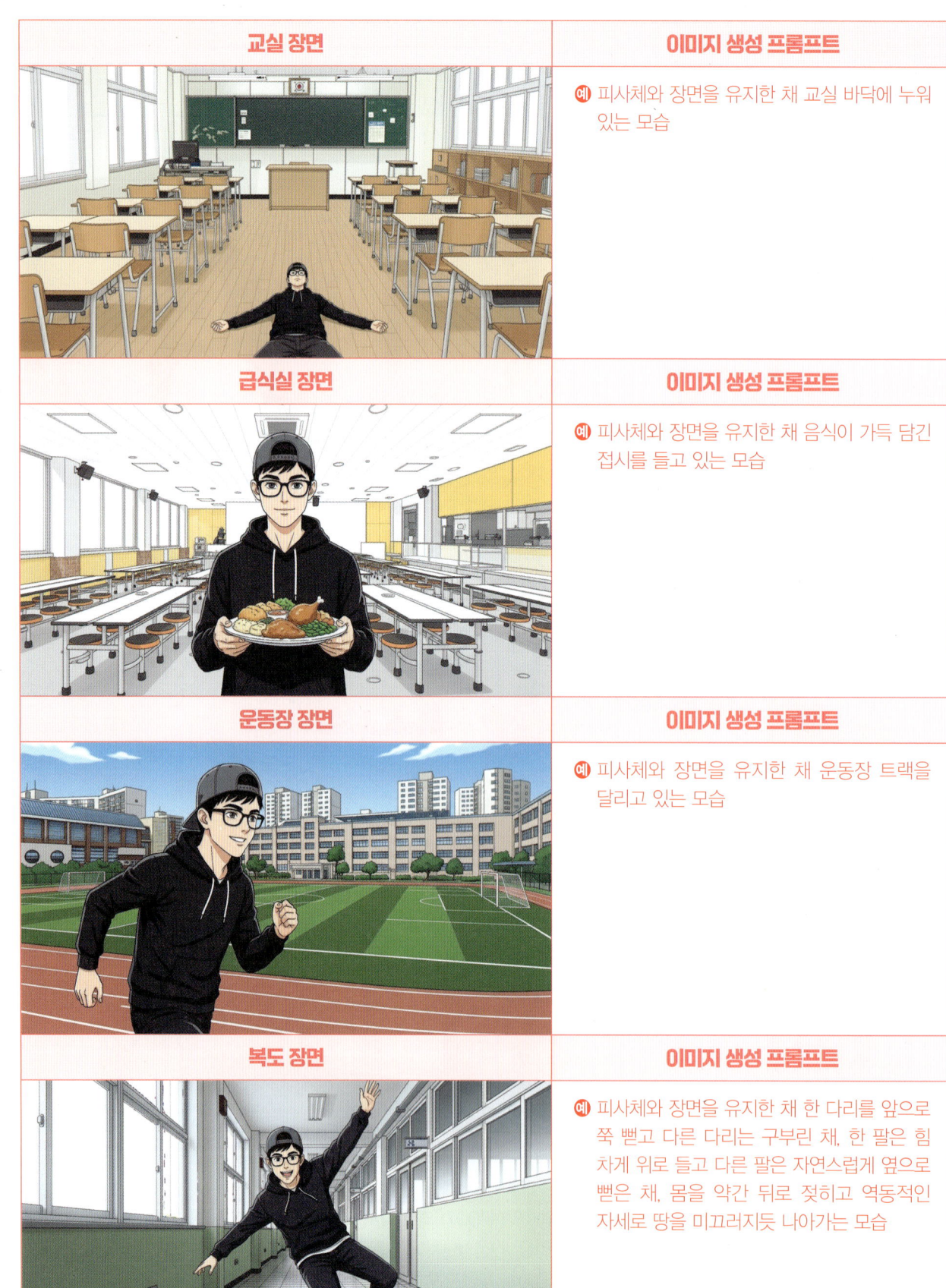

❸ 크롬( ) 브라우저를 실행하고 위스크 사이트('https://labs.google/fx/ko/tools/whisk')에 접속하여 구글 계정으로 로그인한 후 [도구 열기]를 클릭합니다.

❹ 장면의 비율을 변경하기 위해 [가로세로 비율( )]-[가로 모드]를 클릭합니다.

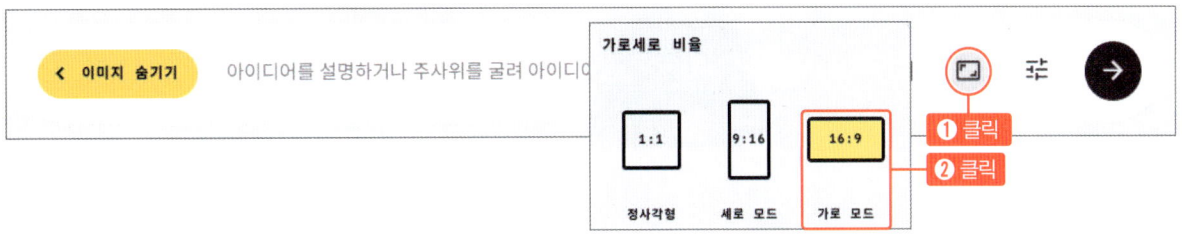

❺ [피사체]와 [장면]에 참조 이미지('남학생', '교실')를 추가한 후 앞서 작성한 프롬프트를 입력하여 이미지를 생성합니다.

PoP PoP! 팁
- [피사체]에는 '남학생', '여학생' 이미지 중 하나를 선택하여 추가해 보세요.
- 프롬프트를 계속 수정하여 필요한 장면과 비슷한 장면을 생성해 보세요.

❻ 필요한 장면이 생성되면 [세부 조정]을 클릭하여 장면의 구체적인 부분을 수정한 후 완성된 이미지를 다운로드하고 [미세 조정 모드]를 종료합니다.

❼ [장면]에서 '교실' 참조 이미지를 삭제하고 '급식실'~'복도' 참조 이미지를 각각 추가한 후 ❺~❻과 같은 방법으로 장면을 생성하고 이미지를 다운로드합니다.

🍭 PoP PoP! 팁   생성된 이미지에 애니메이션을 적용해 동영상 파일로 다운로드해도 좋아요. 애니메이션 생성 개수가 모두 소진되었다면 다음 시간에 예제 파일을 제공할 예정이므로, 이미지만 생성하도록 해요.

❽ [새 탭(+)]을 실행하고 검색창에 '무료 흑백 사진 편집기'를 검색하여 PhotoAiD 사이트에 접속한 후 교실 장면 이미지를 흑백으로 변경합니다.

 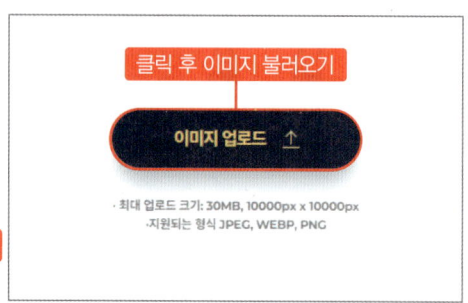

❶ PhotoAiD 사이트 접속하기   ❷ [이미지 업로드] 클릭하여 생성된 이미지 불러오기

❸ 흑백으로 변경된 이미지 확인하기   ❹ [Download] 클릭하여 이미지 저장하기

❾ ❽과 같은 방법으로 '급식실 장면'~'복도 장면' 이미지도 흑백으로 변경하여 저장합니다.

Take 02 No Roots! 챌린지 대사 작성하기

① 유튜브 사이트('https://www.youtube.com')에 접속한 후 'No Roots 챌린지'를 검색하여 챌린지 내용과 음악을 확인해 봅니다.

> **PoP PoP! 팁**
> 챌린지 내용이 반드시 똑같을 필요는 없어요. 앞서 생성한 이미지를 바탕으로 나만의 개성을 살린 챌린지를 완성하면 돼요.

② 각 장면에 어울리는 대사를 작성해 봅니다.

교실 장면	대사
	예) 교실 바닥을 기어다닌 경험 525번!

급식실 장면	대사
	예) 음식을 리필한 경험 52번!

운동장 장면	대사
	예) 운동장 달리기 3520회전!

복도 장면	대사
	예) 복도 슬라이딩 32번!

미션! 숏폼 챌린지

▶ 실습 파일 : 21강 실습 파일 폴더   ▶ 완성 파일 : 21강 완성 파일 폴더

01. '기억하겠습니다 챌린지' 영상을 만들기 위해 위스크에서 필요한 장면을 생성하고 각 장면에 어울리는 대사를 작성해 봅니다.

1919년 3·1 운동 장면	대사
	예) 1919년 3·1 운동 "유관순 열사 : 17세" 10대의 어린 나이에 순국
1909년 하얼빈 의거 장면	**대사**
	예) 1909년 하얼빈 의거 "안중근 의사 : 31세" 나라를 위해 젊은 나이에 희생
1932년 홍커우 공원 의거 장면	**대사**
	예) 1932년 상하이 홍커우 공원 의거 "윤봉길 의사 : 25세" 도시락 폭탄 의거 후 순국
감사와 기억 장면	**대사**
	예) 대한민국의 오늘은 그들의 희생 위에 있습니다.

챌린지 힌트! '유관순-3·1운동 거리', '안중근-홍커우 공원', '윤봉길 의사-하얼빈역' 참조 이미지를 조합하여 장면을 생성해 보세요.

02. 각 장면을 흑백 이미지로 변경하여 저장해 봅니다.

No Roots! 챌린지 완성하기

▶ 캡컷 타임라인에 동영상 파일과 음성 파일을 추가합니다.
▶ 영상에 자막과 음성을 추가합니다.
▶ 배경음악을 추가하여 숏폼 영상을 완성합니다.

활용 프로그램 : 캡컷(CapCut)

오늘의 클립

▶ 실습 파일 : 22강 실습 파일 폴더   ▶ 완성 파일 : 22강 완성 파일 폴더

핫핫! 숏줌 스타되기

이번 시간에는 'No Roots! 챌린지' 숏폼을 완성하기 위해 영상과 음성 파일을 트랙에 추가하고 자막을 추가한 후 배경음악을 적용해 '초등학생이 되고 내가 이룬 것'을 주제로 'No Roots! 챌린지' 숏폼을 완성해 봐요.

Take 01 영상에 자막과 음성 추가하기

❶ 캡컷을 실행한 후 [프로젝트 만들기]를 클릭하여 새 프로젝트를 실행하고 [가져오기]를 클릭하여 '1컷 애니메이션'~'4컷 애니메이션', '1컷 음성1'~'4컷 음성', '1컷 흑백'~'4컷 흑백' 파일을 불러옵니다.

PoP PoP! 팁
- 원하는 [음성] 폴더를 선택하여 음성 파일을 불러와요.
- 직접 생성한 음성 파일이 있다면, 해당 음성 파일을 불러와 작업해요.

❷ [라이브러리] 창에 추가된 '1컷 흑백'~'4컷 흑백', '1컷 애니메이션'~'4컷 애니메이션' 파일을 트랙으로 드래그하여 순서대로 추가합니다.

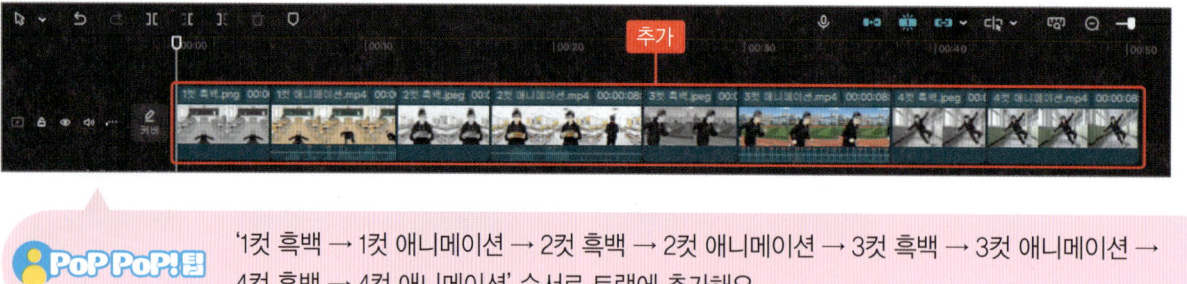

PoP PoP! 팁 '1컷 흑백 → 1컷 애니메이션 → 2컷 흑백 → 2컷 애니메이션 → 3컷 흑백 → 3컷 애니메이션 → 4컷 흑백 → 4컷 애니메이션' 순서로 트랙에 추가해요.

❸ 화면의 비율을 변경하기 위해 [플레이어] 화면에서 [가로 세로 비율]-[9:16]을 클릭합니다.

④ 트랙에서 '1컷 흑백' 이미지를 선택하고 [플레이어] 화면에서 크기와 구도를 조절합니다.

⑤ 같은 방법으로 트랙에서 '2컷 흑백'~'4컷 흑백', '1컷 애니메이션'~'4컷 애니메이션'을 선택하고 [플레이어] 화면에서 크기와 구도를 조절합니다.

⑥ '1컷 흑백'~'4컷 흑백'의 길이를 조절한 후 [트랙 음소거(🔊)]를 클릭하여 영상 파일에 포함된 소리를 음소거합니다.

> **PoP PoP! 팁** 흑백 이미지는 영상에서 짧게 나타나도록 길이를 조절해요.

⑦ 인디케이터를 맨 처음 위치로 이동시키고 [텍스트]-[기본 텍스트]를 트랙에 추가합니다.

❽ [세부 정보] 창에서 [텍스트]-[기본]을 클릭하고 텍스트 입력창에 "초등학생이 되고 내가 이룬 것"을 입력한 후 글꼴 서식을 지정하고 자막의 위치를 조절합니다.

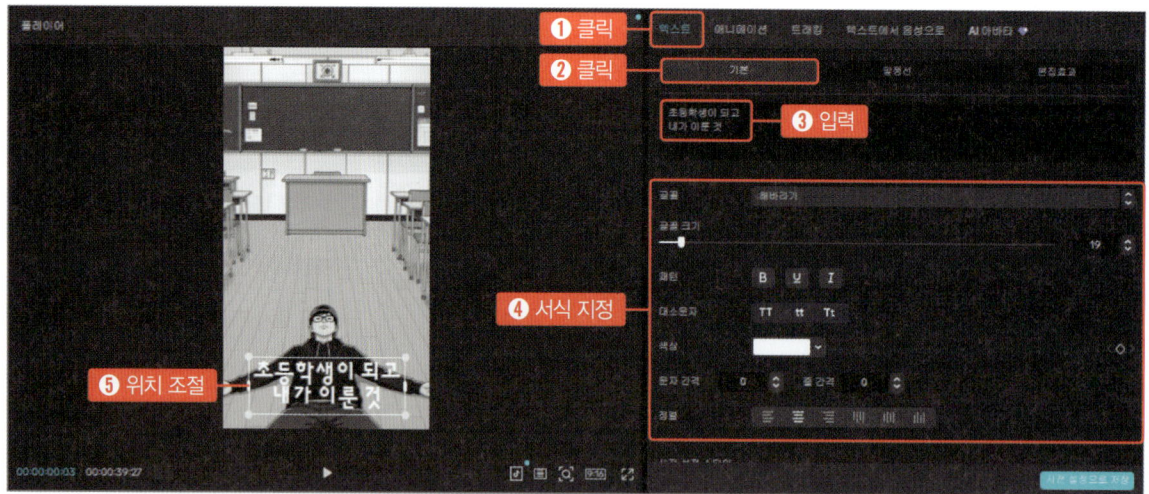

❾ [편집효과]를 클릭하고 원하는 자막 스타일을 선택합니다.

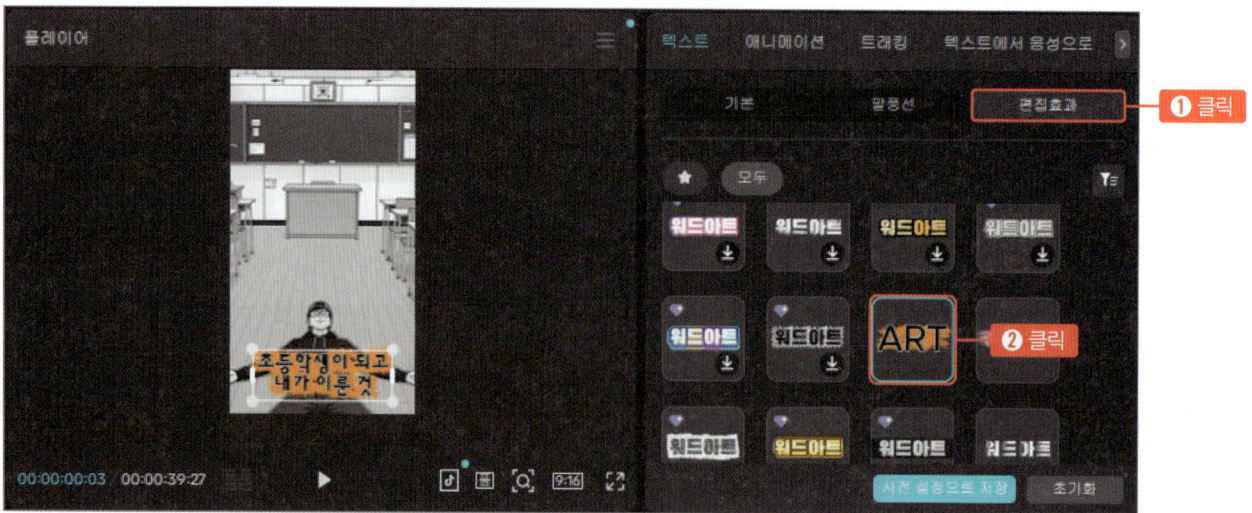

❿ [텍스트에서 음성으로]-[한국어]를 클릭하고 목소리를 선택한 후 [음성 생성]을 클릭합니다.

⓫ 자막이 영상이 끝날 때까지 나타나도록 트랙에서 자막을 선택하고 길이를 조절한 후 앞서 생성한 음성의 길이에 맞게 '1컷 흑백'의 길이를 조절합니다.

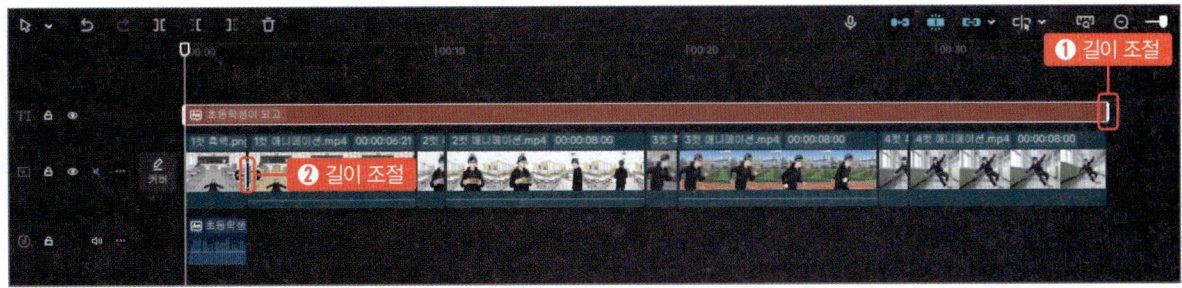

⓬ 인디케이터를 '1컷 애니메이션' 위치로 이동시키고 ❼~❾와 같은 방법으로 자막('교실 바닥을 기어다닌 경험 525번!')을 추가한 후 길이를 조절하고 글꼴 서식과 스타일을 지정합니다.

⓭ ⓬와 같은 방법으로 '2컷 애니메이션'~'4컷 애니메이션' 위치에 자막을 추가하고 길이를 조절합니다.

영상	자막
2컷 애니메이션	음식을 리필한 경험 52번!
3컷 애니메이션	운동장 달리기 3250회전!
4컷 애니메이션	복도 슬라이딩 32번!

⓮ [미디어]-[라이브러리] 창에서 '1컷 음성' 파일을 트랙으로 드래그하여 '1컷 애니메이션' 위치에 추가합니다.

⓯ ⓮와 같은 방법으로 '2컷 음성'~'4컷 음성' 파일을 '2컷 애니메이션'~'4컷 애니메이션' 위치에 추가합니다.

Take 02 영상에 배경음악 추가하기

❶ 인디케이터를 맨 처음 위치로 이동시킨 후 [오디오]-[음악]-[브이로그]를 클릭합니다.

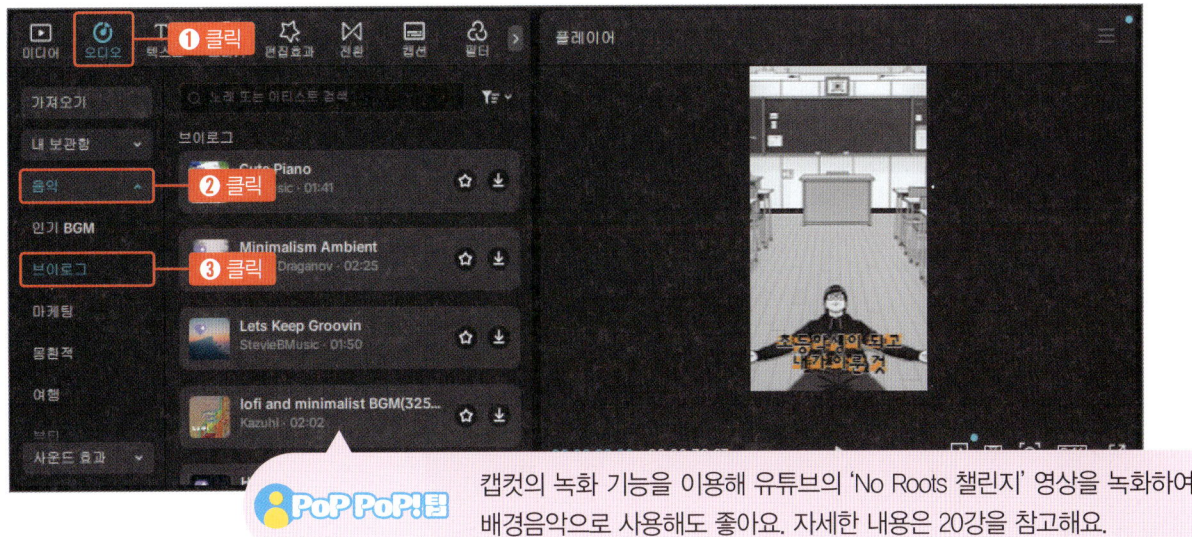

PoP PoP! 팁 캡컷의 녹화 기능을 이용해 유튜브의 'No Roots 챌린지' 영상을 녹화하여 배경음악으로 사용해도 좋아요. 자세한 내용은 20강을 참고해요.

❷ [라이브러리] 창에서 원하는 배경음악을 선택하여 트랙에 추가합니다.

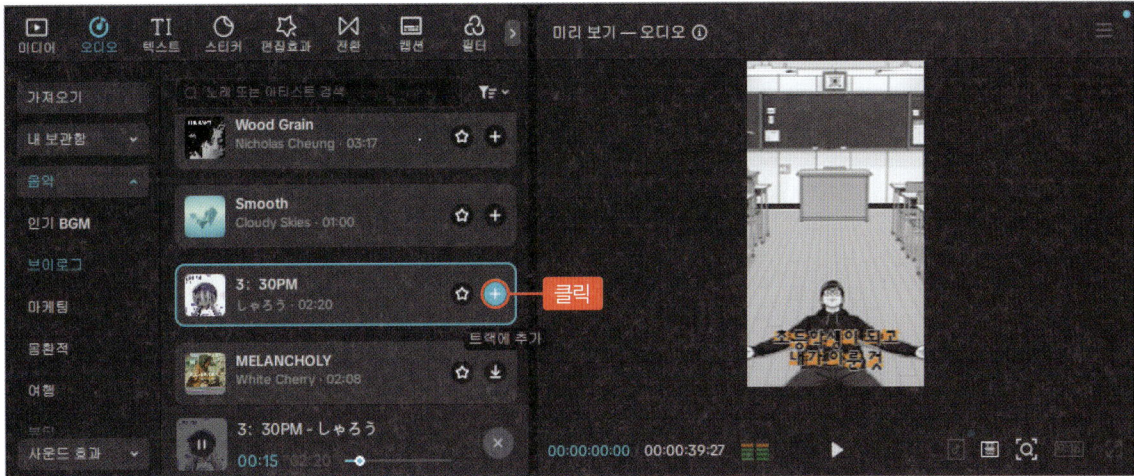

❸ 인디케이터를 영상 끝으로 이동시킨 후 [오른쪽 삭제(▯)]를 클릭하여 불필요한 배경음악을 삭제합니다.

④ 트랙에서 배경음악을 선택하고 [세부 정보] 창에서 볼륨('-10.0dB'), 페이드 인('0.5s'), 페이드 아웃('0.5s') 값을 지정한 후 [내보내기]를 클릭합니다.

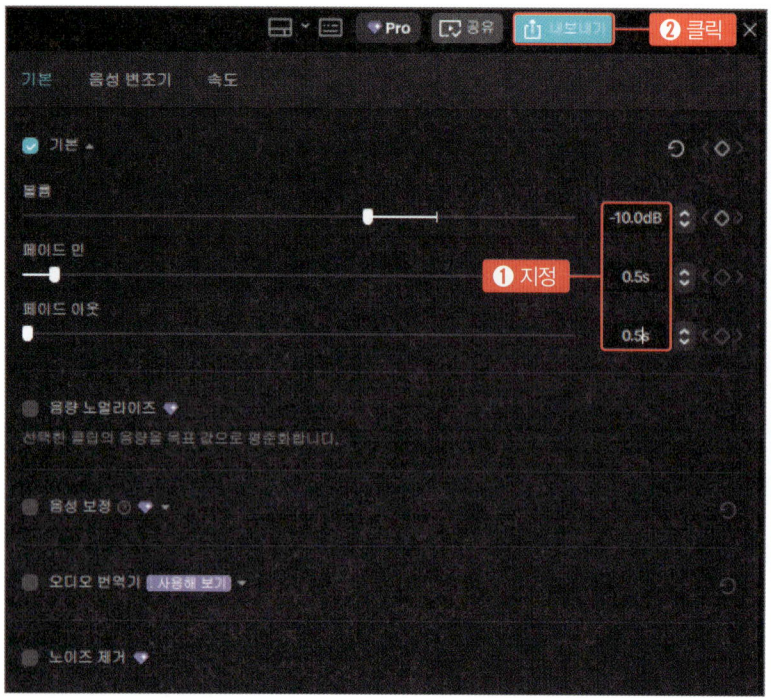

⑤ [내보내기] 창이 나타나면 [내보내기]를 클릭하여 'No Roots! 챌린지' 숏폼 영상을 동영상 파일로 저장합니다.

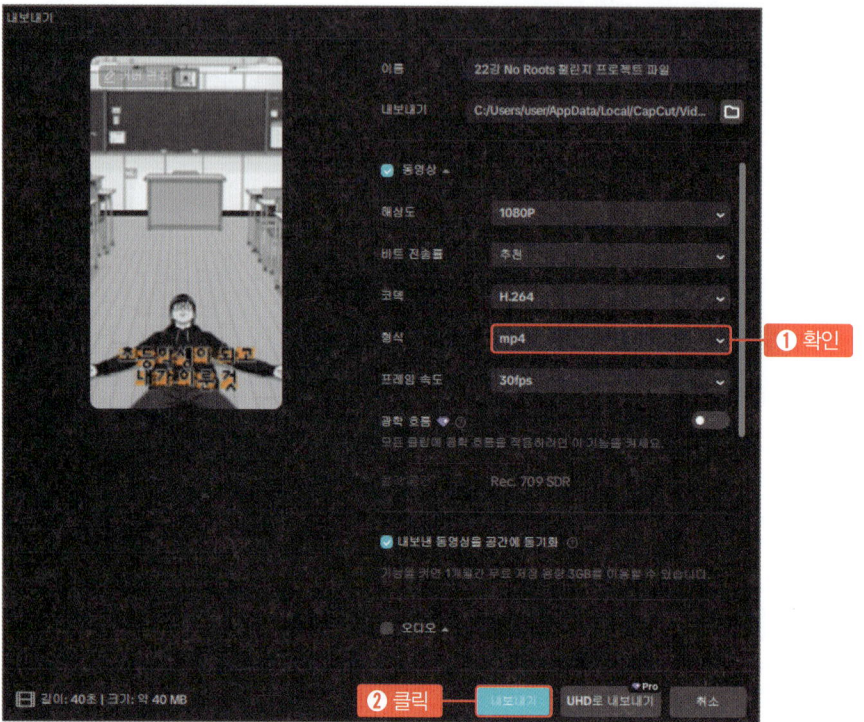

⑥ 내보내기가 완료되면 완성된 'No Roots! 챌린지' 숏폼 영상을 확인해 봅니다.

미션! 숏폼 챌린지

▶ 실습 파일 : 22강 실습 파일 폴더 ▶ 완성 파일 : 22강 완성 파일 폴더

01. 캡컷을 이용하여 '기억하겠습니다 챌린지' 숏폼 영상을 완성해 봅니다.

챌린지 힌트! [22강 실습 파일]-[미션 챌린지] 폴더에서 파일을 불러와요.

Transition 챌린지 장면 만들기

▶ 피사체와 장면에 사용할 참조 이미지를 확인합니다.
▶ 필요한 장면을 생성하기 위한 프롬프트를 작성합니다.
▶ 위스크에서 필요한 장면을 생성하고 저장합니다.
▶ 장면에 어울리는 대사를 작성합니다.

활용 프로그램 : 위스크(Whisk)

▶ **실습 파일 :** 23강 실습 파일 폴더   ▶ **완성 파일 :** 23강 완성 파일 폴더

핫핫! 숏폼 스타되기

오늘은 Transition 챌린지 숏폼 영상을 만들기 위한 장면을 생성해 보는 날이에요. 필요한 장면을 확인하고 장면을 생성하기 위해 필요한 프롬프트를 정리해 본 후 계속해서 프롬프트를 수정해 가며 원하는 장면을 생성해 봐요.

Take 01 Transition 챌린지 장면 생성하기

① 장면을 생성하기 위해 주어진 피사체와 장면을 확인합니다.

[피사체]

[장면]

Transition 챌린지는 불이 켜지면 의상, 스타일, 장소 등이 확 변하는 모습을 촬영한 챌린지 숏폼 (예 불을 켜면 잠옷에서 멋진 의상으로 전환, 불을 켜면 맨 얼굴에서 화장을 한 모습으로 전환 등)이에요. 우리는 불이 켜지면 캐릭터가 다양한 애니메이션의 주인공으로 변신하도록 Transition 챌린지 숏폼을 만들 예정이에요.

❷ 필요한 장면을 확인하고 장면을 생성하기 위해 필요한 프롬프트를 작성해 봅니다.

❸ 크롬(🌐) 브라우저를 실행하고 검색창에 '엘사'를 검색한 후 [이미지] 탭에서 '엘사' 이미지를 다운로드합니다.

❹ ❸과 같은 방법으로 '라푼젤', '포켓몬 지우', '타잔'을 검색한 후 애니메이션 캐릭터의 이미지를 다운로드합니다.

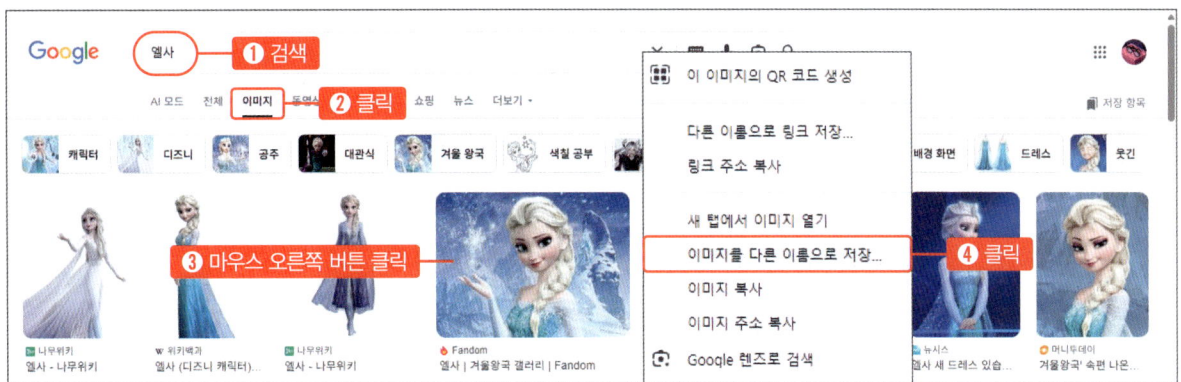

❺ 위스크 사이트('https://labs.google/fx/ko/tools/whisk')에 접속하여 구글 계정으로 로그인한 후 [도구 열기]를 클릭합니다.

❻ 장면의 비율을 변경하기 위해 [가로세로 비율(🔲)]-[가로 모드]를 클릭합니다.

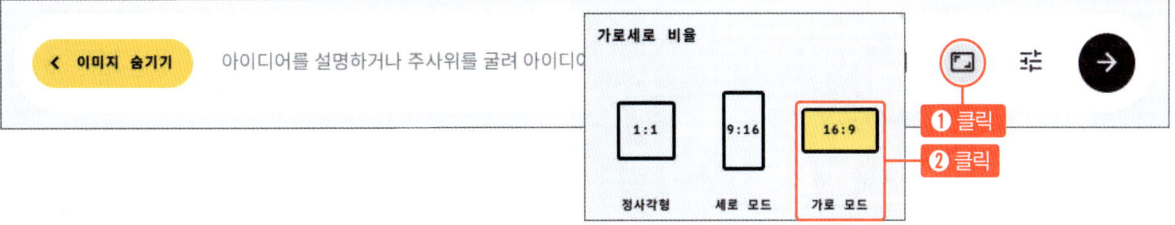

❼ [피사체]에 '남자 캐릭터', [장면]에 다운로드한 '엘사' 이미지를 추가한 후 앞서 작성한 프롬프트를 입력하여 이미지를 생성합니다.

PoP PoP! 팁
- [피사체]에는 '남자 캐릭터', '여자 캐릭터' 이미지 중 하나를 선택하여 추가해 보세요.
- 프롬프트를 계속 수정하여 필요한 장면과 비슷한 장면을 생성해 보세요.

⑧ 생성된 이미지를 다운로드하여 [피사체]에 다시 추가한 후 [장면]에 '겨울왕국' 이미지를 추가하여 이미지를 다시 생성합니다.

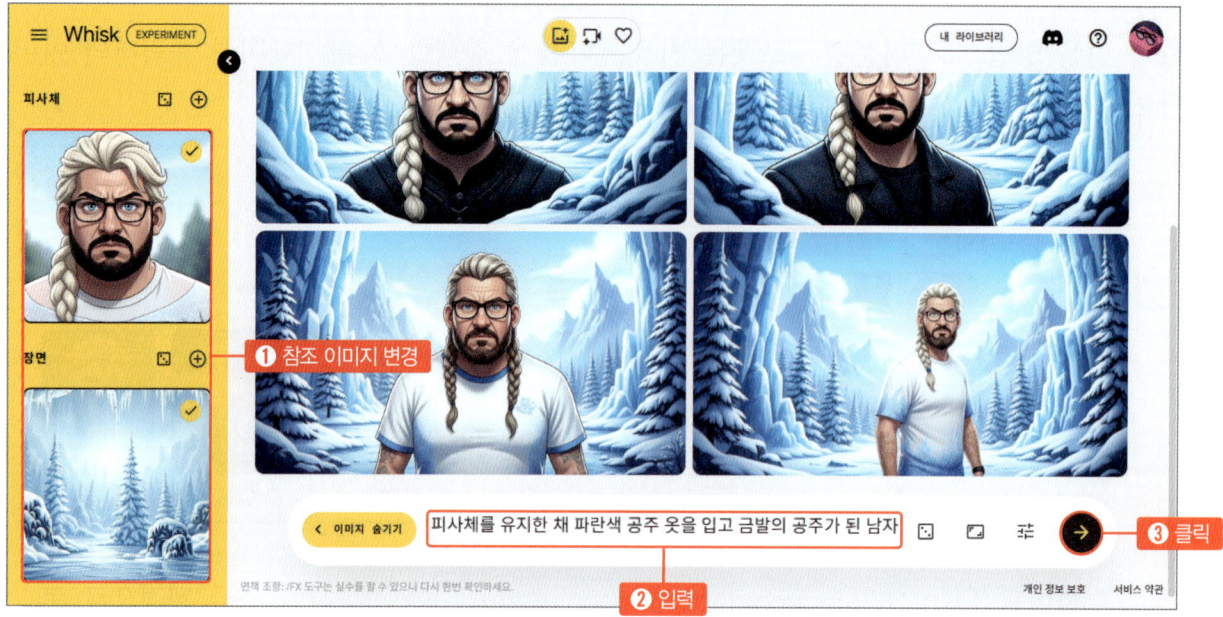

⑨ 필요한 장면이 생성되면 [세부 조정]을 클릭하여 장면의 구체적인 부분을 수정한 후 완성된 이미지를 다운로드합니다.

> **PoP PoP!팁** 생성된 이미지에 애니메이션을 적용해 동영상 파일로 다운로드해도 좋아요. 애니메이션 생성 개수가 모두 소진되었다면 다음 시간에 예제 파일을 제공할 예정이므로, 이미지만 생성하도록 해요.

⑩ ❼~❾와 같은 방법으로 '라푼젤', '포켓몬 지우', '타잔', '변신 전 모습' 장면도 생성하여 이미지를 다운로드합니다.

Take 02 Transition 챌린지 대사 작성하기

❶ 유튜브 사이트('https://www.youtube.com')에 접속한 후 'Transition 챌린지'를 검색하여 챌린지 내용과 음악을 확인해 봅니다.

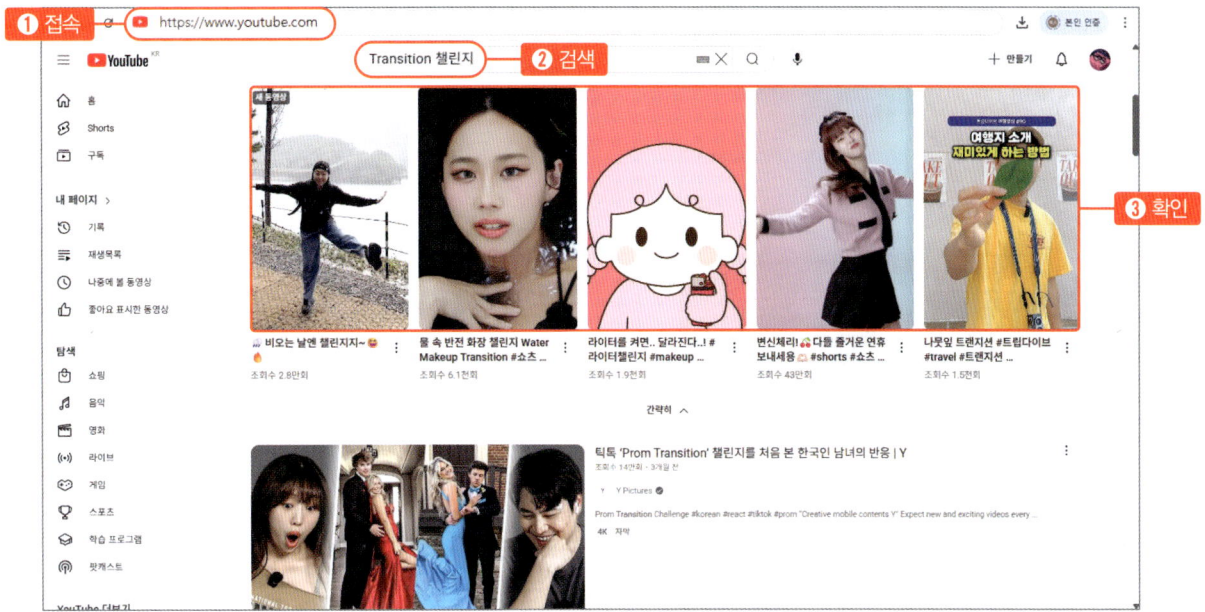

PoP PoP! 팁 챌린지 내용이 반드시 똑같을 필요는 없어요. 앞서 생성한 이미지를 바탕으로 나만의 개성을 살린 챌린지를 완성하면 돼요.

❷ 각 장면에 어울리는 대사를 작성해 봅니다.

변신 전 모습	대사
	예 불을 켜면 변신을 한다고? 거짓말..

엘사 변신	대사
	예 헉! 겨울왕국의 엘사?

Clip 23 Transition 챌린지 장면 만들기

라푼젤 변신	대사
	예 이건 또 뭐야... 높은 성에 갇힌 라푼젤?

포켓몬 지우 변신	대사
	예 오.. 이건 마음에 드네. 포켓몬 지우!

타잔 변신	대사
	예 타잔? 인간적으로 옷 좀 입혀줘라 진짜!

미션! 숏폼 챌린지

▶ 실습 파일 : 23강 실습 파일 폴더   ▶ 완성 파일 : 23강 완성 파일 폴더

01. '동물 Transition 챌린지' 영상을 만들기 위해 위스크에서 필요한 장면을 생성하고 각 장면에 어울리는 대사를 작성해 봅니다.

불 켜는 햄스터	대사	근육 햄스터	대사
	예) 꿈은 이루어진다!		예) 우와~~ 나 근육이 생겼어!

불 켜는 토끼	대사	근육 토끼	대사
	예) 꿈은 이루어진다!		예) 오잉? 근육이 완전 빵빵해졌어!

불 켜는 거북이	대사	근육 거북이	대사
	예) 꿈은 이루어진다!		예) 이야~ 멋진 근육이 뽈록뽈록!

동물 삼인방	대사
	예) 꿈은 이루어질 거야!

챌린지 힌트! [피사체]에 '햄스터', '토끼', '거북이' 이미지를 각각 추가하고 [장면]에 '헬스장' 이미지를 추가하여 이미지를 생성해 보세요.

Clip 24 · Transition 챌린지 완성하기

▶ 캡컷 타임라인에 동영상 파일을 추가합니다.
▶ 영상에 전환 효과를 추가합니다.
▶ 영상에 자막과 음성을 추가합니다.
▶ 배경음악을 추가하여 숏폼 영상을 완성합니다.

활용 프로그램 : 캡컷(CapCut)

오늘의 클립

▶ 실습 파일 : 24강 실습 파일 폴더   ▶ 완성 파일 : 24강 완성 파일 폴더

헉! 겨울왕국의 엘사?

이건 또 뭐야...
높은 성에 갇힌 라푼젤?

오.. 이건 마음에 드네.
포켓몬 지우!

타잔? 인간적으로
옷 좀 입혀줘라 진짜!

핫핫! 숏폼 스타되기

이번 시간에는 'Transition 챌린지' 숏폼을 완성하기 위해 영상과 음성 파일을 트랙에 추가하고 각 장면에 전환 효과와 자막을 추가한 후 배경음악을 적용해 불이 켜지면 다양한 애니메이션 캐릭터로 변신하는 'Transition 챌린지' 숏폼을 완성해 봐요.

Take 01 영상 추가하고 편집하기

① 캡컷을 실행한 후 [프로젝트 만들기]를 클릭하여 새 프로젝트를 실행하고 [가져오기]를 클릭하여 '변신 애니메이션', '1컷 애니메이션'~'4컷 애니메이션', '변신 음성', '1컷 음성1'~'4컷 음성' 파일을 불러옵니다.

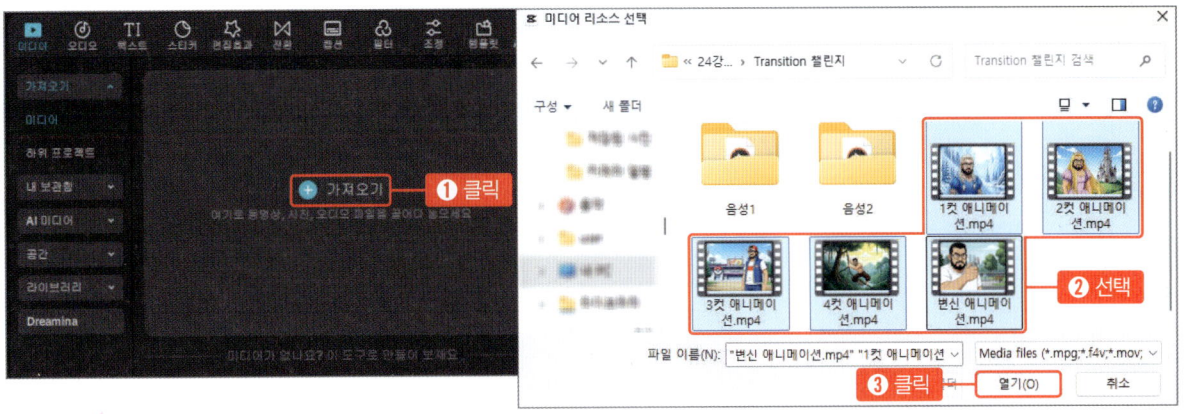

PoP PoP! 팁
- 원하는 [음성] 폴더를 선택하여 음성 파일을 불러와요.
- 직접 생성한 음성 파일이 있다면, 해당 음성 파일을 불러와 작업해요.

② [라이브러리] 창에 추가된 '변신 애니메이션', '1컷 애니메이션' 파일을 트랙으로 드래그하여 추가합니다.

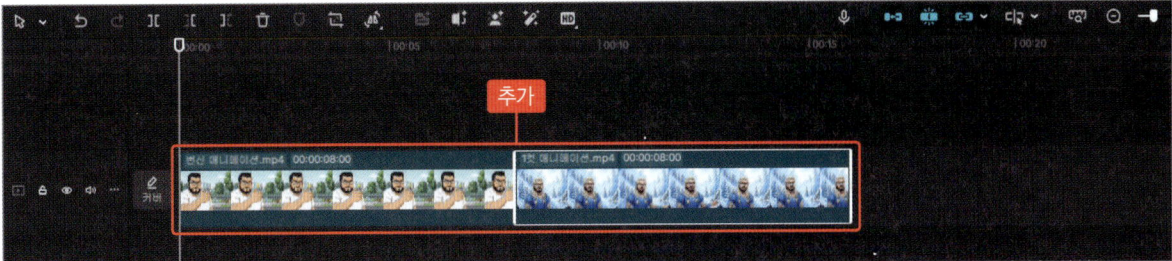

③ 화면의 비율을 변경하기 위해 [플레이어] 화면에서 [가로 세로 비율]-[9:16]을 클릭합니다.

④ 트랙에서 '변신 애니메이션' 영상을 선택하고 [플레이어] 화면에서 크기와 구도를 조절합니다.

⑤ 같은 방법으로 '1컷 애니메이션' 영상의 크기와 구도도 조절합니다.

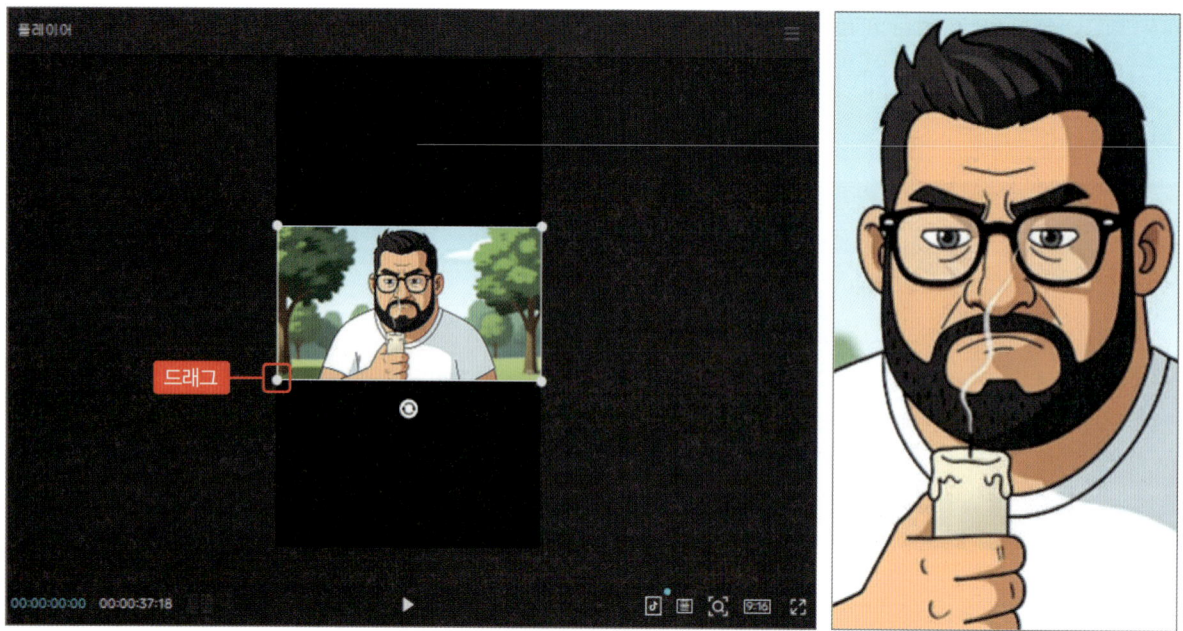

⑥ 트랙에서 '변신 애니메이션' 영상을 선택하고 '00:00:03:26' 위치로 인디케이터를 이동시킨 후 [오른쪽 삭제(])]를 클릭합니다.

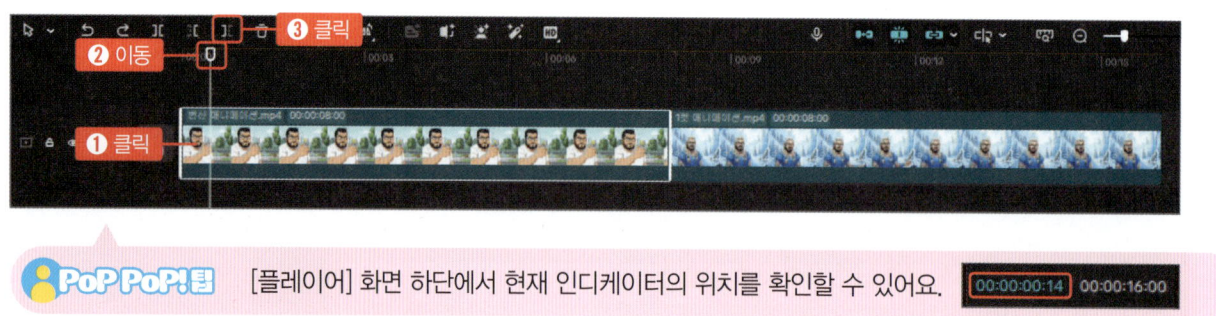

> **PoP PoP! 팁** [플레이어] 화면 하단에서 현재 인디케이터의 위치를 확인할 수 있어요.

⑦ '변신 애니메이션' 영상을 선택하고 Ctrl + C, Ctrl + V 키를 눌러 복제한 후 복제된 영상을 그림과 같이 이동시킵니다.

⑧ 앞서 배운 내용을 참고하여 모든 영상을 트랙에 추가합니다.

> **PoP PoP! 팁** '변신 애니메이션 → 1컷 애니메이션 → 변신 애니메이션 → 2컷 애니메이션 → 변신 애니메이션 → 3컷 애니메이션 → 변신 애니메이션 → 4컷 애니메이션' 순서로 트랙에 추가해요.

Take 02 영상에 전환 효과 추가하기

❶ [전환]-[인기]를 클릭하고 [라이브러리] 창에서 원하는 전환 효과('행복한 섬광')를 '변신 애니메이션'과 '1컷 애니메이션' 사이로 드래그하여 추가합니다.

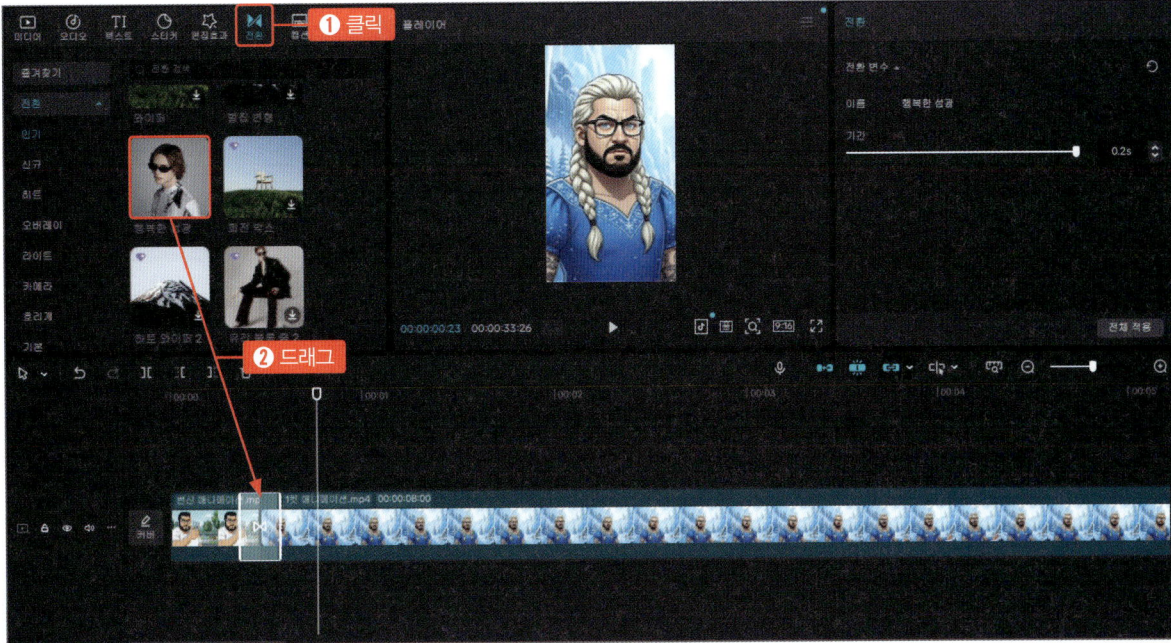

❷ ❶과 같은 방법으로 '변신 애니메이션'과 '2컷 애니메이션'~'4컷 애니메이션' 사이에 전환 효과를 추가합니다.

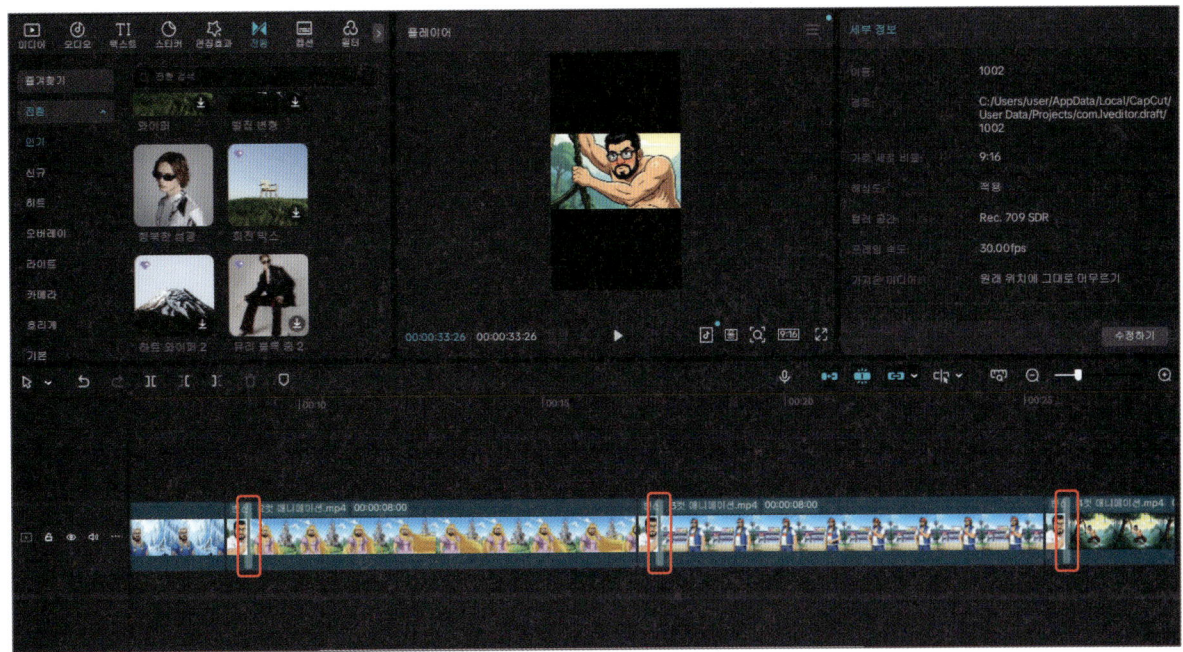

Take 03 영상에 자막과 음성 추가하기

❶ 인디케이터를 맨 처음 위치로 이동시키고 [텍스트]-[기본 텍스트]를 트랙에 추가합니다.

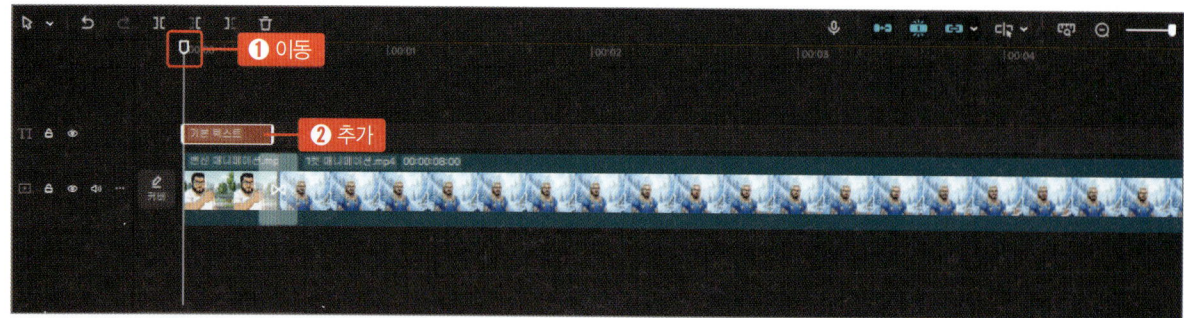

❷ [세부 정보] 창에서 [텍스트]-[기본]을 클릭하고 텍스트 입력창에 "불을 켜면 변신을 한다고? 거짓말..."을 입력한 후 글꼴 서식을 지정하고 자막의 위치를 조절합니다.

❸ [편집효과]를 클릭하고 원하는 자막 스타일을 선택합니다.

④ [미디어]를 클릭하고 [라이브러리] 창에서 '변신 음성' 파일을 트랙으로 드래그하여 추가합니다.

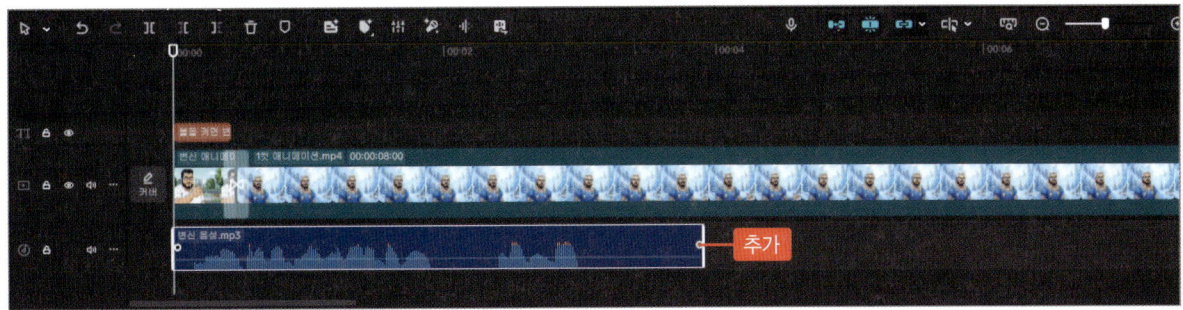

⑤ '변신 음성'의 길이에 맞도록 '변신 애니메이션'과 자막의 길이를 조절합니다.

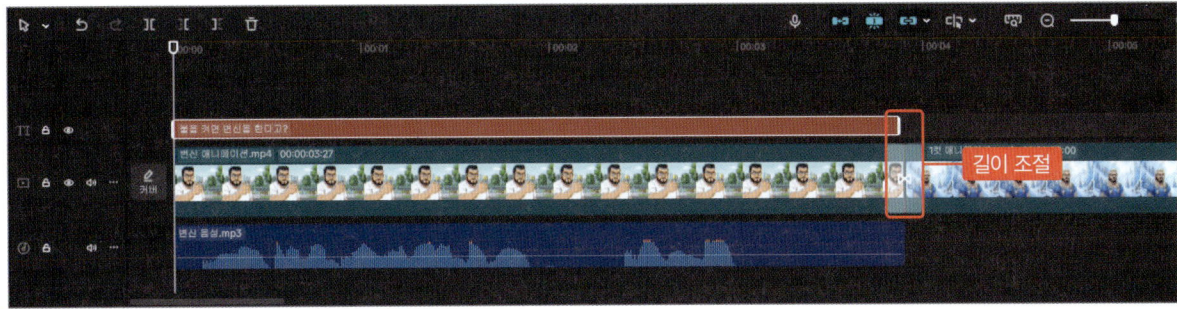

⑥ ①~⑤와 같은 방법으로 '2컷 애니메이션'~'4컷 애니메이션'에 각각 자막과 음성을 추가하고 길이를 조절합니다.

영상	자막	음성
1컷 애니메이션	헉! 겨울왕국의 엘사?	1컷 음성
2컷 애니메이션	이건 또 뭐야... 높은 성에 갇힌 라푼젤?	2컷 음성
3컷 애니메이션	오.. 이건 마음에 드네. 포켓몬 지우!	3컷 음성
4컷 애니메이션	타잔? 인간적으로 옷 좀 입혀줘라 진짜!	4컷 음성

Take 04 영상에 배경음악 추가하기

❶ 인디케이터를 맨 처음 위치로 이동시킨 후 [오디오]-[음악]-[신나는]을 클릭합니다.

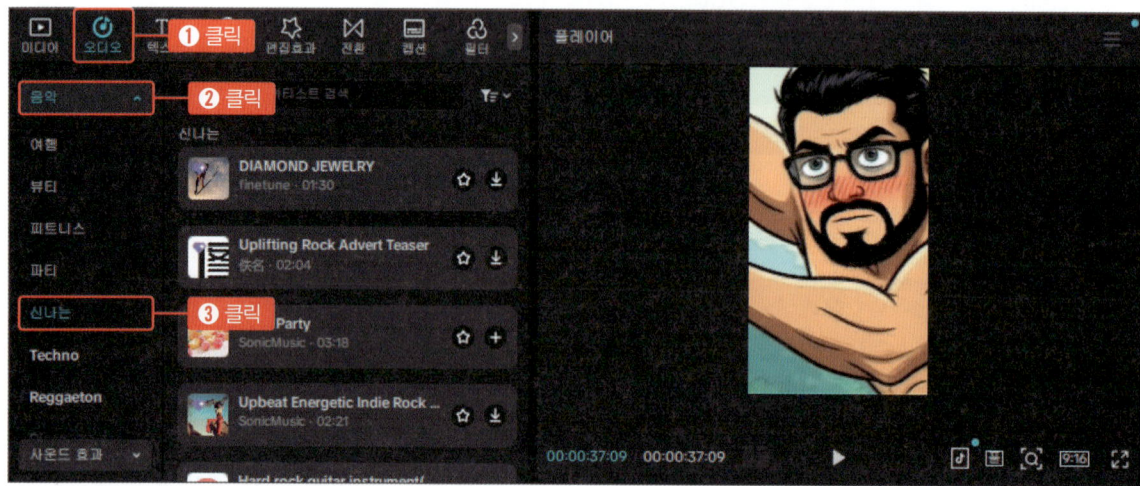

❷ [라이브러리] 창에서 원하는 배경음악을 선택하여 트랙에 추가합니다.

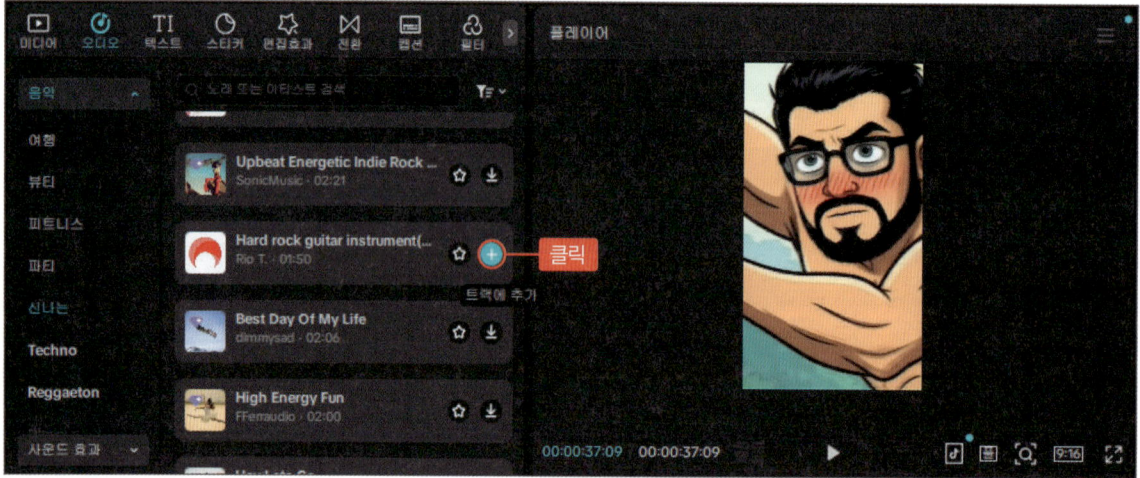

❸ 인디케이터를 영상 끝으로 이동시킨 후 [오른쪽 삭제(🇮)]를 클릭하여 불필요한 배경음악을 삭제합니다.

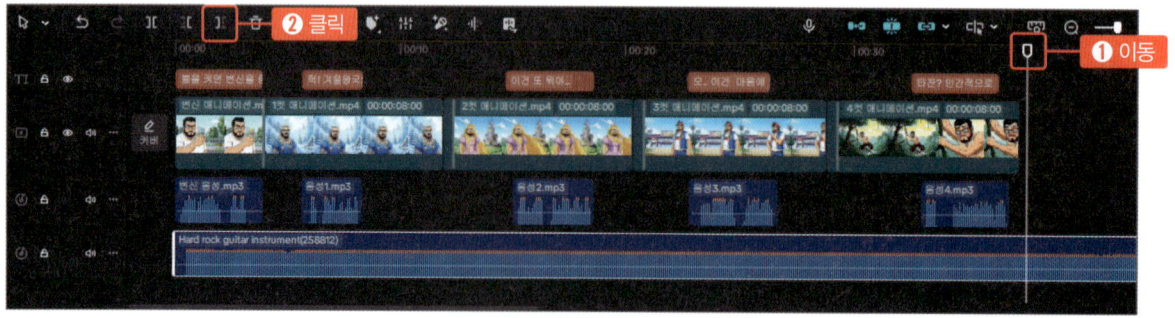

④ 트랙에서 배경음악을 선택하고 [세부 정보] 창에서 볼륨('-10.0dB'), 페이드 인('0.5s'), 페이드 아웃('0.5s') 값을 지정한 후 [내보내기]를 클릭합니다.

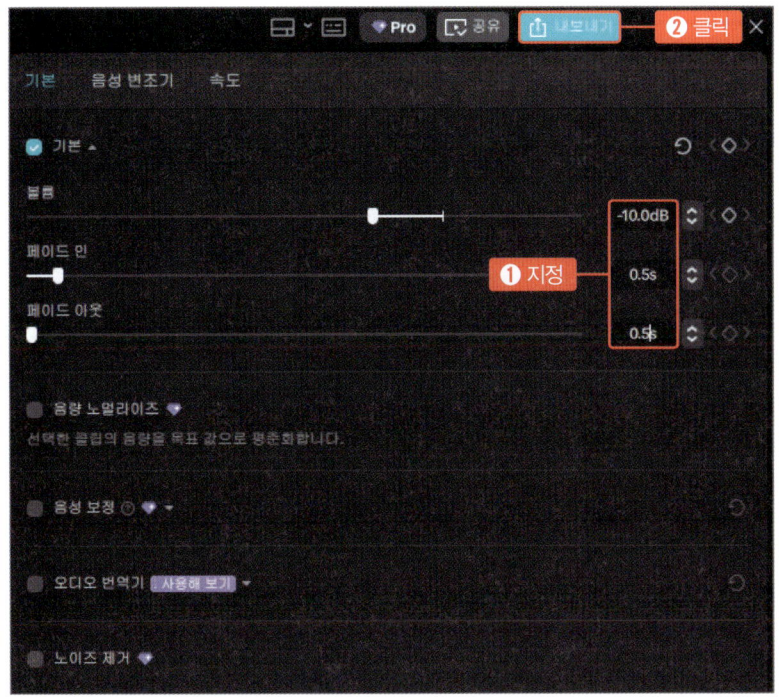

⑤ [내보내기] 창이 나타나면 [내보내기]를 클릭하여 'Transition 챌린지' 숏폼 영상을 동영상 파일로 저장합니다.

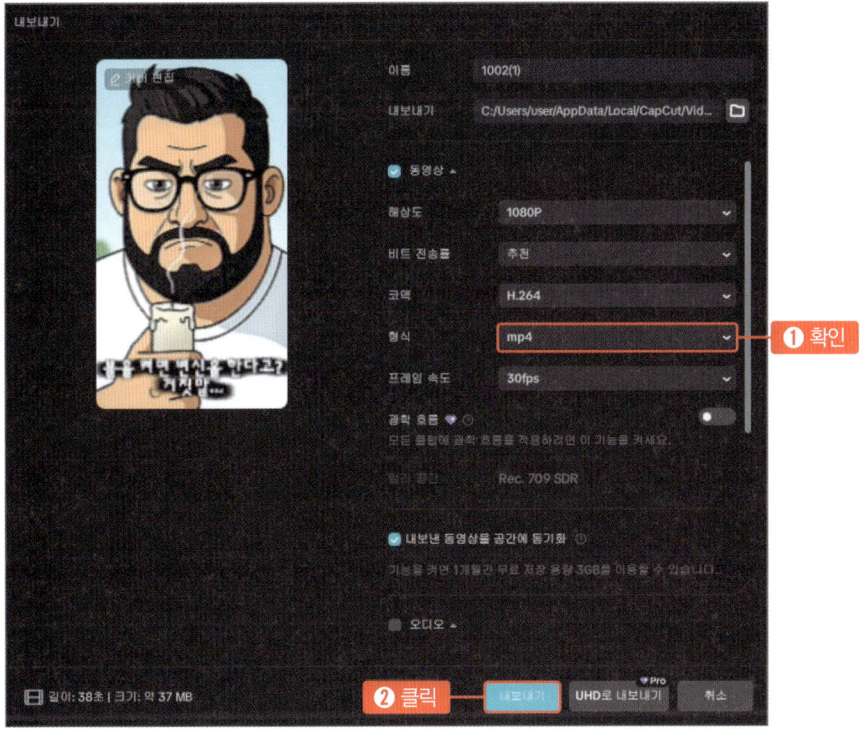

⑥ 내보내기가 완료되면 완성된 'Transition 챌린지' 숏폼 영상을 확인해 봅니다.

미션! 숏폼 챌린지

▶ **실습 파일** : 24강 실습 파일 폴더　　▶ **완성 파일** : 24강 완성 파일 폴더

01. 캡컷을 이용하여 '꿈은 이루어진다! 챌린지' 챌린지 숏폼 영상을 완성해 봅니다.

챌린지 힌트!　[24강 실습 파일]-[미션 챌린지] 폴더에서 파일을 불러와요.